当代经济统计学批判系列

多指标综合评价方法的机理探索

邱　东◎著

科学出版社
北　京

内 容 简 介

多指标综合评价方法（合成指标）是经济统计学用来解决“可加性”问题的两个基本方法之一（另一个是价值指标），尤其在面临“测度的福利转向”大趋势时，其重要性突显，是实证分析过程不可小觑的指标工具。而在合成指标的开发过程中，特别需要注意“事理”与“数理”的纠缠与厘清，不能单单偏好于“技术进路”，仅以提高方法的数学难度为中心，反倒应该注意方法的“机理进路”，还要注意不同合成在方法论上的“一致性”问题，即从系统的“视域”进行合成指标方法论的提升、拓展、深化和推进。

本书适合以下三类学者、研究生和高年级本科生阅读：①愿意深入拓展和提升经济统计学理论、方法论研究和教学的；②切实从事多指标综合评价的；③愿意将数理方法（特别是多指标综合评价方法）切实应用在社会经济领域中的。

图书在版编目（CIP）数据

多指标综合评价方法的机理探索 / 邱东著. -- 北京 : 科学出版社, 2025. 7. -- (当代经济统计学批判系列). -- ISBN 978-7-03-081827-0

Ⅰ. F272.5

中国国家版本馆 CIP 数据核字第 20259AK960 号

责任编辑：徐　倩/责任校对：姜丽策
责任印制：赵　博 /封面设计：有道设计

科 学 出 版 社 出版
北京东黄城根北街 16 号
邮政编码：100717
http://www.sciencep.com

中煤（北京）印务有限公司印刷
科学出版社发行　各地新华书店经销
*
2025 年 7 月第　一　版　开本：720×1000　1/16
2026 年 1 月第二次印刷　印张：13
字数：262 000

定价：152.00 元

（如有印装质量问题，我社负责调换）

目　　录

从方法提升到方法论：注重多指标综合评价的机理进路[①]

本文从经济统计学视角和视域讨论多指标综合评价方法，注重合成方法机理和指标方法的系统分析是本研究的两个突出特点。全文包括七个部分：①多指标综合评价方法的发展格局；②多指标综合评价方法的机理分析；③合成指标三大测度陷阱之一——“当量转换”；④合成指标三大测度陷阱之二——信息重叠；⑤合成指标三大测度陷阱之三——结构化信息的不确定性；⑥排名中的测度陷阱；⑦注重多指标综合评价方法的系统分析。

1　多指标综合评价方法的发展格局

1.1　多指标综合评价的方法论必要性

经济统计学是关于指标方法论的学问，而指标是测度社会经济现象的专业工具，从方法论角度划分，指标方法无非四类：实物指标、价值指标、合成指标和指标体系。而指标要“统而计之”，则需要满足社会经济意义上的“可加性”。

人们通常采用“价值指标”来达成加总之目的，然而价格存在着不真、不全、不准、不稳等诸种测度问题（也即“测度陷阱”）[②]，好多场合难以充任“同度量因素”和“权数”的大任[③]，“结果数据”[④] 的质量堪忧，导致人们失去信心，甚至形成“非加总派”意见，似乎统计评价只能靠指标体系（而今流行指标“仪表盘”的说法）。“超越 GDP”（gross domestic product，国内生产总值）固然主要源于经济测度使命上的“福利转向”，但价值指标在使用过程中暴露出种种“测度陷

---

① 本文系提交给 2024 年浙江工商大学第二届复合指标与综合评价国际学术研讨会（International Conference on Composite Indicators and Comprehensive Evaluation，ICCICE2024）的论文。笔者为本文拟定的英文名称为“Promotion from how to why, do connect-ology with the MISA method”，成稿后专门请浙江工商大学苏为华教授提出意见，他的意见以注释或正文引用方式添加在文稿中，在此向苏为华教授表示衷心的感谢！

② 笔者在《成本效益分析的几条“软肋”》对此做过分析，参见《经济统计学科论》第 41~43 页（中国财政经济出版社，2013 年版）。

③ 同度量因素和权数是经济测度的核心概念，与“可加性”密切相关，是“事理”和“数理”纠缠与厘清的焦点所在。

④ 与“原始数据”“中间数据”相对应的概念，在大数据背景下，做出如此的区分颇有必要。

阱”，也是人们谋求指标方法另辟蹊径的动因。

从方法论角度看，“合成指标”就是在这种背景下应运而生的。持方法改革观点的学者仍然维护“加总派”的主张，但在“如何加总”上则与价值指标恰恰相反（不是量纲同化，而是干脆都去掉）。于是，在指标汇总需要满足“可加性”，但“价值指标”的数据质量出现明显偏误的场域，“合成指标”的必要性便得以突显，或者说，让人们接受了其方法创新意义。总之，在四种指标方法中，人们通常采用“价值指标”和“合成指标”来满足“可加性”，二者必居其一。测度对象的重心从生产转向“社会福利”，恰恰使得价值指标的局限性愈加明显，于是多指标综合评价便大行其道。

1.2　专有名词翻译上的“名正言顺”

“多指标综合评价方法”是笔者在20世纪80年代末提出的方法命名。笔者认为，“合成指标”是从方法的计算角度来命名的，而“多指标综合评价”是从方法的功能角度命名的。①

“多指标综合评价方法”在国外以composite indicator之名非常流行，如“人类发展指数”（human development index，HDI），再有1970年不丹年轻国王所倡导的“国民幸福总值”（gross national happiness，GNH），还有各种大学排名，都属于合成指标。好多年前浙江工商大学苏为华教授就告诉笔者，全球已经编制了四千多种五花八门的合成指标。

在合成指标领域中，中国学者从20世纪80年代就开始研究，做出了相当多的“知识贡献”（intellectual contribution），典型的例子有，苏为华团队在其方法论研究和应用中取得了丰硕成果。如何让国外相关学者了解中国经济统计学者的知识贡献，也是中国经济统计学发展的一项历史使命。故而，该方法的英文名称的确定对国际学术研究交流非常重要，名正则言顺。

对composite indicator，笔者选用了“合成指标”的中文译法，而不是“合成指数”。这主要是为了避免与“消费者价格指数”“生产价格指数”等混淆，此指数非彼指数。在国外文献中，指数和指标在很多场合不做严格区分，不少人混用。或者说，国外“指数”的涵盖范围比较广，如道琼斯指数，其实只是一种平均数，从编制技术上看，与消费者价格指数等有非常大的区别，当然从其本原意义上看，因为计算中隐含着“基点”，故也还可算作指数。故而，国外一些相关文献中，将composite indicator(s)中的indicator(s)，换成了index或indices。

“多指标综合评价方法”的英文命名，本文选用②了the multi-indicator synthetical

① 参阅参考文献（22）。

② 确定过程中征求了苏为华教授的意见。

assessment method，简称为 the MISA method。“多指标”选用了 multi-indicator，没有用 multi-dimension（多维度）、multi-attribute（多属性）、multi-criteria（多标准）等，这既是出于对 indicator 的专业偏好，也是由于这样一种考虑：“构成指标”（composite indicator）正是合成处理的直接对象，而维度（dimension）、属性（attribute）、标准（criteria）等则是综合评价相关的设计因素，最后都需要通过指标表现。“综合评价”选用了 synthetical assessment，没有选用 comprehensive evaluation（综合评价）、synthesis evaluation（综合评价）、comprehensive appraisal（综合评价）等，相比 comprehensive 而言，synthetical 这个词“合成”的意味更重；evaluation 从字面上看与价值评价的意味更近，而“合成指标”与“价值总量指标”（monetary aggregate）的区别正是此种“新”方法所要强调的，所以采用了 assessment。

1.3 社会评价的深层次方法论需求与专业学者的担当

在多指标综合评价中，存在着方法流行范围之广与“主流”方法故步自封的矛盾。拉德马赫尔（Radermacher）先生在论述指标方法论时①将 OECD/JRC 的合成指标手册②作为范本。然而笔者注意到，该手册忽视了模糊综合评判方法，在合成方法的设计上，这是否意味着对社会经济现象中“模糊不确定性”的忽视？若此，手册在方法探索中就大有缺失，毕竟，仅仅关注“随机不确定性”在社会经济环境领域中是远远不够的。

“SSF 测度报告”指出③，不确定性有多种形式，其中一些“服从”（amenable to）概率计算，可以用概率工具来去除不确定性，有的情况则不能。由此可知，概率逻辑并不是万能的，甚至数理逻辑也不是万能的。对照 OECD/JRC 合成指标手册，正是聚焦于概率方法做合成，这印证了笔者的判断，合成方法指南不仅需要在现有方法上深入挖掘测度机理，还需要在方法类型上做重大补充，至少应该包含模糊综合评判方法。

可能是出于比较悲观的认知态度，笔者在方法论反思过程中意识到并坚持认为，多指标综合评价方法存在亟待解决的三个基本问题，或三大缺陷（“当量转换”的法理性、“信息重叠”风险、结构信息的不确定性），它们属于基础性问题，也即“颠覆性问题”。④要害在于，无论是合成指标的编制者（包括 OECD/JRC 合成

① 参阅参考文献（2）。

② 参阅参考文献（16）。其中，OECD 即 Organisation for Economic Co-operation and Development，经济合作与发展组织；JRC 即 Joint Research Centre，联合研究中心。

③ 参阅参考文献（4）第 95 页。SSF 指测度报告的三个作者，即 Joseph E. Stiglitz（约瑟夫 E. 斯蒂格利茨），Amartya Sen（阿马蒂亚·森）和 Jean-Paul Fitoussi（让-保罗·菲图西）。

④ 持乐观主义态度的经济学者与持悲观主义态度的经济学者是两个基本类别的学者，对事物的利弊关注往往相反。

指标手册的编制者），还是指标数据的使用者，多数人都并没有意识到三大缺陷，甚至有的人还认定，其所创新的“合成指数”（如种种幸福指数）优于“价值指标”，从而宏观经济测度完全可以超越 GDP。①

将 OECD/JRC 合成指标手册标示为“指南”，专注于“培训”，是否意味着合成方法的完全成熟？是否意味着合成指标方法论研究“历史的终结”？甚至，按照 OECD/JRC 合成指标手册的规定进行方法应用的“审计”，岂不是一种文化独裁？岂不是一种远离学术的荒唐？②

在“‘SFD 测度报告’的经济统计学评论”中，笔者概括提出了经济测度隐含的四大矛盾：必要性与可行性、一般性与特殊性、主观性与客观性、评价的全面性与结果数据的单一指向性。应该看到，在多指标综合评价中，整个过程都隐含着这四大矛盾③，尤其是第四个矛盾，更与合成指标直接依存。评价的全面性是合成的意义所在、格局所在，而结果数据的单一指向性是管理和决策所需。

当然，笔者并不反对编制手册，也不反对方法应用培训，然而绝不能止步于此。尤其在大数据和 AI（artificial intelligence，人工智能）时代，一个重大颠覆便是师生在知识掌握上的关系——破除了原来教师对知识的垄断地位，因此，师者未必再单纯地“解惑”，而是要“论惑”。对任何学科而言，理论、方法论及其应用研究总是“在路上”，严格来说，任何研究都没有结论，研究对象本身还在发展过程中，论何以结？认知上能有“小结”就非常荣幸了。就多指标综合评价方法而言，我们应该注重其方法的机理分析，注重其方法的系统分析。

2　多指标综合评价方法的机理分析

作为指标操作手册（handbook），通常都要给出指标操作方法——如何测度（how question）？如果深究指标方法论，则也应该搞清楚方法机理：为什么可以这么测度（why question），为什么不可以这么测度（why-not question）。这样，以操作问题为主要内容的“手册”就提升了层次，充实为指标方法论的“脑书”（headbook）。

---

① 参阅参考文献（3）第 128 页。

② OECD 推广其合成指标手册的工作，主要由其设立在意大利 Ispla 的联合研究中心 JRC-COIN（Composite Indicators and Scoreboards of the Joint Research Centre，联合研究中心的综合指标和记分牌）工作小组实施。自合成指标手册发布以来，JRC-COIN 专家致力于推广其合成指标手册及相关研究的主要思想方法，总结介绍有关实践经验，提出“合成指标审计”（CIs audit）概念，并用于指导（主要但不限于欧盟成员国）政府或学术机构构建各类合成指标、评判既有综合评价体系“是否‘达标’”或“是否‘合乎规范’”。有关 JRC-COIN 工作具体活动等，可参阅网站 https://knowledge4policy.ec.europa.eu/composite-indicators/about_en。

③ 本文 3.3 节论述了合成中隐含的一般性与特殊性的矛盾。SFD 指测度报告的三个作者，即 Joseph E. Stiglitz，Jean-Paul Fitoussi 和 Martine Durand（马丁·杜兰德）。

“SSF 测度报告”指出[①]，在指数编制方法的发展中，创始人往往对加总程序做出非常明确的陈述，然而，合成指标的规范性含义很少得到明确阐述和证明。为什么会有悖于统计指标方法论的发展传统？

回避“规范性含义”的第一个原因是忽视指标方法论的“机理进路”，而偏重于“技术进路”，似乎合成方法的数学越高深，模型的公式越复杂，技术越前沿，研究和应用水平就越高。

按照奥卡姆剃刀原则（若非必要勿增实体），数学工具的使用是为了更深刻地揭示被研究对象的内在关系及其动态。既然作为工具，就不能凌驾于研究对象之上，数学工具的使用并不具备天然的法理性。例如在多指标综合评价中，不是所有的多元统计分析方法都可以拿过来套用。在笔者 1990 年的经济学博士学位论文中，确认了主成分分析（主分量分析）和因子分析可以用来搞指标合成，并剖析了其中的缘由。但聚类分析方法就不能独立地进行多指标综合评价。

所有计算都隐含着设定和假定。例如，加法实施[②]本身就意味着对式中各分项的认可，这些分项都是可加的，是值得肯定的，是被加法操作者所认可的。比如 GDP 统计，就要求所纳入的各分项都是“生产性”的，即都在“生产范围”内。然而，由于社会经济现象存在“模糊不确定性”，“生产”与否的区分并不容易实施，具体操作时往往需要借助一些假定。指标方法论的“机理进路”就是要深究这些假定，如所使用的指标方法在什么意义上具备更充分的法理性。

“机理进路”是笔者在 1990 年经济学博士学位论文中所坚持和倡导的，然而在量化分析大潮的冲击下，“技术进路”大行其道，似乎只要高端数学工具在手，合成处理就不在话下。“数理”替代了“事理”，话语权被操盘者垄断，数学工具成了麻将牌里的“听用”。有了数学神圣外衣的包装，外人对“结果数据”推出的“科学论断”往往无语。

回避“规范性含义”的第二个原因在于，经济测度的合成逻辑没有真正打通，或测度的逻辑节点没有真正链接。“SSF 测度报告”有一个非常重要的判断[③]：对可持续性的“单维认知”（an uni-dimensional view），无疑仍然不可企及。因为合成指标构建时，不同项目的权重选择颇为随意，其后果很少得到明确阐述。

---

① 参阅参考文献（4）。

② 因为加法貌似简单，很少有人在计算时思考其“可加性问题”，然而由于“模糊不确定性”的普遍存在，加法实施其实异常困难。还需要强调的是，可加性问题的潜在影响可能是颠覆性的。笔者曾提出，任何复杂数理模型都是加乘运算的衍生品，这意味着，模型复杂，可加性问题造成偏误可能被放大，集聚的偏误究竟如何，具有不确定性。当然，可加性的改善也可能有助于在模型应用中得到更为可靠的数据结果。故而，决不应该轻视加法，因为这里是“政治算术”中的加法，断不应该忽视“可加性”问题。先哲的教诲是，勿以恶小而为之，勿以善小而不为，这对经济统计学也具有指导意义。

③ 参阅参考文献（4）。

笔者从经济学角度对权数做过这样的定义："权数是偏好的数量表现。"然而在社会经济现实中，不同经济行为主体的多种偏好非常混杂，难以用一个数量值准确标示，故而，权数确定是任何数量经济分析的核心难题。笔者曾提出，权数对社会经济测度（评价）而言，是一个全过程概念（要素）。不管测度（评价）的操作者是否在形式上加权，权数总在，它实质上无法免除。人类发展指数对三个构成指标做了简单评价处理①，也即等权处理，这意味着三个构成指标对总指数而言其重要程度相同，这不也是一种权数认定吗？

拓展方法论思考，"SSF 测度报告"做出了"不可企及"的可行性判定，对合成指标的一般性意义如何？是不是对其"可行性"的否定？若此，世界上那么多堂而皇之的合成指标（包括"人类发展指数"在内）是不是都在"带病运行"？甚至，其存在和使用的社会意义究竟有多大？甚或，它们还有存在价值吗？至少需要考虑，其存在价值还会有多大？解读合成数据结果能不能那么理直气壮？

笔者相信，就某个合成指标而言，其"规范性定义"难以在综合评价实施前明确阐述和证明，其中隐含的测度矛盾至少目前无法处理。这是人类共同面临的重大测度难题之一，很难给出圆满解答。对此，有的学者可能是意识到了，但讳言于众，照旧使用隐含重大测度缺陷的合成方法，照旧使用隐含法理性风险的数据结果。有的学者可能甚至没有思考到这个层次。对合成指标中隐含的"当量转换"②关系能否做出一般性的规定？这个深层次问题尚需探索，而这正是合成指标具备法理性的基础性前提。

3 合成指标三大测度陷阱之一——"当量转换"

3.1 "当量转换"的表达

当量转换（equivalent transformation）是合成的核心步骤。确定了合成公式，就确定了"构成指标"（composite indicator）与总指标之间的数量关系，同时也就确定了其"构成指标"之间一个固定的当量转换关系。③例如在"人类发展指数（HDI）"中，假如按照公式计算，教育水平提高 2% 能使总指数提高 1%，而期望寿命提高半岁也能使总指数提高 1%，那么所确定的合成公式就相当于设定了教

① 据说其理由是试算过程中发现是否加权其"结果数据"差别不大，故而省略加权过程。这个理由其实并不成立，试算数据来自特定时空，怎么能保证在其他时空的数据情形下，加权与否也是近乎等效的？怎能用特定推定一般？

② 笔者最早是在 2012 年的《多指标综合评价：方法论反思》中提出这个概念，并用一节的篇幅加以论述，参阅参考文献（9）第 22~37 页。然而似乎无人响应，故此文再做强调和补充说明。

③ 参阅参考文献（4）第 136 页。

育水平提高 2%与期望寿命提高半岁对总指数提升是等价的。一般而言，在对总指标（*CI*）的贡献的意义上，*A* 指标的 *x*%变化等价于 *B* 指标的 *y*%变化，即形成了一种特定的当量转换关系。

在《多指标综合评价：方法论反思》[①]中，笔者给出了“当量转换”的一般性表达式。设计一个三因素（构成指标 *x*、*y*、*z*）作用于总指标的场景，总指标的变化可以分别由一个、两个和三个构成指标的变化达成。笔者先给出了仅一个构成因素对总指标 *CI* 发生作用时的当量转换关系式（即对 ΔCI 的等量贡献关系式）：

$$f(\Delta x)=f(\Delta y)=f(\Delta z)$$

若两个构成指标变化对总指标发生作用，可列出当量转换的关系式如下：

$$\Delta CI=f\left(\Delta y,\Delta z\right)$$

若 $\Delta CI=f\left(\Delta x,\Delta y\right)$，即 $\Delta z=0$，且有 $\Delta CI=f\left(\Delta x,\Delta z\right)$，即 $\Delta y=0$，有 $\Delta CI=f\left(\Delta y,\Delta z\right)$，即 $\Delta x=0$，则有 $f\left(\Delta x,\Delta y\right)=f\left(\Delta x,\Delta z\right)=f\left(\Delta y,\Delta z\right)$。

当三个因素都对总指标发生作用时，也存在构成指标间的当量转换关系式。例如，若有关系式：

$$\Delta CI=a\Delta x+b\Delta y+c\Delta z$$

$$\Delta CI=l\Delta x+m\Delta y+n\Delta z$$

则从对 ΔCI 的等量贡献看，可以有

$$a\Delta x+b\Delta y+c\Delta z=l\Delta x+m\Delta y+n\Delta z$$

其中，*a*、*b*、*c*、*l*、*m*、*n* 分别为不同构成指标 *x*、*y*、*z* 在特定时空中的变化系数。

3.2 数学可加性与社会经济意义上的可加性[②]

应该认识到，无量纲化处理仅仅解决了数学可加性问题，而数学可加性并不等于经济社会意义上的可加性，数学上可加，并不自动保证社会经济意义上可加[③]。如果认为无量纲化处理就彻底解决了“可加性问题”，那就是将数学可加性与社会

① 参阅参考文献（9）。

② 苏为华教授一般考虑用“可集成性”来表述“可加性”（他在成都中国统计学年会上讲了十条原则，其中之一就是“可分解可集成”）。在综合评价中，人们一般从初等数学角度命名或分类集成，即分为“加性集成”“乘性集成”。这个也是 OECD/JRC 合成指标手册中习惯的提法。我的理解是，从集成的数学形式上讲，有太多的“集成模型”“集成函数”，其直接表现未必是代数语境之下的“可加性”，但从本质含义或多指标综合评价集成模型的底层学理逻辑讲，可集成性的基础意义是“可相加”的。“相乘方式聚合集成”实际上是对数化后的线性相加。集成运算中的“减法”“除法”本质上是指标正逆方向转换后的“加性”“乘性”过程。正因此，此处的“可加性”是一个宽泛概念，代表各个组成部分的“累积或叠加属性”。

③ 参阅参考文献（4）第 136 页。

经济意义上的可加性混为一谈了，或者指标计算时隐含了一个假定，数学可加性能够取代社会经济意义上的可加性，然而没有人证明这种取代是科学的，甚至没有人意识到需要这种证明。所以，不能因为已经做了无量纲化处理，就误以为满足了可加性，以“数理”当“事理”，放弃了在社会经济意义上可加性的探讨。当然也要认识到，如果连数学上的可加性都不满足，就更谈不上社会经济意义上的可加性了。

在“构成指标”合成过程中，当量转换必须统一标准，但其社会经济含义却因为时间、空间的不同而可能存在巨大的差异，这二者相悖，问题的要害在于：在特定时空条件下形成的当量转换关系能否做一般化拓展？没有社会经济含义的合理解释，就无法切实说明为什么当量之间可以等价，也就意味着当量关系无法一般化，这是合成指标所隐含的最大的测度陷阱。

3.3　合成数据结果解读与关系式的法理性

“SSF 测度报告”对人类发展指数合成处理的社会经济含义给出了一种解释：把人均 GDP 的对数与预期寿命相加，等于隐含地认为，美国人预期寿命增加一年的价值等于印度人相同增量的 20 倍，至于为什么是这种数量等价关系，没有人能给出说明。[①]这个解读显然支持了笔者的倡议，应该深究“当量转换”关系的法理性。

一定的当量转换关系，必定与特定的时空相联系，无法事先将此当量转换关系一般化。关键困难在于，所确定的当量转换关系选自于哪类经济体？是核心发达国家，还是一般发达国家？是新兴国家，还是其他发展中国家？所确定的当量转换关系究竟基于哪个时点或时段？基于社会历史周期的哪个阶段？

合成指标需要一个统一的测度框架，以便空间比较。但是不同评估相对值的确定，却应该基于特定时空中被评价对象的相对关系，这就是其一般性与特殊性要求相悖之处。或者说，一般性的当量转换关系无法“遍历”被评价对象的各个特殊场合，遍历性的缺失意味着，我们在给出合成结果时，实际上是将某种特殊视为一般，这是经济测度与实证分析的一个重大隐患。

3.4　当量转换之基要性

针对“可加性问题”，价值指标的解决之道是寻求并使用同度量因素——价格。与此不同的是，合成指标隐含的思路是逆向操作：既然无法为各评价因素找到一个通用的同度量因素，那就干脆将所有构成指标的量纲统统去掉，也就是去掉各指标的计量单位，并消除数量级大小的影响，力图以此来解决各构成指标的可加

① 参阅参考文献（4）第 69 页。

性问题。从数学角度看，这种处理的确可以使得各分项彼此相加。但从社会经济角度看，尽管这样计算已经演变成了相对数评价，不像绝对数那样差异突显，但“当量”是否相当仍然需要深究。①

应该认识到，“当量转换”是经济测度中解决“可加性问题”最基本的方法，其应该是经济统计学中的一个基本概念。这个概念也体现了综合评价与价值指标的关联。广义地看，用“价格”合成各异质的经济项以便加总得到价值指标，也是一种“当量转换”。故而，价值指标中的“价格”也是“当量转换”的一种特殊形态。

3.5 确定当量转换关系的四种角度

笔者认为②，在社会经济意义上，构成指标间的“当量转换”关系究竟如何确定归结起来可以有四种角度：投入角度、产出角度、过程角度、综合角度。然而角度一多，问题又来了：到底采用哪一种角度？或者，哪一种角度各在什么场合更为合适？如果采用综合角度，又如何去综合？投入、产出和过程三个角度各应该占多大的比重？

这些机理问题都需要探讨，然而，人们在社会经济评价中对此实际上不甚了了，甚至从事合成指标计算的人士也心存模糊。如果这个根本性质疑有其道理的话，那么多采用合成指标得到的定量认知其意义究竟何在？

4 合成指标三大测度陷阱之二——信息重叠

4.1 “构成指标”间的相关性问题

在多指标综合评价中，各入选的“构成指标”彼此之间往往处于“不完全相关”的状态，介于“完全相关”“完全不相关”之间。由于入选的构成指标都应该与被评价对象（人和事物）高度相关，所以在构成指标彼此间的相关性关系中，非常可能同时存在着与被评价对象相关的信息。若此，当综合评价过程从各构成指标中提取信息时，就很可能产生“信息重叠”（information overlapping）问题，容易造成合成信息的扭曲。

4.2 合成时信息重叠对计量结果的影响

我们先看总体的“构成指标”可以全部明示出来的情形，即反映该总体的构

① 参阅参考文献（4）第 110 页、第 121 页、第 133 页。

② 参阅参考文献（9）第 31~32 页，或参考文献（4）第 136 页。

成指标明确为 N 个，这里设定 $N=2$，即有 a 和 b 两个构成指标。当我们确定 $a+b=(a+b)$ 时，隐含要求 a 与 b 独立，然而社会经济现实中，两个评价因素 a 和 b 往往并不独立，可能存在 $ab=0$、$ab<0$ 和 $ab>0$ 三种情况，即部分之和等于总体、部分之和大于总体（积增状态）和部分之和小于总体（内耗状态）。

苏为华教授指出："综合评价中的'综合'，是一个补偿的过程，部分与总体的关系，整体不是部分的简单叠加或简单放大。"苏为华教授还指出："集成前分散的信息内容，转化为集成后的单一信息，需要评估是否存在集成的信息扭曲情况。集成是信息的转换、浓缩、提炼、升级的过程，因此产生信息的损耗和增益是必然的，什么样的集成方式是'优良'的，取决于评价的目标与原则。"①

我们再看评价因素隐含（这里举例说其仅为 c）未被认知到，故而未被单独列出的情形。

（1）若评价因素与隐因素之间呈"和关系"，即

$$A=(a+c)$$

$$B=(b+c)$$

则仅对评价因素 A 和 B 实施加法处理的结果可能是

$$A+B=(a+b+2c)$$

而无视隐因素 c 则会以为 $A+B=(a+b)$，相差 $2c$。

仅对评价因素 A 和 B 实施乘法处理的结果可能是

$$AB=ab+ac+bc+cc$$

而无视隐因素 c 则会以为 $AB=ab$，相差 $ac+bc+cc$。

（2）若评价因素与因素之间呈"积关系"，即

$$A=ac$$

$$B=bc$$

则仅对评价因素 A 和 B 实施加法处理的结果可能是

$$A+B=ac+bc=(a+b)c$$

而无视隐因素 c 则会以为 $A+B=(a+b)$。

仅对评价因素 A 和 B 实施乘法处理的结果可能是

$$AB=abcc$$

而无视隐因素 c 则会以为 $AB=ab$，相差 cc。

如果要避免各评价因素的信息重叠，需要它们彼此独立，通过 A 添加到被评价对象（人和事物）的相关特征信息不能再包含在 B 中，如果 B 中包含同样的特

① 参阅参考文献（1）。

征信息，则对被评价对象而言，评价结果包含了重复的某种特征信息，合成中至少被计入了两次。

总而言之，综合评价对构成指标提出了一个相悖的要求：各评价因素与被评价对象高度相关，且它们彼此独立，这是一种非常苛刻的基础数据投入要求。实际评价操作中如果无法实现，则评价“结果数据”就会隐含偏误。非常遗憾的是，社会经济现实中这个“如果”真的会发生，相悖的指标选取要求很难满足。

这种特殊的结构关系①在经济社会现实中并不常见，比如人类发展指数中，人均 GNI（gross national income，国民总收入）增长率与人均期望寿命就彼此相关，从方法论的数据基础上看，构成指标之间的信息重叠不可完全避免，所能做的只是尽量减少信息重叠。

苏为华教授对此提出两点意见。第一，综合评价中的各个指标都是“服务于同一个统计测度总目标的”，因此，指标之间的相关性反而是天然的难以剥离的。适度的相关是允许的，实践中若出现完全不相关的情形，反而需要警惕，判断入选的指标是否与评价或测度目标无关或弱相关。第二，信息重叠与相关关系是不同的概念。重叠的本义是测度内容的直接或间接交叉重叠，但相关则是指变化的同步性。强的相关并不代表一定是测度内容的直接或间接交叉重叠。如果在语文考试试卷中，出现了数学计算的题目或内容，这叫“重叠”，但现实中学生的语文成绩与数学成绩往往是存在较高相关性的，这并不意味着两门课程的测度存在“重叠”。相对而言，内容的间接交叉重叠情形非常复杂，且有较强的隐蔽性，实践中需要对综合评价测度领域及各指标有深入的了解与深刻的领会，方能识别判定。

苏为华教授的看法有助于我们更深刻地思考合成所隐含的信息重叠问题。

4.3 信息重叠对指标选择的两方面影响

在各种幸福指数的编制中，有的人喜欢标榜构成指标的全面性：既包括客观指标，也包括主观指标。其实，这种貌似周全的处理非常容易造成幸福相关信息的重叠，因为人们对幸福程度的主观评价往往与客观的幸福条件相关联，正是由于具备了各种达成幸福生活的条件，因此会感觉到比较高的幸福程度。如果评价中同时包含了客观指标和主观指标，信息重叠恐怕难以避免。

与此相关联的另一个困扰便是基础信息不足。出于避免信息重叠的担忧，或出于节约基础数据投入的考虑，设计合成指标时往往可能只选择少量的构成指标。例如，人类发展指数只包括三个构成指标，区区三因素的综合究竟能否代表人类发展？“SSF 测度报告”提出，影响生活质量客观因素包括了八个方面，除了被纳入人类发展指数的教育和健康外，还有六个方面呢，编制人类发展指数时它们

① 参阅参考文献（3）。

是否可以被忽略？此外，还有人建议进而编制“绿色人类发展指数”，这种行为本身就是对人类发展指数“构成指标”不足的一种批评。[①]然而，“构成指标”究竟选取多少合适？这个“度”颇难把握，也是从指标体系中确立“指标仪表盘”（也即“有限的指标体系”）的过程。

5　合成指标三大测度陷阱之三——结构化信息的不确定性

在福利测度的探讨中，人们会发现结构化信息相对于综合评价的不确定性，我们应该从不同角度深入思考。

“SSF 测度报告”指出了合成指标方法的一个重大缺陷，即如果总体下各层级所得到的评价分数相同，那么不同被评价对象的总得分相同，尽管它们的内部结构并不相同。这涉及平均数计算对结构变化的掩饰。合成处理忽视了各福利影响因素之间的相关性，没有反映经济体内部的状态分布，即使实际结构变动，只要下层构成指标的平均数不变，合成结论也就不变。不同结构的事物，只要其平均数相同，或者构成指标的评价得分数值可以彼此抵消，就能够得到相同的合成数值，这意味着，合成指标未必能表现出事物的结构变化和差异。

笔者对此缺陷的解读[②]是，这意味着合成结果并不具备“遍历性”，即无法代表被评价事物变化所经历的各种时空状态，只是其多种可能结果当中的一种[③]。合成处理是将被评价对象的部分状态认作其全部状态。或者说，多种构成指标的分布结构即便相异，只要其平均数相同，都可以达成相同的综合评价结论。这样综合评价就没有减少所试图减少的不确定性，或者说综合评价数据结果并不具备其应该具备的特定社会经济含义，在综合评价信息上仍然是不确定的，鉴于此“非遍历性”，人们更不应该对综合评价结果做绝对的解读。

欧阳莹之教授在《复杂系统理论基础》[④]中指出：“组分之间的相互作用与其关系使得整体大于部分之和，因此更大的整体并不是更大的总和。它们形成了结构，出现了多样性，产生了复杂性，使组合变得重要。”显然，多指标综合评价面临的其实是复杂体系，并没有人们所误以为的那么简单。

“辛普森悖论”是人们比较熟悉的，这个悖论的存在也表明，不同层次得到的

① 参阅邱东《探索福利测度的可行性和必要性》，也即参考文献（4）第 69 页。

② 参阅邱东《探索福利测度的可行性和必要性》，也即参考文献（4）第 69 页。

③ 合成结果不具备稳健性（鲁棒性）？

④ 参阅参考文献（17）。

评价结果未必一致，可能是某些关键变量被忽略，权数确定上存在偏误，这也是结构化信息隐含的不确定性，需要在多指标综合评价中慎重处理。

6 排名中的测度陷阱

排名（ranking）是一种非常流行的社会评价方法。既有单个指标排名（如各经济体采用GDP总量排名，单个价值综合指标的结果），也有多指标综合评价结果的排名，无论如何，这都是做线性处理，即将被评价对象放置在一条直线上加以比较，比大小或比前后。因为其流行，所以更需要警惕其中显在和潜在的“测度陷阱”。

6.1 单个指标排名中的“测度陷阱”

笔者在《真实链位探索与当代国势学构建》[①]中提出了“链位”（chain-position）概念，特指各经济体在全球经济链[②]中的地位，是时间、空间“相位”的一种，此概念来源于关于全球经济链的种种说法，是对世界各经济体GDP总量排名的一种概括，也是通俗说法的一种校正。

然而，笔者并不主张真的尝试去计算一种“真实链位指数”[③]，因为，将多维的经济体硬性地塞进一个链条进行排序，本质上就是一种主观性非常强的“降维打击”，很难得出“链位”的“真值”，即便这个真值存在。正是由于担忧合成处理所隐含的重大测度陷阱[④]，笔者在《真实链位探索与当代国势学构建》中，并没有涉及多指标综合评价方法。

提出探索“真实链位”，旨在强调GDP总量的各经济体排名往往误导经济体之间的多维比较，学术蕴含极低，对宏观管理和国际关系处理的信息意义相当有限，且作为“增长竞赛”的抓手，非常容易产生负面效应。

在一个直角坐标系平面中，如果GDP排序曲线先贴近横轴（时间轴），再贴近纵轴（指标轴，如GDP），则在这种偏态分布（现实往往如此残酷）下，单个经济体提升“位次”先易后难，开始时“位次”的赶超比较容易，因为“位次提

---

① 该书纳入2022年“国家哲学社会科学成果文库”，也是邱东“当代经济统计学批判系列”中的一部，中文版由科学出版社出版，也有英文版，*“An Exploration of Real Chain-position and Construction of Contemporary Statistics”*（2023年由American Academic Press出版）。

② 包含生产链、供应链、收入链、财富链等，需要细分，同一经济体在不同经济链中的地位往往存在相当大的差别，如果彼此混淆，则非常容易造成对国势的误判。

③ 多位学者在《真实链位探索与当代国势学构建》著作出版后提出这个建议，反映了统计界的一种文化习惯。

④ 笔者在1990年的经济学博士学位论文中，专门就“强制打分法”做过批判。

升所需要的 GDP 提升量”比较少。而到了后期，一个“位次提升所需要的 GDP 提升量”则非常大，受到的市场和资源约束往往超出预料。

本来，各经济体，特别是新兴经济体，不应该只盯着 GDP，不应该只盯着总量赶超。但即便盯着总量赶超，也得明白赶超过程的长期性和成本递增性，绝不能搞线性推断，甚至设定我方保持高速，对手只是持续低速。作为赶超者尤其应该认识到，即便是经济增长（仅着眼于数量）也通常是波动变化，一直高速提升不符合客观现实的基本道理。总量增长并没那么简单，赶超只是“时间问题”的论断，从经济统计专业角度看实在荒唐。对于增长奇迹的判断，尤其要关注：是否存在“隐含成本”和“长期成本”。当然，这些对宏论专家而言，往往是“超预期”的。

6.2 多指标综合评价中排名的“测度陷阱”

单个指标排名存在偏误，研究多指标综合评价不正可以纠正其偏误吗？前述“当量转换”的法理性、“信息重叠”风险、结构信息的不确定性等三个基本问题告诉我们，事物之复杂往往不容我们过于乐观，否则，很容易沦为一种哈耶克所批判的“知识的僭妄”。而排名隐含最大的“测度陷阱”在于，定序尺度（ordering scale）与定距尺度（interval scale）的混淆。

定序尺度得到的数值结果并不能进行平均（合成）处理，因为不同定序标志所确定的序（名次、位次）实际上意味着（隐含着）不同的经济社会“距离”。例如，甲、乙为两个被评价对象，将其按 a、b 两个指标排序的结果合成，就可能引起争论，甚至误导人们对甲乙的认知。比如大学科研水平排名，甲校按“科研论文发表量”排名得第一，按“诺贝尔奖获得者数量”排名得第三，合成排名可为第二名。假如另一所大学（乙校）按科研论文发表量排第五，但按诺贝尔奖获得者数量排第一，合成排名可为第三名。这种简单算术平均的合成结果能被普遍接受吗？有人主张加权处理，加权处理当然应该更为合理，然而权数又按照谁的主张来确定呢？又该如何面对经济测度的可行性约束呢？

苏为华教授明确指出①：“从统计学意义讲，名次变量不能够做算术运算。名次的算术运算结果根本不再是名次。”这从基本逻辑上否定了对“多指标”各自的名次（或得分）进行的综合评价，尽管观察维度可能考虑得周全，但合成处理却扭曲了“名次变量”的性质。尽管综合排名采用了定量工具，貌似科学评价，其实却是反逻辑、反科学的。

6.3 排名背后的权数和政治

笔者曾经提出，在社会领域的统计测度中，权数是一个全过程的基础性概念。

① 参阅参考文献（1）。

不管计算上是否加权，权数总是显在或隐含于整个统计测度过程。而这一认知的社会经济意义在于，我们对任何方法及其数据结果，都应该深入挖掘其方法论机理，挖掘其内在逻辑，挖掘其隐含的权数和确权者及其倾向性，挖掘排名等统计评价数据结果的社会功能及其影响。

排名很可能成为帝国实施“身份政治”的工具，例如，国际货币基金组织曾经做过各国“营商环境”排名，后因中国排名靠前而被美国政客强行叫停。反过来，如果中国在社会状况排名中位次低下，美国政客就视为当然。值得国人深度关注的一个排名是“全球性别差距指数”（the global gender gap index），中国一直在全球的百名开外。2024 年在纳入排名的 146 个经济体中，中国名列 106 位，靠近底部 1/4 分位，在东亚和太平洋地区，中国该指数值低于泰国、越南、蒙古国、印度尼西亚、柬埔寨等国。固然，这种排名结果有助于我们发现自己在社会发展上的短板，便于我们从 GDP 竞赛的巨大压力中略作解脱，但何以中国社会状况的排名低下至此？难道不应该深度剖析其指标设计和数据加工过程吗？这究竟是“事实”，还是“以事实面貌出现的见解”？总之，我们不能把国际排名当成天经地义的结果，全单照收，放弃独立思考。

全球排名还可能是帝国和强国“做局”①的政治、经济和文化工具，而且，这种工具具备“自强化”“自放大”的特性。最典型的便是全球大学排名。尤其是美国，采用各种得力措施就高等教育“做局”，将全球优秀师资和生源吸引到美国，挑选全球英才兴办高等教育，未必是“选天下英才而育之”，而“以战养战”才是智能竞争中胜者成功的真谛。到了一定程度，再借助大学排名显示出美国常春藤高校的领先实力，从而可以吸引更优秀的师生到美国，实现尖端人才的互动，此战略举措，久久为功，实现了“良性循环”，大大提升了美国高等教育的层次，即使在美欧争霸的文化竞争中也稳居领先地位。所以笔者提出，美国大学实质上是“帝国的移民筛选机构”，这是美国称霸全球的人才阳谋。因此，我们在解读大学排名时，且不可忽视其背后隐含的政治、经济和文化因素及其深远影响。

7 注重多指标综合评价方法的系统分析

明确了多指标综合评价方法的研究格局，我们在注重方法机理探索的基础上，还应该注重方法论研究的系统性。这里主要包括以下几个方面。

第一，对多指标综合评价方法的横向和纵向的系统分析。

① “做局”能力和“带节奏”能力是大国竞争力中至关重要的内容，往往是一种阳谋，如果我们将之视为阴谋，恐怕是我们对国势的判断有误。汤姆·索亚小用心机，就让小伙伴甘愿为其刷篱笆墙的故事，典型地印证了昂撒精英做局的本领（基因所系）。

笔者于 1987 年开始倡导对多指标综合评价方法进行系统分析，“系统”主要包括横纵两个方面。

横向系统分析着眼于多指标综合评价的不同方法（常规合成方法、模糊综合评判方法和多元统计分析方法等[①]）的角度。其中“常规合成方法”（routine composite method），特指采用算术运算（加减乘除为主）便可得到的合成指标。笔者专门论述了合成指标的同质性、抽象性、相对性，以考察合成方法的法理性与可行性。

纵向系统分析着眼于指标方法自身的角度，即四种指标方法间的比较。“指标体系方法”有助于达成评价的全面性，但其数据结果多维，无法达成单一表达的“结果数据”。而“价值指标”“合成指标”，相对而言则在评价的整体性和全面性上达成了某种平衡。笔者在《多指标综合评价方法的系统分析》[②]中用一个框图表现了四大指标方法的功能关系格局。

第二，经济统计学科内容层次在多指标综合评价方法上的体现。

如果仅仅阐述“合成方法”如何去做，那应该是经济统计学领域的初等内容，而同时阐述“合成方法”为什么可以（和不可以）那么去做，这就提升到了该经济统计学领域的中等层级，而当我们考虑各种“合成方法”之间的一致性和差异性，考虑到多指标综合评价方法与相关理论、方法论的外在关系时，就抵达了学科的高等层级。我们对经济统计学内容层级的划分并不以数学难易度为准，这一点与某些主流经济学的理解不大相同。

第三，方法的技术含量与思想含量的倾向性。

仅仅以增加方法的数学难度为荣，似乎这才是科学，实则忘记了社会科学的本质要求。用“数理”代替“事理”，这在基层逻辑上恐怕说不通。试想，如果学科层级提升只看数学难度，为什么不用最新的数学成果？究其根本，在真正搞数学的人士看来，前沿数学方法只是小众的事情，与社会应用无关。社会科学研究中，能应用的大多是 200 多年前的老的数学方法。如果并不能仅仅以数学难度和数理规范性作为标准，而需要思考，多元统计分析方法是否一定优于模糊综合评判方法和常规合成方法？为什么忽略模糊综合评判方法呢？为什么轻视常规合成方法呢？难道方法选择不应该以应用场景的需求和约束为准吗？

苏为华教授指出：“在过去的二十余年中，针对决策或评价活动中的‘模糊性’现象，有一批学者不断创新方法，并取得了丰硕的成果。”模糊性的刻画工具也不断推陈出新。但也存在的一个明显倾向是重“数理”而轻“事理”，模糊评

---

① 合成方法系统本身应该是动态开放的，当然引进新合成方法应该同时考虑其与已有合成方法的共性和特性，优良性和局限性，从而使得整个合成方法系统有效地拓展。

② 参阅参考文献（20）第五章第二节。

价与决策方法的数学过程日益复杂，甚至引入各式复杂的数学工具，而忽视模糊决策与评价背后统计测度的底层逻辑、应用场景的内在机理。

第四，是否需要区分两种不同的合成。

合成指标方法论需要深化和改进。在这个过程中，是否需要考虑做合成的两类区分？一类是加总意义上的合成，例如，人类发展指数中三个构成指标对总指数的贡献分别是多少，就需要将其加总在一起，从而得出不同国家和地区的人类发展指数总值。另一类是平均意义上的合成，例如[①]，ICP（international comparison program，国际比较项目）中从“基本类别购买力平价”（basic heading purchasing power parity，BH PPP）到“总购买力平价”（overall PPP），并不是将各个层次（从微观到宏观共设为七个层次）的 PPP 逐层加总，而只是平均意义上的合成。

第五，经济测度的“福利转向”（the well-being turn）与方法论思考的跟进。

经济测度从偏重于实物生产到更加注重社会福利，这要求测度方法论的跟进，测度指标的重心也要相应地转移，从价值指标综合转到“构成指标”合成。在面临[②] 福利测度和可持续发展测度问题时，价值指标就不够用了，人们总会遭遇到种种“测度陷阱”，从而需要多指标综合评价的方法论思考，而且与 GDP 测度相比，所测度对象的“模糊不确定性”加大，就更需要警惕“测度陷阱”。

本文以作为信息公共品的合成指标为主。需要考虑，特定时空条件下的最优决策与“客观”反映“综合性事实”在合成方法论上是否一致？有限个决策方案的比较（主要表现在“管理科学与工程”多目标决策中的合成指标方法）与一般性综合评价对方法的影响究竟如何？天津财经大学/河南大学的肖红叶教授在与笔者的交流中提出看法，认定二者间存在重大差别。苏为华教授也曾提出，做出这种区分非常必要。故而，笔者在全文开始时就强调了问题讨论的视角和视域。

第六，多元的学科前沿观与回溯学科的基本问题。

在多指标综合评价中，不必因为计算简单而避讳常规合成方法的使用，如果采用多元的学科观，即便回溯学科的基本问题，也可能正是在研究学科的前沿问题。“回到基本问题”（back to the original）是国外科学研究中值得国人关注的一个重要趋向，而且，基本原理需要的假设少，恐怕其相关的“结果数据”更为可靠。当不同道理之间发生矛盾时，恐怕要用“大道理”去管“小道理”，用“基本原理”去管“派生道理”“次生道理”。

---

① 参阅邱东《国际经济比较机理挖掘：ICP 何以可能》当代经济统计学批判系列，科学出版社，2022 年版。英文版：*Mechanism Mining of International Comparison: Why ICP is Possible*（2022 年由 American Academic Press 出版）。

② “SSF 测度报告”区分了 GDP 统计、福利测度和可持续发展测度三个基本类别或层次。笔者认为这些内容满足可测度性的程度逐渐降低，例如“休闲”能否测度，笔者就专门提出了质疑。参阅邱东《探索福利测度的可行性和必要性》，也即参考文献（4）第 58~59 页。

第七，经济统计与经济理论的双向作用关系。

通常都认为经济测度需要以经济理论为指导，但我们也应该注意经济测度对经济理论的反馈作用。例如在福利测度中，“能力观”“公平分配观”都需要以影响福利的各种客观因素作为“构成指标”，然后再计算合成指标，得出对总体经济福利的评价[①]，“人类发展指数”和各种幸福指数都属于此类。但倘若合成指标存在重大测度缺陷，那么“能力观”“公平分配观”等恐怕都只能停留在理论构想的层面上，无法进行有效的实际操作，也就失去其指导意义，这就反过来要求理论创新，体现了经济测度对理论的正反馈效应。

苏为华教授对此问题的考虑是：经济统计学，如果从经济测度方法论来看待，应该是或应该可以属于理论经济学，而不属于、或至少不仅仅属于应用经济学。因为它描述了经济活动中的内存的基本数量表现与数量关系，这是与质相伴随的数量表现与数量关系，它首先是纯学理层面的。在描述或梳理数量关系时，需要在实践中回答具体应用问题，需要在实践中解决实际测度工作问题，所以才又是应用层面的。如果不只是拘囿于定量和计算，同时也放在理论经济学框架来探讨或思考经济统计学，是否会有不一样的发展场域？不一样的理论高度？不一样的学术规范？

笔者同意苏为华教授的这个见解。经济统计学就是要在经济学理论思考和实证分析中添加相关的指标方法论改进，从而对理论和应用经济学的发展做出不可或缺的专业的学术贡献。

① 参阅邱东《探索福利测度的可行性和必要性》，也即参考文献（4）第 58~59 页。

参 考 文 献

（1）苏为华. 2024. 综合评价的集成困境. 中南财经政法大学“中国式现代化视域下的统计学科发展”专题研讨会大会报告.

（2）Radermacher W J. 2021. Guidelines on indicator methodology：a mission impossible?. Statistical Journal of the IAOS，37（1）：205-217.

（3）邱东. 2021. 基石还是累卵：经济统计学之于实证分析. 北京：科学出版社.

（4）邱东. 2018. 经济测度逻辑挖掘：困难与原则. 北京：科学出版社.

（5）Stiglitz J E，Fitoussi J P，Durand M. 2018. Beyond GDP：measuring what counts for economic and social performance. Working Papers. Organisation for Economic Co-operation and Development.

（6）Stiglitz J E，Fitoussi J P，Durand M. 2018. For good measure: advancing research on well-being metrics beyond GDP. Science Po Working Papers Main hal-03945964，HAL.

（7）李冻菊. 2014. 经济表现和社会进步的测度报告. 郑州：郑州大学出版社.

（8）李冻菊. 2014. 经济表现和社会进步的测度研究与实证. 北京：中国人民大学出版社.

（9）邱东. 2012. 多指标综合评价：方法论反思. 第四届中国统计学年会大会特邀报告.

（10）苏为华. 2012. 我国多指标综合评价技术与应用研究的回顾与认识. 统计研究，(8)：98-107.

（11）邱东. 2012. 宏观测度的边界悖律及其意义. 统计研究，（8）：83-90.

（12）凯根 J. 2011. 三种文化：21 世纪的自然科学、社会科学和人文科学. 王加丰，宋严萍，译. 上海：格致出版社.

（13）常春兰. 2010. 科学哲学中的相对主义及其超越. 济南：山东大学出版社.

（14）斯蒂格利茨 J E，森 A，菲图西 J P. 2011. 对我们生活的误测：为什么 GDP 增长不等于社会进步. 阮江平，王海昉，译. 北京：新华出版社.

（15）李晶. 2009. 人类发展的测度方法研究：对 HDI 的反思与改进. 北京：中国财政经济出版社.

（16）OECD. 2008. Handbook on Constructing Composite Indicators：Methodology and User Guide. Paris：OECD Publishing.

（17）欧阳莹之. 2002. 复杂系统理论基础. 田宝国，周亚，樊瑛，译. 上海：上海科技教育出版社.

（18）博伊尔 D. 2004. 为什么数字使我们失去理性. 黄治康，李蜜，译. 成都：西南财经大学出版社.

（19）苏为华. 2001. 多指标综合评价理论与方法研究. 北京：中国物价出版社.

（20）邱东. 1991. 多指标综合评价方法的系统分析. 北京：中国统计出版社.

（21）邱东. 1990. 多指标综合评价方法. 统计研究，（6）：43-51.

（22）邱东.1988. 多指标综合评价方法的系统分析. 财经问题研究，（9）：51-57.

（23）陈思博. 2022. 基于 BoD 多指标综合评价方法的改进研究. 杭州：浙江工商大学.

OECD/JRC 合成指标手册评论
——基于指标方法论的“机理进路”①

1 议题的提起

在社会经济统计中，人们往往需要得出可以比较大小或先后的“结果数据”，以便在不同事物之间做出选择和决策。而事物本身是多元的，对它的评价结果却需要是一元的，这便是笔者在“‘SFD 测度报告’的经济统计学评论”中所概括的四大矛盾之一：评价的全面性与“结果数据”的单一指向性。也就是说，需要将所评价的多元事物做降维处理，将有关基础数据加乘汇总到一起，形成一个单一维度的“结果数据”。要解决“可加性问题”无非采用两种指标：一是价值指标，二是合成指标。

随着“经济测度的福利转向”，也由于价值指标本身的某些“测度陷阱”，合成指标逐步在社会经济领域变得非常流行，类似于“人类发展指数”这样的数据人们用起来非常顺手。不少学者还热心研发新的合成指标，俨然成为一个庞大的学科分支。然而，社会上存在并流行着“偏数理轻事理”的倾向，似乎只要数学上可加，社会经济意义上便同样可加，人们不大注意，某种合成指标的内在机理——其计算究竟为什么可行？即便作为国际标准的专门手册，方法“机理”的讲述也不充分、不透彻。而方法“机理”正是笔者在 1986 年就开始呼吁、倡导的

---

① 本文是《从方法提升到方法论：注重多指标综合评价的机理进路》的续篇，论文形成过程中与浙江工商大学苏为华教授有过深入的交流，交流主要内容以标明知识产权的方式纳入本文。苏为华教授和他的团队一直是国内研究合成指标方法论的主力，苏为华教授 2021 年曾在科学出版社出版“国家哲学社会科学成果文库”《综合评价基本理论与前沿问题研究》，该书还可以英文在海外出版，以显示中国学者在本领域突出的研究水平。很遗憾本文没能容纳该书的内容，也希望苏为华教授能撰写综述性论文，让国内同人对此领域的学术成果给予足够的重视。

composite 的中文命名，有的选用“复合”，有的选用“综合”，还有的选用“合成”。笔者选用“合成”。其理由在于，“复合”“合成”都有英文 composite 的含义，但前者在中文里还有行为者（主体）之间关系修复之意，“合成”则没有这种歧义的可能。“综合”这个词使用范围比较广，作为专有名词的译名读者不大容易捕捉到英文 composite 的原意，而且在“价值指标”及其相关分析中，“综合”一词使用较多，composite indicator 正是与“价值指标”相对立的两大“可加性”方法之一，故而避开“综合”的译法，更有利于读者理解和把握指标方法的本意。

“机理进路”通常可译为 mechanism approach，但需要注意，这里的 mechanism 不应该是“机械的机”，而是“有机的机”，社会经济现象属于“复杂有机现象”，如果理解上囿于“无机现象”的机械含意，则偏误颇多。笔者强调“经济统计意识”，此即一例。

研究重心，并由此形成了若干研究心得。

应苏为华教授邀请，笔者参加过他主办的两次专题国际研讨会①。令人感到遗憾的是，第一次国际研讨会中当中国学者发言时，本来就不多的外国学者却全无踪影，这印证了笔者这些年来参加国际会议的一个感觉，欧美学者在与国人（当然也包括发展中国家的学者）进行学术交流时，大多只带着嘴巴，而没有带着耳朵和眼睛。他们压根儿没有从他者头脑里取得新思想、哪怕仅仅是学术信息的心理准备。

毋庸讳言，从总体上看，部分中国学者的经济统计研究水平低于发达国家的学者，乃至一些发展中国家的学者。仅 21 世纪以来，就有超过 200 部经济统计方法论研究的英文著作（含较长篇幅的“工作论文”）出版，的确需要我们认真学习，且“深度学习”。

然而学习并非迷信，总体落后也并不意味着在所有的经济统计学研究领域，中国学者全都处于落后状态。

在 ICP 机理研究上，ICP 的“反常识数据结果”究竟应该如何加以解释？在估算“基本类别 PPP”时，是否需要“纯价比假设”“等价比假设”？这些质疑和思考难道不值得国际比较规则的制定者关注吗？

还有约瑟夫 E. 斯蒂格利茨教授主持的两份“经济测度报告”，固然对当代经济统计学的学理进行了较为系统的剖析，体现了“经济测度的福利转向”，然而其中仍然隐含着不少“测度陷阱”，难道不需要进一步研究吗？“超越 GDP”已然实现了吗？

在多指标综合评价方法的研究上，中国学者的成果更是颇为壮观，而且起步很早。从时间点上看，笔者对合成指标方法论的系统研究从 1986 年开始，1987 年向第一次全国中青年统计科学研讨会提交论文，《多指标综合评价方法的系统分析》在 1988 年发表于《财经问题研究》（第 9 期）。1990 年笔者以合成指标为主题的经济学博士学位论文通过答辩，1991 年由中国统计出版社出版。2000 年苏为华教授同主题的经济学博士学位论文在厦门大学通过答辩，2001 年《多指标综合评价理论与方法研究》由中国物价出版社出版。比照一下，OECD/JRC 合成指标手册于 2008 年②正式公布，比笔者的博士论文晚了至少 17 年（按出版时间算），

---

① 第二次因为与教育部的会议冲突，笔者只提交了论文，即《从方法提升到方法论：注重多指标综合评价的机理进路》。

② 苏为华教授介绍：据国外可考的文献，有关合成指标理论与方法的相对系统性成果，最早是 2002 年由欧盟的 JRC 的 Michaela Saisana 和 Stefano Tarantola 撰写的一份工作报告稿（State-of-the-art report on current methodologies and practices for composite indicator development）。此后，该 JRC 专家 Michela Nardo、Michaela Saisana、Andrea Saltelli 等撰写了“Tools for composite indicators building（EUR 21682 EN）”工作报告，随后 JRC 的 Michela Nardo、Michaela Saisana、Andrea Saltelli、Stefano Tarantola、Anders Hoffman、Enrico Giovannini 与 OECD 联合发布了 Handbook on Constructing Composite Indicators: Methodology and User Guide 等工作论文。而正式出版的则是 2008 年的合成指标手册。

比苏为华教授的博士学位论文也晚了 7 年。OECD/JRC 合成指标手册（2008 版）并没有提及中国学者在此领域的研究成果，是我们这两篇博士学位论文等研究成果压根儿没有参考价值①？还是基于“文明等级论”的一种学术态度？甚或出于“鲁滨逊视觉”（目无他人，惟余荒蛮）？苏为华教授认为：从理论或方法论上的研究水平看，上述两篇博士论文及其他众多中国学者的成果，在许多方面依然领先于 OECD/JRC 合成指标手册（2008 版）。

2024 年，笔者撰写了《从方法提升到方法论：注重多指标综合评价的机理进路》，主要强调了两个方面：一是合成指标研究的系统性，二是倡导合成指标方法论的“机理”研究，而非一味追求加大合成方法的技术难度。如果偏重方法机理的进路得到认可，那么笔者在 1990 年的研究不仅时间上领先，研究内容也更为丰富，至今仍然具有启示意义和推进作用，并不过时。基于这个判断，本文专门从方法论比较的角度对 OECD/JRC 合成指标手册做评论，作为前文的补充，主要包括以下内容：合成指标的方法论（methodological approach）原理；注重方法“机理进路”；OECD/JRC 合成指标手册的结构；经济统计“手册悖境”。

2 合成指标的方法论原理

2.1 合成指标的功能

OECD/JRC 合成指标手册在“指标功能”上开宗明义，指出其关注国家层面的产业竞争力、可持续发展、全球化和创新等方面，也即关注“国家显著事项”，这个表述界定了合成指标的层级和范围，可见其具有“宏观性”，是作为“国势学”乃至全球治理的定量指标工具，用以生产信息类公共品，是“社会基础结构”的重要组成部分。

需要注意的是，对经济统计学功能的理解存在着一个基本分歧，一派主张经济统计仅仅是对社会经济现实的“反映”，而另一派则主张经济统计应该是宏观经济管理的工具。两种功能主张使得统计指标的设计出现分歧，而对方法涵盖的范围也会有所差异。在合成指标领域，多目标决策方法在多大程度上也纳入研究视野，就有不同见解。毕竟，就单一决策事项所采用的评价方法与旨在形成宏观信息系统的评价方法必定存在差异，需要操作者注意，在合成指标方法论研究中也需要留心其影响。

---

① 广义地看合成指标（即不局限于经济统计学视域），苏为华教授介绍：中国国内自 20 世纪 80 年代以来就有一系列公开出版的关于合成指标理论方法研究及应用的论著，也有国内学者在国际期刊发表相关论文，甚至邀请过 JRC 专家来中国大陆交流。

2.2 合成指标的定义和类型

OECD/JRC 合成指标手册是国际组织在本领域第一份国际标准，然而比较遗憾的是，该手册并没有给出“合成指标”的明确定义，方法原理讲述也还不够。

笔者在 1990 年将合成指标分成常规合成方法（常规多指标综合评价方法）①、多元统计分析方法和模糊综合评判方法三个大类。如果这个分类成立，OECD/JRC 合成指标手册竟然一直忽视了模糊评判，这是一个重大疏漏。笔者在 1990 年博士学位论文中就提出，“不确定现象”应该进一步区分为“模糊不确定性现象”“随机不确定性现象”，这个基本区分意味着模糊综合评判方法存在和使用的法理性。

还有，OECD/JRC 合成指标手册明确提出，其内容不包括用于描述经济周期的“合成领先指标”（the composite leading indicators，CLI），原因在于该类合成指标基于统计和计量经济学，与其他类型的合成指标差异相当大。然而，OECD/JRC 合成指标手册并没有展开此论点，我们需要明确，这类合成指标与其他合成指标究竟相差在哪里。而令人不解的是，在论述数据标准化方法时（该手册中的 1.5），OECD/JRC 合成指标手册还涉及了领先指标，前后表述并不一致。

笔者认为，领先指标和其他合成指标就“合成”而言在本质上相同，只是其测度重心更偏于时间维度。苏为华教授对此做了深入剖析：CLI 的计算，要求入选的指标必须是“先行于基准周期”的指标，通过计算时差相关系数或 K-L 信息量等方法构建“先行景气指标体系”，且先行时长或峰谷周期性比较接近，这正是“合成指标”理论所强调的“内部一致性”要求（见 2.3 节）。虽然 CLI 的单项指标计算需要经过一个“相对复杂的因素剔除”（长期趋势、季节变动及不规则变动的剔除），但基于各指标的循环变动序列计算“增长率”，并对它们进行加权集成（通常是算术平均），这正是“常规合成方法”中最常用的“综合指数法”。而“相对复杂的因素剔除”正是合成指标计算中单项指标的同度量化内在要求。从苏为华教授的剖析可以看出：领先指标的计算与一般的多指标综合评价在操作上虽有不同，但从合成指标方法论角度看，并不足以将其排除在外。其实，领先指标系列在方法论上对其他类型的合成指标颇有启示，OECD 国家，特别是美国，在领先指标编制和使用过程中的经验与教训也值得认真总结并加以借鉴。

苏为华教授进一步指出：经济景气分析中，还有与 CLI 并存的同步合成指标（指数）、滞后合成指标（指数），以及与 CLI 平行的基于景气问卷调查的扩散指数（diffusion index，DI）都是合成指标方法论的具体应用，因为“无量纲化—加

① “常规合成方法”，即采用相对数和平均数进行多指标综合评价，是非常典型的“政治算术”，笔者在 1990 年博士论文中概括出所有合成指标的“计算性质”：“统计相对数的加权平均”，多元统计分析用于多指标综合评价，模糊综合评判从计算的本质看都是其拓展。

权—平均集成”都是不可或缺的步骤。从这个视角看，各类景气合成类指标的设计、计算与解读，特别需要接受合成指标方法论的指导。当前对诸如采购经理人指数点数波动的过度关注，而轻视其合成计算的“简单粗暴”（只分“上升、下降、持平”三个方向，而忽视其程度），就是很值得商榷的。因此，苏为华教授在山东临沂商城景气指数、浙江舟山水产景气指数、永康五金景气指数等多个景气指数的设计中，就改成了 5～7 级模糊评价方法处理，而不是传统的 3 级处理。

2.3 合成指标的“内部一致性”

OECD/JRC 合成指标手册 1.6 中指出，多元统计方法（主分量分析和因子分析）“可以根据相关性来对变量进行分组，然而，如果指标间没有相关性时，则权重不能用上述方法来估计”。这段论述实际上指出了合成指标方法选择所面临的一个悖境，因为在变量选择时，为了减少各构成指标（子指标）的信息重叠，应该尽可能降低其间的相关性；而指标间的“低相关性”却又排斥多元统计方法的使用。除了加权方法的选择以外，在合成汇总方法的选择上也面临此种两难境地，值得深入思考。

OECD/JRC 合成指标手册的前言用表格列示了合成指标的六个方面缺点，其中只有“指标和权重选择”，还有“忽略难以测度的维度”（其实这与前一条相同）这两条是方法本身的缺点，其余三条（解释不合理、被滥用、执行过程不透明）都是方法使用不当造成的问题，并非方法的内在问题，还有“可能导致过于简单的政策结论”，则应该归结于内外两方面原因。当我们对方法优缺点做出评判时，恐怕更多的应该是注重其“内部一致性”。

OECD/JRC 合成指标手册中有的论述还不够严谨，作为国际标准，这恐怕是不应该出现的问题。例如，手册目录和第一部分第二节讲“选择变量”，而引言和表 1 中讲的则是“数据筛选”，二者虽然紧密相关，但还不能视为同一步骤。

苏为华教授指出，OECD/JRC 合成指标手册的专家工作小组 CC-COIN（Competence Centre on Composite Indicators and Scoreboards，综合指标和记分牌能力中心）2008 年之后组织了培训会，但在会上授课专家并没有完全根据 OECD/JRC 合成指标手册（2008 版）的步骤流程、内容方法来设计课程内容，从操作流程细节及其顺序到方法选择，都有不少的变更。这表明，该手册作为国际标准的稳定性是有一定欠缺的，用于指导与审核（audit）合成指标编制实践，其权威性是可以被挑战的。

2.4 合成指标的系统观

笔者 1990 年在博士学位论文中提出，从系统角度看，“指标方法”无非“实物指标”“价值指标”“合成指标”“指标体系”四种。合成方法属于“加总派”观点的两大分支之一，不过它完全否定了“价格”作为同度量因素和权数的稳健性，从而否定了价值指标计算的法理性，转而主张采取“去量纲”以求“同一性”从而达成“可加性”的合成方法，从而与价值指标方法并列。

经济测度中还有的人认为，宏观指标根本无法达成其“可加性”，故而形成了“非加总派”的主张。然而，现实社会决策（对策）存在“决断信息”的需求，对一个问题，总是希望得到“yes or no”的单一结果的数据，故而“加总派”观点仍然流行于世。

我们阐述合成指标方法，应该从系统的角度把握其历史地位，这样才能更好地使用该方法及其“结果数据”。

OECD/JRC 合成指标手册第一部分第一节论述合成指标构建的第 1 步，即“构建理论框架”。可见，指标合成处理这个定量过程也须从“定性分析”开始。有的人喜欢研究基于前沿数理模型的“纯定量分析”，似乎文字表述越少，公式越复杂，就越高级。如果总是停留在抽象的数理空间，“纯粹”或许还可以，但如果研究应用并落实到现实社会中，则必须有一个与形成模型时抽象过程相反的逆过程——具象化，始终坚持抽象处理只能是将定量分析囿于乌托邦。

需要做出区分的是，这里的“理论框架”是针对具体测度项目中特定测度对象而言的，并不是合成指标方法构建的一般理论，也就是说，这部分的论述并没有从指标方法的系统角度来阐述合成指标的性质。实施具体测度项目，是其必要性和可行性二者相凑的过程，创新开发多指标综合评价方法，尽可能达成经济测度的相关性（或社会经济意义）。

OECD/JRC 合成指标手册第一部分第一节（1.1）的对合成指标的发展论述以 GDP 测度为参照，并认为 GDP“理论和统计框架在过去的 50 年内逐步形成”，具备了“坚实的理论和经验基础”。在方法成熟度比较上需要注意的是，这个评价只能是就“价值指标”相对于“合成指标”而言，而且应该看到，正是因为价值指标作为一种“多维指标”尚存在“测度陷阱”，才有了开发“合成指标”的必要性。需要明确的是，合成指标方法的必要性并不只是因为测度领域的拓展，还出于已有价值指标方法需要类型改革和拓展的考虑。

2.5 合成指标处理的透明度要求

关于“透明度”，OECD/JRC 合成指标手册有这样一段论述：“在一些新兴地区，由于相关领域的经济研究尚处于发展阶段，综合指标（如竞争力、可持续发展、电子商务等）可能是非常主观的。”这里需要注意的是，将发展阶段与指标“主观性”直接挂钩，恐怕容易误导对经济测度原理的认知，似乎只要经济发达了，合成指标的“主观性”就消失了。其实，经济测度是由具有“主观性”的人来操作的，哪怕相关人员竭力追求测度的“客观性”，也无法完全消除“主观性”。该手册引言中专门提及“合目的性原则”(a fitness-for-purpose principle),等于公开认可了这一原则的“非中性”。

发达地区的测度操作或许可能更为“客观”,但也难免,甚至存在强化以发达国家的测度经验作为全球标准的风险:隐含在“事实”背后的“见解”,以“客观”面目出现的“主观”认知。故而,为了在承认主观性的前提下尽可能追求测度结果的客观性,测度方法“透明度”应该是一般性的要求,正如OECD/JRC合成指标手册所言,“透明性必须是贯穿整个工作过程的指导原则”,故而,并不只是发展中地区才需要此方面的考量。

同时也应该注意到,合成规则和方法的透明度并不能保证编制具体合成指标时的操作透明度,规则和方法是否得到切实的贯彻,是需要严格审视的,其过程也需要公开。例如,“国际比较项目(ICP)”规则和方法是公开的,然而“购买力平价(PPP)”的计算过程能否公开还值得深究。还有,OECD/JRC合成指标手册在引言中提出,合成指标应该“能够被分解成其子指标或具体值”,即合成的“逆操作”,这是一个颇高的要求,不知在社会实践过程中有多少合成指标能做到这一步?

3 注重方法“机理进路”

单从数学工具的难易度和解读方式来看,OECD/JRC合成指标手册似乎有些“落伍”和“过时”。出于提供使用指导和推广的目的,OECD/JRC合成指标手册对所使用方法做了用户友好型的解读,这是其优点。需要注意区别的是,方法的通俗解说,偏重于操作层面讲述如何做的问题(how),还不同于数理方法用于指标合成的机理剖析(为什么该方法可以用于该项多指标综合评价?上升到学理层面,why 问题)。而且合成技术又有所发展,毕竟17年已经过去了,OECD/JRC合成指标手册(2008版)的论述可能显得“陈旧”,恐怕难入偏好“技术进路”(technical approach)研究者的法眼。其实,方法论研究的成果是不会过时的。任何学科,学说史,特别是学说思想的梳理,总有其珍贵的学理价值。

然而,如果从社会科学应用的方法论提升这一视角看,偏重于“机理进路”,改变当下全球经济统计“手册”多、“脑书”少这种偏重于初级层次的格局,那么,该“手册”可以作为进一步撰写合成指标“脑书”的基础。“脑书”,其深意正在偏重于指标的方法机理,偏重于指标方法的内部一致性和外部一致性。

苏为华教授认为:也正是从方法论的学理层面标准看,OECD/JRC合成指标手册(2008版)还是很显不足的,无论是常规的“粗浅”方法,还是其CC-COIN特别推崇的BoD(benefit of the doubt,质疑补偿内生赋权)[①] 方法,以及新引入

① 参阅文献(23)。

的一些多属性决策方法（multi-attribute decision making，MADM），都远不及国内主要学者数十年前对“方法机理”的研究。

概而言之，“方法机理”至少需要关注以下几个方面。

（1）为什么要开展某个方面的测度？为什么要开发该指标？（即指标方法的社会经济意义，或指标方法的时空相关性）在具体的合成指标编制过程中，这主要通过 OECD/JRC 合成指标手册的第 1 步来体现。

（2）在阐述指标方法“如何测度”问题的基础上，进一步深入阐述“为什么可以那么做”的问题。苏为华教授认为：这是“数理”与“事理”的统一与相洽问题。数理必须从属于事理。学界非常普遍的“偏数理轻事理”倾向，同样存在于合成指标的构建活动中。这需要经济统计学者对指标方法的数理性质做出如何合乎事理需求的深度剖析，这是响应“why questions”的不可或缺的一步。笔者注意到，OECD/JRC 合成指标手册在 1.4 中明确指出，聚类分析的用处之一是作为“一种纯粹的、用于指标汇总的统计方法”，然而，聚类分析究竟如何“去量纲”并“合成”，却语焉不详，这在方法机理上恐怕难以服人。笔者 1990 年在博士论文中对主分量分析（principal component analysis）和因子分析（factor analysis）如何用于多指标综合评价，作了较为系统的说明，是对多元统计分析方法用途的一种鉴别。

（3）指标方法不可能尽善尽美，总是需要加以改进，而改进的动力之一便是其所隐含的“测度陷阱”，因此仅仅从正面研究测度缘由还不够，还需要从反面审视，指标方法是否，且在哪里存在着“测度陷阱”，即“为什么不能那么做”问题？笔者 1990 年在博士学位论文中，对聚类分析无法独立地用作合成指标构建作了鉴别性说明，便属于这方面的研究。苏为华教授认为：“测度陷阱”的本质是指标方法论中“数理”与“事理”的“隐性脱节”。因此，（合成）指标方法的改进，必须遵循一些基本准则。2023 年 11 月 4 日，在第二十二次全国统计科学讨论会上，苏为华教授作了大会报告“综合评价技术的基本准则、方法逻辑与发展方向”，这是对其之前在 2021 年“国家哲学社会科学成果文库”著作的基础上作了进一步阐述。

（4）任何指标方法都需要某些假设，提升测度品质不是不要假设，而是不能将计算（包含假设的）所得的“结果数据”绝对化，需要审视假设，特别是隐含的假设对指标方法应用效果的影响。OECD/JRC 合成指标手册在构建方法格局中特别注意“后期处理”，设置了两个专门步骤，注重指标方法的“内部一致性”，这就提升了“指标方法论”（indicator methodology）研究的层次，是该手册的一个突出优势。在 OECD/JRC 合成指标手册的 4.1 中，还设置了专栏，阐述“主分量分析”的假设，表现出手册编制者的睿智。需要进一步推进的是，如何将多元统计的一般方法论与其在合成指标编制的特殊应用相结合，就是特殊方法论的拓展。

（5）指标方法的与时俱进。指标方法是为了动态地描述“国家显著事项”，描述对象自身会随着历史进程发生演变，描述指标当然需要与时俱进。从方法机理看，就是被测度对象是否发生了演变，发生了什么样的演变？演变对描述指标方法的机遇和挑战有哪些？如何准备测度条件以改革指标方法从而适应国势研判的要求？这体现了指标方法映射被评判现象时的“外部一致性”①。

4 OECD/JRC 合成指标手册的结构

对 OECD/JRC 合成指标手册“十个构建步骤”的安排，笔者有这样几点意见和思考②。

第一，“多元分析”作为一个单独步骤似有不妥，多元分析是数理统计的一般方法，并非合成指标方法的一个专有步骤，它在其几个步骤中都需要使用，在合成指标的构建中发挥着重大作用，二者不宜混淆。作为 OECD/JRC 合成指标手册的第 4 步，主要是用来分析“数据结构”，其实多元分析方法在第 5 步和第 6 步中的作用也非常重要，手册将其放在第 4 步，某种意义上具有“方法准备”的意味。在 OECD/JRC 合成指标手册介绍合成指标和构建过程时，如果从内容衔接角度看，第 4 步应该直言为“多元分析（或数据结构分析）”，与“选择变量”（第 2 步，含“数据筛选”）、“推算缺失数据（或数据插补）”③一起作为“数据准备”板块的内容。而且，选择变量、数据筛选与多元分析、推算缺失数据这几个步骤应该形成一个彼此互动的反复过程。

第二，“权数”在合成指标构建过程中，应该是一个“全过程概念”：其实从合成的第 1 步（即构建理论框架的定性分析）开始，到指数构建完成，权数的意味都存在着。选择哪个指标，这是“第一次加权”④，未入选的指标其权数为零。缺失数据“补插”，意味着该项数据的权数不应该为零。标准化方法不同，其中隐含的权重也不同。汇总步骤时即便做“等权”处理，权数仍然存在，只不过数值都为 1 而已。如果接受权数作为“全过程概念”，那么将“加权”论述与“汇总”放在一起作为第 6 步，概念理解上就失之过窄。合成时有时需要专门加权处理，而有时合成方法本身就有了加权处理的意义，并不需要再专门加权，故而在第 6 步中分为两部分论述，也有方法理解上的误导之嫌。

---

① 指标方法的“外部一致性”还涉及与其他学科方法的关系。

② 笔者在《多指标综合评价：方法论反思》中对三种（邱东、苏为华和 OECD）合成指标构造的步骤安排作了比较，侧重与其共性的研究。

③ 第 3 步，“多元分析（或数据结构分析）”或许应该安排在“推算缺失数据（或数据插补）”之前。

④ 笔者在《多指标综合评价：方法论反思》中首次提出这个概念。

第三，第 8 步“数据还原（或数据实例）”（back to the details）也不应该是一个独立的“构建步骤”，似乎更适合并入（放在）“评价结果的表达和发布”（第 10 步）中。OECD/JRC 合成指标手册采取了“一例到底”的讲解方式，全书都用“技术成就指数”（technical achievement index，TAI）为例，这恐怕是出于“教学目的”的考虑，一种撰写教科书的手法。其实，合成指标方法应该有不同类型，不可能存在适合于所有合成指标方法的典型事例。如果方法讲解可以做到“一例到底”，恰恰证明 OECD/JRC 合成指标手册的内容体系还存在方法缺欠。

第四，如果略作调整，第 5 步[无量纲化（或数据的标准化）]和第 6 步（确定指标权数和合成）仍然是合成指标构建的“核心”板块①，其后便是指标构建的“后期处理”板块，（稳健性和敏感性）分析主要关注合成指标的“内部一致性”，“与其他指标的联系”则主要关注合成指标的“外部一致性”。需要注意的是，后续这些步骤还应该与前面的“数据结构分析”相衔接，不同的数据结构与不同的标准化方法、加权方法和汇总方法、稳健性分析、灵敏度分析相对应。这样，从“理论框架”到“数据准备”，到“核心操作”（非此不足以作为“合成指标”）再到“后期处理”，构建方法各板块和步骤之间的逻辑顺序关系比较清晰。

第五，OECD/JRC 合成指标手册分成两大部分，先讲构建合成指标，再讲指标构建的工具箱，编制步骤几乎讲了三遍（引言中还有提及）。笔者以为，OECD/JRC 合成指标手册的行文未必需要做两大部分安排，将各步骤内容集中讲述，而第一部分的“合成指标的质量框架”则放在最后，这样安排或许方法的“机理进路”更为清晰，解读效果更佳。

苏为华教授指出：诚如其名，OECD/JRC 合成指标手册是一份以操作流程为主线的工作指导文件，突出了合成指标构造的全程性，而忽视了合成指标理论方法的系统性，因此从严格意义上讲都不能够称为“理论与方法研究”的系统性著作。因为，异常值的识别处理与数据的插补、合成指标的深度分析、可视化与传播等，是任何一项完整统计研究活动（数据分析）的必要环节，并非合成指标构造的特有内容——至少手册编撰者没有立足合成指标分析的特殊性来探讨这些环节的内容。换言之，其中所述的“数理”“事理”内容都是一般统计活动的共性部分，而非合成指标方法的个性部分。

5 经济统计“手册悖境”

一般而言，经济统计手册作为国际标准，推广应用过程中往往需要树立其威

① 笔者在《多指标综合评价：方法论反思》中提出了合成方法中预处理、核心处理和后期处理三个阶段的划分。

信，这样就需要为尊者讳，手册编撰者往往不愿意或不能（或囿于专业偏好）充分揭示指标方法之不足。然而，即便成为国际标准也不能固化，而应该与时俱进，当统计对象本身发生演变时，标准就需要修订，而修订的基础便是指标方法的机理探讨。经济统计手册主要阐述方法如何使用，有的手册也会就方法机理作一些基础性或概要性的阐述，不过往往不那么充分。是否深入探讨方法存在的问题，这是考验"手册""可持续质量"的关键，也是手册编撰者面临的一种两难选择。究竟是偏好于短期推广，还是长期信誉？

应该看到，SNA（System of National Accounts，国民经济核算体系）从 1993 年版修订开始，就将修订过程中需要深入研究的国民核算方法论课题展示出来，不同的方法论见解显示出国民核算领域的认知水平和矛盾、核算问题的焦点和体系优化的方向，这些构成了 SNA 方法论研究的"金矿"（研究者正应该如同恩格斯先生所言："从已有的思想材料出发。"），从而成为下一轮核算体系修订的专业文化基础。

反观 OECD/JRC 合成指标手册，标准文本中缺少像 SNA 那样对未决问题坦白的表述。OECD/JRC 合成指标手册"引言"中也曾指出，"作为一个'活'的产品，只要新的方法被提出，本手册就会不断更新发布新的版本"。然而从 2008 年至今，16 年过去了，还没见到 OECD/JRC 合成指标手册修订的新版本。似乎这么些年并没有新的合成方法被提出，恐怕与本领域的研究态势不符，其实反倒表明了该手册的"成长性"比较弱。提升其成长性，一个重要指向便是注重合成指标的机理研究。

与此形成鲜明对照的是，国际社会涌现了各种各样的合成指标，据苏为华教授介绍，早些年就已经多达 4000 多种。这些新的合成指标是本领域最为鲜活的研究材料，如果系统地比照各种各样合成指标的编制和应用情况，充分地分析其相同点、不同点、优点和缺点①，就容易发现合成指标方法的发展态势以及存在的"测度陷阱"，就为方法改进和标准修订找到了新题材。

其实，OECD 和 JRC 在 2008 年编制合成指标方法手册时，并没有注意到发展中国家的学者对合成指标编制议题的研究，没有注意到后发国家学者在该专题研究上的知识贡献。将笔者早年的合成指标研究与 17 年后的 OECD/JRC 合成指标手册对比，就编制原理的剖析（遵循方法的"机理进路"）而言，恐怕具有明显的差异，何者为优，值得深入比较。2012 年，笔者在第四届中国统计学年会上作了特邀报告，题目是《多指标综合评价：方法论反思》，②再次就合成指标的方法论机理作了探讨。还需要强调的是，苏为华教授本人和他的团队在本领域长期深

① 笔者 1990 年经济学博士学位论文所提出的"四点观"。

② 收入笔者《经济统计学科论》，中国财政经济出版社，2013 年版。

耕，取得了系列研究成果，也在海外发表了若干（英文）论文，颇值得重视。

通常，发达国家的学者是国际统计规则的制定者，而发展中国家的学者是这些规则的学习者、推广者，但这并不意味着后者没有专业思考的能力，没有质疑国际标准的“资质”，应该打破那种部分发展中国家人士在专业学术发展上一无是处的刻板印象。其实在20世纪80年代的中国，“宏观经济效益统计”兴起，不能再沿用现成的“产值（价值）指标”，导致中国学者在合成指标研究方面投入了大量的精力深入思考，也发表了较多论文。笔者和苏为华教授的合成指标方法论研究，便建立在这个研究热潮的基础之上。

这个事例引发我们进一步思考，OECD/JRC 合成指标手册编制的参考文献是否比较齐全？有哪些重大遗漏？在已经收集到的文献中，所涉及的方法论问题是否得到了充分的讨论？还有哪些争议问题遗留了下来？合成指标方法论研究的主要方向究竟有哪些？OECD/JRC 合成指标手册引言最后一节为“后续内容”（what's next），其线索是否偏于“技术进路”？是否需要拓展？

OECD/JRC 合成指标手册比较重视从社会选择和多标准决策分析中吸取经验，这种拓展非常好。然而也需要注意，就定距尺度和定序尺度的信息比较而言，定序尺度的规则和经验对其适用性究竟如何？我们知道，绝对值信息损失可能对不同时期排序变化产生影响，例如，A 在 t 期仅以微弱的优势排在 B 前面，到了 $t+1$ 期，A 与 B 易位的可能性就相对大一些。还有，排名位次在不同类型的博弈中其社会经济意义不同。例如在充分竞争的博弈中，排名靠前或许还有意义。但在零和博弈中，排名第一就是要全部占优，就是要保持绝对优势，而排名稍后者与排名非常落后者在利益享有上相差并不大，但在成本付出上却可能差异相当大，遭遇的恶意排斥也非常多。再有，大学排名顶多具有高校层级划分的粗略意义：某所大学在所有高校中大概处于哪个层级（档次）？至于哪所大学排在哪所大学的前面或后面，具体名次上其实具有不确定性，未必令人信服。从这些事例可以看出，合成指标手册只有比较系统地总结其构建经验，从中探索方法论机理，才能形成多指标综合评价的良性发展。

苏为华教授认为：中国经济统计界，在包括合成指标等在内的多个研究领域，都有自己独到的学术见解与理论成果，且有不少立足于中国实践的优秀应用性经济统计成果，其水平丝毫不逊于甚至胜于国外同类研究成果。苏为华教授呼吁：我们应该自信自强，通过发展具有中国自主知识体系的经济统计学科，在自主参与甚至积极引导国际统计规则的制定方面，发挥应有的作用。

笔者 2021 年 4 月 21 日在《光明日报》理论版发表了《新时代中国特色统计学问题研究与国际统计标准的中国参与》，希望能为打破此种“手册悖境”提供思路。

参 考 文 献

（1）邱东. 2024. 从方法提升到方法论：注重多指标综合评价方法的机理进路. 中国统计学年会大会报告.

（2）苏为华. 2024. 综合评价的集成困境. 中南财经政法大学“中国式现代化视域下的统计学科发展”专题研讨会大会报告.

（3）Radermacher W J. 2021. Guidelines on indicator methodology：a mission impossible?. Statistical Journal of the IAOS，37（1）：205-217.

（4）邱东. 2021. 基石还是累卵：经济统计学之于实证分析. 北京：科学出版社.

（5）邱东. 2018. 经济测度逻辑挖掘：困难与原则. 北京：科学出版社.

（6）Stiglitz J E，Fitoussi J P，Durand M. 2018. Beyond GDP：measuring what counts for economic and social performance. Working Papers. Organisation for Economic Co-operation and Development.

（7）Stiglitz J E，Fitoussi J P，Durand M. 2018. For good measure: advancing research on well-being metrics beyond GDP. Science Po Working Papers Main hal-03945964，HAL.

（8）李冻菊. 2014. 经济表现和社会进步的测度报告. 郑州：郑州大学出版社.

（9）李冻菊. 2014. 经济表现和社会进步的测度研究与实证. 北京：中国人民大学出版社.

（10）邱东. 2012. 多指标综合评价：方法论反思. 第四届中国统计学年会大会特邀报告.

（11）苏为华. 2012. 我国多指标综合评价技术与应用研究的回顾与认识. 统计研究，（8）：98-107.

（12）邱东. 2012. 宏观测度的边界悖律及其意义. 统计研究，（8）：83-90.

（13）凯根 J. 2011. 三种文化：21 世纪的自然科学、社会科学和人文科学. 王加丰，宋严萍，译. 上海：格致出版社.

（14）常春兰. 2010. 科学哲学中的相对主义及其超越. 济南：山东大学出版社.

（15）斯蒂格利茨 J E，森 A，菲图西 J P. 2011. 对我们生活的误测：为什么 GDP 增长不等于社会进步. 阮江平，王海昉，译. 北京：新华出版社.

（16）李晶. 2009. 人类发展的测度方法研究：对 HDI 的反思与改进. 北京：中国财政经济出版社.

（17）OECD. 2008. Handbook on Constructing Composite Indicators：Methodology and User Guide. Paris：OECD Publishing.

（18）欧阳莹之. 2002. 复杂系统理论基础. 田宝国，周亚，樊瑛，译. 上海：上海科技教育出版社.

（19）博伊尔 D. 2004. 为什么数字使我们失去理性. 黄治康，李蜜，译. 成都：西南财经大学出版社.

（20）苏为华. 2001. 多指标综合评价理论与方法研究. 北京：中国物价出版社.

（21）邱东. 1991. 多指标综合评价方法的系统分析. 北京：中国统计出版社.

（22）邱东. 1990. 多指标综合评价方法. 统计研究，（6）：43-51.

（23）邱东. 1988. 多指标综合评价方法的系统分析. 财经问题研究，（9）：51-57.

多指标综合评价：方法论反思[①]

本文拟对多指标综合评价的概念理解、方法要素、历史地位、当量转换、空间解释和结果的意义等六个方面做反思。

1 多指标综合评价：广义理解和狭义理解

多指标综合评价在国内外都有广泛的研究和应用。国外多将其称为“合成指标”（composite indicators）。2006 年，罗米娜 • 班杜拉（Romina Bandura）引举了国际流行的 160 多个合成指标。根据苏为华博士等的研究，国内诸多学科的学位论文涉及了综合评价的研究，在 2005 年就达到了 1200 篇以上，而 2011 年则达到了 4700 多篇。

1988 年，笔者为第一次全国中青年统计科学研讨会提交了论文，题目是《多指标综合评价方法的系统分析》。1990 年，笔者提交了同名的博士学位论文，修改后于 1991 年由中国统计出版社出版。这可能是第一次针对多指标综合评价诸案例进行系统的方法论研究。

当时笔者将这类方法确定称为“多指标综合评价”是有其特定内涵的：“多指标”是指标评价中对被评价对象采用多个评价维度，以尽可能达成评价的全面性。“综合评价”是明确其通过合成取得一个整体性的评价，以便达到将被评价对象排序的目的。这种界定强调评价的全面性和整体性，将其作为区分各种指标评价方法的重要维度。1990 年笔者在博士学位论文中对多指标综合评价的概念、基本步骤、基本变量和关键问题、计算性质、评价结果、基本作用作了归纳。

这个定义注重从统计评价向全面性和整体性演化的角度，将多指标综合评价与实物指标评价、综合指标（价值指标）评价和指标体系评价等区分开来。将“指标综合”列为统计评价的第四种方式。

国内相关的研究还将其称为“多属性综合评价”“多目标综合评价”“多变量综合评价”等。除了名称上的不同，在理解上也有所区别。

2000 年，厦门大学苏为华博士再次对多指标综合评价方法进行了系统的方法论研究。他概括提出了多指标综合评价的五个基本要素：评价主体、评价客体、

---

① 本文曾用作 2012 年第四届中国统计学年会的大会特邀报告，收录于《经济统计学科论》，中国财政经济出版社，2013 年版。

评价指标体系、评价模型和评价结果，以回答谁来评、去评谁、评什么、怎么评和评出的是什么五个基本问题。苏为华博士认为评价模型可以分为定性综合评价、当量评价法（效用函数综合评价方法）、多元统计分析方法、模糊综合评判方法、灰色系统综合评价方法、运筹优化与决策方法、智能化评价方法七种。相应地，综合评价结果可以表现为评价量化值、评价排序和评价类别，即“价值评价”“排序评价”“分类评价”。

在 OECD/JRC 的合成指标手册中，构造合成指标主要采用常规合成方法和多元统计分析方法。从内容结构看，该手册技术方法介绍较多，方法的思想层面探讨似乎还不足。

学者对多指标综合评价方法的核心理解通常是一致的，区别主要是其外延。这里仅以苏为华博士和笔者二人在方法理解上的区别为例加以说明。

第一，苏为华博士对多指标综合评价作用的认识更为宽泛，而笔者则狭义地将之限制在排序上，没有将定类和定距作为多指标综合评价的专属功能。

第二，在指标性质上苏为华博士提出可将多指标综合评价归入综合指标法范畴，而笔者则特别强调区分综合指标（价值指标）和指标综合（合成指标）两类指标评价。

第三，苏为华博士认为评价实践中的一个误区是将排序作为最终目标，而综合评价结果可以作为一个新变量进行深入的统计分析。笔者则认为：首先，不能过度解读综合评价结果；其次，对综合评价结果的再应用更须采取审慎的态度。

第四，如上所述，苏为华博士总结出了七种综合评价方法，而在 1990 年笔者只概括了三大类综合评价方法，即上述七种方法中的第二、三、四种。这部分是由于研究时间上的原因，但也不排除对评价方法范围的不同认识。笔者将多指标综合评价的计算性质概括为“统计相对数的加权平均”，恐怕这只是一个狭义的理解，有的方法估计难以用此性质来概括。

2　从多指标综合评价的步骤看其方法要素

对多指标综合评价进行方法论研究，对评价步骤的总结是必需的。这里比较一下笔者与苏为华博士和 OECD/JRC 的三种概括，以显现多指标综合评价的方法要素。

1990 年笔者归纳了多指标综合评价的七个基本步骤。

（1）选取评价指标，建立评价指标体系。

（2）选定无量纲和合成公式。

（3）确定指标有关的阈值和参数。

（4）确定指标权数。

（5）无量纲化，即将指标实际值转化为指标评价值。

（6）加权平均，即合成各指标评价值得出综合评价值。

（7）依综合评价值大小将各被评价对象排序。

苏为华博士将综合评价的基本过程归纳如下。

（1）确定评价目的。

（2）建立评价指标体系。

（3）确定指标权重。

（4）选择评价模型或方法。

（5）实施综合评价。

（6）评估和检验评价结果。

（7）评价结果的分析和再应用。

OECD/JRC 在 *Handbook on Constructing Composite Indicators*：*Methodology and User Guide* 中提出十个步骤。

（1）Developing a theoretical framework（构建理论框架）。

（2）Selecting variables（选择变量）。

（3）Imputation of missing data（推算缺失数据）。

（4）Multivariate analysis（多元分析）。

（5）Normalization of data（无量纲化）。

（6）Weighting and aggregation（确定指标权数和合成）。

（7）Robustness and sensitivity（稳健性分析、敏感性分析）。

（8）Back to the details（数据还原）。

（9）Links to other variables（与其他指标间的关联分析）。

（10）Presentation and dissemination（评价结果的表达和发布）。

从三个概括中可以进一步得出如表 1～表 3 所示的示意表。

表 1　多指标综合评价预处理阶段的步骤

<table>
<tr><th>步骤</th><th>邱东</th><th>苏为华</th><th>OECD/JRC</th></tr>
<tr><td>确定评价目的</td><td></td><td>（1）</td><td></td></tr>
<tr><td>构建理论框架</td><td></td><td></td><td rowspan="2">（1）</td></tr>
<tr><td>建立评价指标体系</td><td>（1）</td><td>（2）</td></tr>
<tr><td>选取评价指标</td><td>（1）</td><td>（2）</td><td>（2）</td></tr>
<tr><td>推算缺失数据</td><td></td><td></td><td>（3）</td></tr>
<tr><td>多元分析（指标间关系）</td><td></td><td></td><td>（4）</td></tr>
<tr><td>选定无量纲和合成公式</td><td>（2）</td><td>（4）</td><td></td></tr>
<tr><td>确定指标有关的阈值和参数</td><td>（3）</td><td></td><td></td></tr>
</table>

表 2　多指标综合评价核心阶段的步骤

步骤	邱东	苏为华	OECD/JRC
确定指标权数	(4)	(3)	(6)
无量纲化	(5)	(5)	(5)
合成	(6)	(5)	(6)

表 3　多指标综合评价后期处理阶段的步骤

步骤	邱东	苏为华	OECD/JRC
评估和检验评价结果		(6)	
稳健性分析、敏感性分析			(7)
数据还原			(8)
与其他指标间的关联分析			(9)
排序	(7)		
评价结果的表达和发布			(10)
评价结果的分析和再应用		(7)	

通过比较，有如下发现。

第一，多指标综合评价可以粗分为三个大阶段，即评价的预处理阶段、核心阶段和后期处理阶段。总体上，特别是在核心阶段，人们对各步骤的内容都是认可的，只是在评价内容的步骤划分和顺序上有所区别。

如果把无量纲化和合成作为多指标综合评价的核心步骤，那么，没有这两个步骤的粗糙评价方法，如强制打分法等，就不宜纳入多指标综合评价方法，也就是说，多指标综合评价方法应该有适当的界定，不宜范围过宽。而核心步骤的有无，应该是判定是否为多指标综合评价方法的标志。

第二，选取评价指标实质上是第一次确定指标权数，这一次是确定指标权数的有无。没有被选取的指标即意味着其权数为零，而入选的指标其权数尚待确定。

但在评价实践中，某指标权数为零并不一定意味着它对评价某事物不重要，而往往是因为它不可测度或难以测度。人们从计算可行性的角度出发不得不放弃对它的测度，而从外观看，似乎该指标“出局”意味着它对评价无关紧要，往往容易引起误解。这是诸多“测度陷阱”中的一个，需要格外注意。

由此还可以看出，到了评价的核心阶段，再按照一定的原则确定入选指标权数的具体值，即其权重大小的问题，这实际上已经是第二次确权了。

第三，评价指标选取须注意其间的相关性问题。若评价指标 A 与 B 完全相关，二者所包含的信息重叠，则合成时就不必同时将二者都列入，有了 A 可以排除 B，有了 B 也可排除 A，二者择一即可。若二者完全不相关，说明其中至少有一个指标与被评价事物是不相关的，不能同时进入对该事物的评价指标体系，即不能同时在合成时应用。由此，多指标综合评价时各评价指标之间往往处于完全相关和完全不相关之间，即部分相关。而需注意的问题演化为：选取指标时这个度如何把握，不同处理对综合评价结果的影响如何。

第四，后期处理阶段的内容差别稍大。1990 年笔者只是提出了进行结果检验的思路，但没有将其列入评价的基本步骤。苏为华博士比较重视评价结果的检验，将其单独列为一个步骤。OECD/JRC 对评价的后期检验更为重视，采用三个步骤分别进行。同时，他们也注重对评价结果的表达和发布，专门列为一个独立步骤。总体来看，由于综合评价结果的抽象性，对其进行多方位检验是很必要的，这样综合评价结果才更有实践指导意义。

苏为华博士除了重视评价结果的检验，还特别强调评价结果的再应用，这与他对评价方法的广义理解相对应。笔者的疑问在于，多指标综合评价结果与经济运行中的价值指标二者间有一个最大的区别，即指标数据的生成机制不同，这两类数据再放入计量模型中运算，新结果的可靠性究竟如何，值得深入考虑。

第五，这里的指标体系只是为选取合成指标，能否入选以是否有助于综合评价为准，属于多指标综合评价中的指标预处理。而直接采用指标体系评价事物与这种预处理不同，是一种注重评价全面性而舍弃整体性的专门评价方式，应该注意二者在评价思路上的区别。

苏为华博士认为，综合评价的思想与实践自古有之，并列举从先秦“八观六验”到清朝“四格八法”的诸种识人之道作为综合评价的实例。笔者则认为，“八观六验”等属于“多指标评价”也就是指标体系评价，虽然最后也要做出决断，但其中并没有合成处理，也就无法将其视为多指标综合评价。

3 统计评价中三大综合评价的历史地位

对多指标综合评价的系统把握，不仅应该横向地比较研究所有综合评价实践中的方法，而且应该纵向地将其与其他统计评价方式进行比较研究，具备这一横一纵，才是系统研究的本意。

1990 年，笔者提出统计评价可以分为实物指标、价值指标、指标体系和合成指标（多指标综合评价）四种方式。从而，人类对事物的认识由片面趋于全面，由分散趋于整体。全面性和整体性一直是人类从事统计评价所追求的目标。

在四种统计指标评价方式中，价值指标的全面性和整体性通常都优于实物指标。多指标综合评价的整体性最强，但抽象性也随之强化。指标体系的全面性最强，但整体性或综合性最差。

故而笔者认为：与上述四种统计评价方式相对应，迄今为止，人类发现并使用了三大综合评价工具：实物指标、价值指标与合成指标，概莫能外。

即便是实物指标也是具有一定程度综合性的，比如，最早的财富指标——粮食总量，就可以忽略不同粮食间热量的区别，加总在一起，得出一个综合指标。如果我们广义地把人作为一种物来理解，时间量则是最综合的实物指标（实在指标）。时间是可以加总的，它的综合性甚至不亚于某些价值指标。现在，人们对时间指标越来越重视，有的国际组织专门开发并从事时间核算方法。当然，实物指标的综合性仍然存在着很多限制。

货币是人类最伟大的发明之一，而价值指标则是这项发明的一个副产品。价值指标大大地提升了统计评价的综合性，弥补了实物指标的不足，是经济统计学家对人类的突出贡献。价值指标以价格作为不同评价因素的同度量因素，从而在一定程度上解决综合评价中必须解决的指标可加性问题。

然而，并不是所有的被评价事物都有价格，或者都可以用价格计量，这又对价值指标的综合性形成了新限制。有的经济学家主张对没有市场价格的事物尽可能地估计出一个价值，把“价格”用到极致，比如“社会总资本”指标的设计就是如此。也有不少经济学家并不看好这种估价，他们主张另辟蹊径，寻求新的解决办法。

19 世纪 60 年代开始，随着发达国家对社会问题的重视，多指标综合评价逐步开展起来。与价值指标寻求并使用同度量因素不同，指标综合是逆向操作：既然无法找到一个通用的同度量因素，那就干脆去掉所有评价指标的量纲，力图以此解决合成指标计算中的可加性问题。同度量因素的有无，是价值指标评价与多指标综合评价之间的关键区别。

尽管三大综合评价工具之间并非彼此取代的关系，但它们的主次起伏与国民核算范式的变革密切相关。在政治算术范式（配第范式）下，实物指标开始与价值指标由并行同用，到后来在评价中渐渐处于辅助地位。在现代国民核算范式（库兹涅茨-斯通范式）下，价值指标取得了统计评价中的主导地位，SNA 的通行便是这一地位的最佳证明。

从社会指标运动开始，人们开始注意非经济方面的统计评价，价值指标的非全面性问题开始显现。要提高评价的全面性，就得在原评价中加入非价值指标，而由此带来的问题就是评价丧失整体性的可能，合成指标便是人们既想保障全面性又想取得整体性的探索。

2009 年，由约瑟夫 E. 斯蒂格利茨、阿马蒂亚·森和让-保罗菲图西主持的测度研究报告（笔者将其简称为“SSF 测度报告”）出版，再次提出现有价值评价方式的系列问题，提出要把测度的重心从经济转向人们的生活福利，这必然涉及多指标综合评价的历史地位，实际上再一次系统提出了评价范式变革的问题。

对诸评价指标能否合成一个总量指标，一直存在两种截然不同的意见。“总量派”以实现不同事物的时空排序为要，支持对指标的综合。“非总量派”认为全面性与整体性不可得兼，人们只能止于指标体系的评价，不可武断地将不同评价指标综合成一个评价值。其主要反对意见在于合成评价时加权的随意性。

其实，即使在价值指标中，价格作为权数也存在扭曲总量的现象。不过多指标综合评价中往往需要专门生成权数，似乎权数的客观性更弱，人们对权数是否可靠疑虑更大。然而笔者认为，能否实现统计指标评价的这个变革，关键问题并不在于权数确定的质量，更为重要的是多指标综合评价中的“当量转换”问题。

4 多指标综合评价中的“当量转换”

由多指标综合评价的核心步骤，可以发现其中隐含的“当量转换”问题。本文以人类发展指数为例来说明这一点。

4.1 人类发展指数例说

大家知道，人类发展指数由人均GNI、人均期望寿命和教育水平三个方面构成。由其合成公式可知，人类发展指数的变化可以是其三个构成指标多种变化组合的结果。比如，三个构成指标中只有一个变化，其余两个保持不变，就可以导致总指数变化。或者，三个构成指标中有两个指标发生变化，有一个保持不变，也可以令总指数变化。当然，最常见的是三个指标都发生变化，但其变化幅度不同，形成不同的指标变化组合。

为了简明地引出“当量转换”的概念，我们集中考察只有一个构成指标变化的情况。

人类发展指数每增长1%，可能是一定量人均GNI增长造成的，也可能是人均期望寿命的一定量提高造成的，还可能是教育水平一定量提高造成的。

为更形象地说明问题，我们把三个“一定量”赋予特定值，比如我们假设人均GNI每增长3%会使人类发展指数增长1%，人均期望寿命每提高半岁会使人类发展指数增长1%，而教育水平每提高2%会使人类发展指数增长1%，当然，换用别的特定数值说明问题也是一样的。

不同构成指标一定量的变化都可以使人类发展指数增长1%，这意味着：对人类发展指数的增长而言，不同构成指标的一定量变化之间会形成一个等价关系。按照假设的数值，人均GNI增长3%，与人均期望寿命提高半岁，与教育水平提高2%相同，三者对人类发展指数增长的贡献作用是相同的，在表明人类发展上三者是等价的。

不同子指标的不同量变化对合成指标的一定量变化构成了一个约当量，彼此间可以相互转换。为了使人类发展指数提高1%，我们可以让人均GNI增长3%，也可以让人均期望寿命提高半岁，还可以让教育水平提高 2%，也就是本文所提出的“当量转换”。

4.2　“当量转换”的一般化表达

一般化地表达，则有

$$CI = f(x, y, z)$$

$$\Delta CI = f(\Delta x, \Delta y, \Delta z)$$

$$\Delta CI = f(\Delta x) \text{（当 } \Delta y = 0，\Delta z = 0 \text{）}$$

$$\Delta CI = f(\Delta y) \text{（当 } \Delta x = 0，\Delta z = 0 \text{）}$$

$$\Delta CI = f(\Delta z) \text{（当 } \Delta x = 0，\Delta y = 0 \text{）}$$

从对 ΔCI 的等量贡献看，有 $f(\Delta x) = f(\Delta y) = f(\Delta z)$。

显然，这种“当量转换”关系在只有两个构成指标变化或三个构成指标都变化时也会存在。比如：

$$\Delta CI = a\Delta x + b\Delta y + c\Delta z$$

$$\Delta CI = l\Delta x + m\Delta y + n\Delta z$$

此时从对 ΔCI 的等量贡献看，可以有

$$a\Delta x + b\Delta y + c\Delta z = l\Delta x + m\Delta y + n\Delta z$$

其中，a、b、c、l、m、n 为不同构成指标一定量的变化系数。

4.3　“数学可加性”及其扩展的必要

这里隐含的问题是：人均 GNI 提高 3%为什么就可以相当于人均期望寿命提高半岁？为什么就可以相当于教育水平提高 2%？一般地思考，为什么人均 GNI 一定量的增长与人均期望寿命或者教育水平一定量的提高这三者是等价的？更一般地，为什么不同构成指标一定量变化的组合是等价的？这种“当量转换”关系成立的社会经济意义究竟是什么？这个问题与不同构成指标的赋权问题相关联，但从根本上看，其实也就是各构成指标在社会经济意义上的“可加性问题”或“可积性问题”。

当然，为了使构成指标可以合成，在合成指数构造中对各构成指标都进行了无量纲化处理。然而，无量纲化处理只能解决数学意义上的可加性和可积性问题，但这并不自动保证社会经济意义上的可加性和可积性。我们知道，在模型抽象还原为经济具象时，还必须加入现场因素，这就势必缩小纯数学模型的有效空间，也就意味着社会经济意义上的可加性和可积性问题可能仍然存在。

数学上可加、可积，社会经济意义上未必可加、可积。所以，不能因为已经做了数学处理，就放弃对社会经济意义上可加性和可积性的探讨。当然，如果数

学上不可加、不可积，就更谈不上在社会经济意义上的可加和可积问题了。如果认为合成处理彻底解决了可加性问题，那就是将数学可加性与社会经济意义上的可加性混为一谈了，或者评价时隐含了一个假定：数学可加性可以取代社会经济意义上的可加性。

在社会经济意义上，评价指标间的“当量转换”关系究竟如何确定，是采用投入角度，还是采用产出角度，或者采用过程角度，乃至采用综合角度？如果采用综合角度，又如何去综合？至今仍然是一个需要深入探讨的大问题，但又是被从事多指标综合评价的诸多人士所忽略的问题。

4.4 “当量转换”与“补偿性”

在 OECD/JRC 的合成指标手册中，没有论及本文强调提出的“当量转换”概念，与之最接近的是“补偿性”（compensability）问题。

对“当量转换”“补偿性”本文提出三点评论。

其一，就二者关系而言，“当量转换”是“本位概念”，而“补偿性”则只是“次位概念”。因为只有指标间“当量转换”关系的存在，才会有“补偿性”产生。或者说，如果“当量转换”“补偿性”是对同一现象的概括，那么“当量转换”比“补偿性”更能揭示问题的实质。

其二，OECD/JRC 就减少“补偿性”提出了某种解决办法，即非补偿性多准则方法（non-compensatory multi-criteria approach，NCMC 方法），即舍弃评价指标的定距和定序信息，而只采用其中的定序信息。需要注意的是：这种代价并不能保证一定去除“补偿性”，比如采用博尔达计分法（the Borda rule）的情形。

然而笔者对此种处理的疑问是：用舍弃指标有用信息的代价来换取“补偿性”的消除，为什么对多指标综合评价而言是更可取的？或者，舍弃定距和定序信息的代价一定小于消除“补偿性”的收益吗？如何证明两种处理孰优孰劣？比如 A、B、C 三个国家，人均期望寿命分别为 71 岁、70 岁和 50 岁，如果只用定序信息，就会将 B 和 C 两国在该指标上的巨大差异隐蔽掉，所得出的综合评价结果反倒可能大大失真。

其三，如前所述，只要进行多指标综合评价，就会存在“当量转换”关系，“当量转换”关系的存在是绝对的。而正如 OECD/JRC 的研究表明，“补偿性”只能相对减少。

5 多指标综合评价的空间解释

如果将被评价对象设想为多维空间中的点，多指标综合评价用合成指数来评价它们，那么合成指数就是将多维空间之中的点排序。

如果这些点都满足传递性，那么排序非常简单。如果 A 在任何方面都优于 B，那么 A 肯定先于 B。难处在于，多维空间中的这些点往往并不满足传递性。比如，A 在第一、第二两个维度优于 B，但在第三维度 A 劣于 B，此时 A 与 B 孰先孰后？

从这个角度看，可以进一步把多指标综合评价概括为未必满足传递性的多维空间点的排序问题。

直观地看，排序即是直线上的点的前后顺序和距离。故而，构建合成指数即是线性化：将多维空间中的点映射到某条直线上。

这种线性处理至少要完成两个步骤：先将多维空间上的点映射到某个平面上，进而再从平面映射到某条直线上。这两次映射包含了多种可能性，也即多种不确定性。

假设我们从三维空间开始这一过程，那么构建过程将会面临一系列的问题：首先，如何定义多维空间中的点？选择哪个三维空间？选择的依据是什么？其次，从三维空间到二维平面，压缩哪一维？映射角度如何选取？显然，映射角度的前后、左右、高低等都会影响到降维结果。最后，从二维平面到一维直线，映射角度的左右变化不会影响被评价点的顺序，但会影响它们之间的距离，从而使得评价值不宜进一步做定序处理。

既然多指标综合评价可能有多种处理方式，相应地可能有多种评价结果，那么，对评价结果的再应用就更须谨慎。

在多种可能性中如何选择？合成的数学模型本身不能告诉我们答案，只有从被评价事物的社会经济含义出发，才可能得出相对可靠的评价结果，这突出说明了评价方法设计中把握社会经济意义的重要性。OECD/JRC 特别强调多指标综合评价时的理论框架，将其专门列为一个独立步骤。笔者赞成这一做法，因为合成技术只能解决数据可否合成的问题，而对所评价事物的定性认识，即综合评价的理论框架，则决定着合成结果的质量如何，决定着合成结果的好坏，因而更加重要。

但是，无论我们如何重视评价理论框架的构建，实践中却只能依据并不那么完善的理论，而理论本身的不完善反过来又会影响综合评价结果的质量，这是一个内在矛盾，我们只能在评价实践中逐步接近对事物的正确认识。

6　多指标综合评价结果的意义

6.1　对多指标综合评价结果的专门论述

对多指标综合评价结果如何认识非常重要，它直接关系到合成的有效性。

笔者在 1990 年的博士学位论文中，对多指标综合评价结果的同质性、抽象性、相对性和主观性分别做了专门的论述。笔者认为，事物的质是多层次的，多指标综合评价从指标功能这一层次来保证被评价事物的同质性。任何统计指标评价都具有相对性和抽象性，区别在于其程度大小，不能因此否定合成指标的应用，也不能站在价值指标的立场上来评判合成指标的优劣。同样，任何统计指标评价都会涉及主观判断，也不能把反映主观判断的方法与主观随意性混为一谈。

苏为华博士对综合评价结果的主观性和客观性提出了自己的观点：综合评价结论是一种观点，而不是事实本身。凡观点必有所处角度与立场，因此综合评价结果必然存在主观因素。但综合评价结论又是一种“基于事实的观点”，同时又具备客观性。

6.2 科学发展研究对多指标综合评价的启示

美国著名的发展心理学家杰罗姆·凯根（Jerome Kagan）指出：“社会科学家受为所有的概念发明持续的数字标尺的困扰，这迫使他们把各种非常不同的现象聚集在一起。这种做法的好处是一个人可以估计某种方法、某个标准差（standard deviation）的数值（values）并利用相关的统计技术，估计出所观察的成果不是某个偶然事件的概率；其不利之处是不同的现象常常被集合在一起。智商、不安全型依恋（insecure attachment）、国内生产总值等，都是由不同根源的事件构成的概念的例子……没有一个生物学家会为了一个连续不断地称之为‘健康状态’的指标，而弄出一个胃与肠、呼吸、生殖和心血管系统的整体的平均值。”①

凯根先生的观点告诉我们，方法总是有其好处，也有其不利之处。我们不能只看其一忽略其二，评价有效性的关键在于二者的比较。

华人物理学家欧阳莹之在《复杂系统理论基础》中指出：“一种有影响的哲学认为，理想的科学乃是基于几条朴实定律的逻辑之无缝网，从那些普适定律，所有的知识都可以演绎出来，微观还原论正是这种哲学体系的一部分。当论及组合时，微观还原论假定一旦我们知道了系统组分的定律和概念，原则上我们所需要的就是数学本领和大型计算机，这样我们就可以知道这些组分构成的一切，无论它有多么复杂。关于作为整体的系统的概念和理论是可以被还原的，即它们原则上是可有可无的，因为，它们仅仅是组分概念的逻辑结果和定义。而涌现特性则需要用系统概念描述，因此应当被排除在科学之外。”

“对于小的简单系统，这种自下而上的还原方法（down-up）是很成功的，在普遍使用这种方法时，微观还原论在策略上假定大系统不过是由许多相同的小系统组成的，可以由同样的理论框架和方法进行处理。这种假定——包含在‘整体

① 参阅参考文献（6）。

乃是部分之和’这一口号之中——在其部分之间不存在相互作用且不相关部分构成平凡系统时，是正确的。”

组分之间的相互作用与其关系使得整体大于部分之和，因此更大的整体并不是更大的总和。它们形成了结构，出现了多样性，产生了复杂性，使组合变得重要。微观还原论认为，相互作用的影响可以通过在其口号中加入“及关系”来说明。没有办法不考虑“关系”就加总，这种轻松的添加是一种自欺欺人（self-deception），它使得许多学科工作是没有说服力的，包括物理学中最大的分支。对具有许多相互作用的大组合系统的结构形成，进行理论处理是非常困难的，它给科学带来了全新的局面。

欧阳莹之的论述更为深入。她指出了认识有效与否的可能空间，并指导我们发现微观还原论的局限。

6.3　本文对应用多指标综合评价方法的三点建议

在《套用经济学模型的可能陷阱：读凯根〈三种文化〉札记》结尾，笔者提出了三点建议，从方法论角度出发，此处也可以参照。

其一，执中庸立场，持批判态度。

对多指标综合评价方法，既不能因其流行而迷信、盲从，也不能因陷阱的存在而却步弃行。采取中庸的态度则比较适宜。要努力应用但不滥用、不套用，“活学活用”而非“死学死用”。按照诺伯特·维纳（Norbert Wiener）的意思，保持一种批判的科学态度，即使只是应用综合评价方法进行实证分析，也应该注意探索其方法论上的得失。

其二，不求最优，但求较优。

单项的经济学研究只追求有限的目标，不奢望得到最优解，只要能得到相对好的结果。在已有的分析中是比较好的，是有所改进的，是更接近于经济真实的。多指标综合评价中最容易出现的问题就是偏好全面性，而往往忽略整体性评价可行与否，其实确实应该着重考虑二者替代后的优劣高低。

其三，老实报告方法，善意开放进程。

在实证研究中，努力避开评价陷阱。在报告成果时，老老实实把自己所用的评价方法交代给读者。成果都是阶段性的，本研究还有哪些不足也应该真正地说清楚，以免后人再走弯路，也便于人家发现其他陷阱。

谨慎使用多指标综合评价结果，努力开放研究，把自己的研究心得作为公共产品，是真正的知识分子应该采取的真正的科学态度。

参考文献

（1）邱东. 1988. 多指标综合评价方法的系统分析. 财经问题研究，（9）：51-57.
（2）邱东. 1991. 多指标综合评价方法的系统分析. 北京：中国统计出版社.
（3）苏为华. 2001. 多指标综合评价理论与方法研究. 北京：中国物价出版社.
（4）OECD. 2008. Handbook on Comstructing Composite Indicators：Methodology and User Guide. Paris：OECD Publishing.
（5）欧阳莹之. 2002. 复杂系统理论基础. 田宝国，周亚，樊瑛，译. 上海：上海科技教育出版社.
（6）凯根 J. 2011. 三种文化：21 世纪的自然科学、社会科学和人文科学. 王加丰，宋严萍，译. 上海：格致出版社.
（7）常春兰. 2010. 科学哲学中的相对主义及其超越. 济南：山东大学出版社.
（8）苏为华. 2012. 我国多指标综合评价技术与应用研究的回顾与认识. 统计研究，29（8）：98-107.
（9）邱东. 2012. 宏观测度的边界悖律及其意义. 统计研究，29（8）：83-90.

“正指标”“逆指标”，还是“适度指标”？

前些年曾听说，现在全球流行着4000多种“合成指标”，用于对各种事物的综合评价。其中社会经济现象是应用的重点，比如众所周知的“人类发展指数”“物质生活质量指数”（physical quality of life index，PQLI）等。在四种指标方法中，实物指标的综合性程度非常低，指标体系则追求统计评价的全面性，而非评价结果的综合性。只有价值指标和合成指标可以起到综合评价作用，所以，应该认真把握这两种指标得以综合的内在机理，并注意其对构成指标的要求。

在多指标综合评价中，构建“合成指标”（总指标）的关键步骤在于，需要将若干“构成指标”（composite indicator）压缩成一个“单一数值指标”（single number indicator）。

在这个合成过程中，又往往需要先把所纳入的“构成指标”分成“正指标”（positive indicator）和“逆指标”（negative indicator）两大类。

说得通俗一点，“正指标”是数值越大越好的指标，“逆指标”则是数值越小越好的指标。比如，在测度社会福利时，有时需要把能源消耗和生产成果综合到一个总指标之中，能源消耗通常被认定为“逆指标”，而生产成果指标，如GDP，通常被认定为“正指标”。

之所以需要做这种区分，是因为“正指标”“逆指标”并不能直接放在一起合成。如果总指标的数值越大越好（合成指标设计中这种情形比较多），那么“逆指标”就得先做逆转处理。遵循“负负得正”的道理，采用“取倒数”（相当于将其放置在综合指标的分母项）等类似方法，先把“逆指标”的指示方向与“正指标”调整一致，再加以合成，总指标的指向就比较合理了，其数值就能具备更充分的社会经济意义了。

例如，“婴儿死亡率”“识字率”放在一起作为社会进步总指标的构成指标，“婴儿死亡率”越小越好，“识字率”越大越好，如果要放在一起综合评价，就得把其中一个做出调整，让两个指标的指向一致，得出的总指标才可能正确地指示。

有人会说，选取“构成指标”的时候，只用“正指标”不就结了吗，何必那么费事？当然那样比较省事儿，不过有的时候，“逆指标”还回避不了。比如“物质生活质量指数”，就选取了“婴儿死亡率”“识字率”“一岁期望寿命”一起构建综合指标。有人说，放弃“婴儿死亡率”不就结了吗？何苦这么费事儿？还真不成，这个“逆指标”不单表现婴儿的身体素质，还与母亲和家庭成员的身体素质相关，还涉及婴儿出生地的医疗水平和社会环境，是一个非常重要的社会发展水平指标。虽然它是个"逆指标"，还真舍不得抛开不用。

可能是人类追求进步的趋向使然，在多指标综合评价中，总指标数值越小越好的情形很少，但真要那样设计，就需要把作为"正指标"出现的构成指标都做反向处理，才能与"逆指标"合成在一起。不过，综合前选取的"构成指标"往往是"正指标"比较多，所以从减少测度工作量的角度看，总指标也往往正向表示。

总之，这两类指标的指向必须在社会经济意义上一致，否则，无论指标正向、逆向，如果直接放在一块儿合成，则"逆指标"的增长会让总指标虚增，而其下降则会让总指标虚降，误导社会对被评价事物的总体认知。

例如，假设"婴儿死亡率"影响总指标下降 1 个百分点，"一岁期望寿命"影响总指标增长 1 个百分点，"识字率"的影响保持不变，那么"物质生活质量指数"从基础数据看应该是提高了 2 个百分点，但如果不区分正向、逆向指标，两个"构成指标"的影响变化相互抵消，似乎"物质生活质量指数"没有变化，这就会扭曲对社会现实的总体认知。

事儿到这里并没有完结，光是注意指标指向的正向和逆向还不够，更重要的是，指标变化的功能影响未必单向。所有指标的功能都是在一定时间、空间条件下划定的，确定"正指标""逆指标"，隐含着划分主体对该指标在特定时空条件下功能的认定，严格而论，多数指标应该是"适度指标"。

认定某项指标为"正指标"或"逆指标"，隐含了一个假定：指标功能呈单调变化。究其实，社会经济事务往往相当复杂，在某个特定时间、空间条件下，某项指标越大越好，是"正指标"，而到了另外的特定时间、空间，该指标又可能成为"逆指标"。

比如"人口总数""人口出生率"这种指标，当经济发展水平低下、资源不足时，社会人口负担过大，人手少，人"口"多，好多人都觉得人口数量少一点比较好；而当社会需求不足，或者劳动力不足时，该社会多数人又会觉得人口多一些比较好。特别是战争之后，需要弥补战争死亡人口的空缺，并恢复经济建设，生孩子多的，甚至成了"英雄母亲"；而当限制人口出生时，超限额生育可能受到处罚。不同时期，"人口总数""人口出生率"究竟是"正指标"，还是"逆指标"，需要因地制宜，也需要因时制宜。

同一个指标，既可能是"正指标"，又可能是"逆指标"，这两个意思合在一起，说明它应该是"适度指标"。

"正指标""逆指标"都指向该指标对经济主体的福利作用。但经济主体又是分类存在的，所以在划分时还要注意指标方向中隐含的行为主体设定，如指标对哪类行为主体是正向的、对哪些行为主体又可能是逆向的，深究其福利影响。测度（或划分）主体与经济主体是否一致？这里也可能存在某种委托代理关系，也可能存在“专家关注偏误”，需要警惕。

“正指标”“逆指标”的划分，只是一个线头，顺藤摸瓜往里扯，越来越复杂，越来越难。看似简单，实则复杂，看似清晰，实则混沌。它的复杂并不是人为添加的复杂，而是遇到了“复杂有机现象”，因此要实事求是，认知也得跟着复杂起来。把复杂有机现象描述得非常简单、非常清晰，恐怕是一种虚幻，是“人为添加的简化”。

一俊遮百俊①

都说“一俊遮百丑”，这话有它的道理，现实生活中不乏这样的事例，以至于这话都被揉搓成了一块抹布，擦哪儿都行。可什么事都是复杂的，人也是多向度的，现实中并不光是“一俊遮百丑”，不懂得这一点，一叶障目，就失去了对于真相的真正认知，更不会获得自我。

“一俊遮百丑”，是这俊的一面太过炫目，让人眼里只布满这“俊”的光彩，而这光彩后面却还藏着的那么多的不俊，即使人们心里明白，可也看不到它，或即使看到了也忽略不计。这是不是被一种“绝对化的理想主义”情绪所左右，我就说不清了，不过让自己沉溺在对象的光环中，寄放着自己的美梦，这倒极为寻常。不少人把影视明星的正面角色表演认作真实的生活表现，成为其“粉丝”甚或“钢丝”，压根不相信自己所崇拜的偶像有什么不好，或为捍卫自己的偶像而战，不过是正搭在一辆以偏概全的破车上，自己却浑然不觉。

“一俊遮百俊”则是另一种情形。人们内心中还会有“非理想的平均主义”倾向，总觉得人与人的差距不会那么大，人无完人嘛，不会是方方面面都好，总是这方面强一些，那方面就差一些。想当然地，在人们内心中，对他人的看法会有一些组合，或者用现在流行的说法，人性往往是混搭的：比如男人在社会上比较能干，回了家通常就不大会做什么家务；“体育棒子”大多是四肢发达头脑简单，你要说他高智商，那是打死也不信的；女人漂亮了通常就是花瓶，别的什么也做不来，完全是个摆设；而女人的脑瓜果真冰雪聪明，那长相一定是不堪一提，“恐龙”之类的雅号，就是这样得来，如此等等。

人们习惯于把某些长处视为矛盾体的一方，长处短处总是此长彼消，不大会处处皆长，所以当一个人某一优点特别突出时，那么对不起，这优点的对应物就一定会出现，一定是他的致命伤，一定是给人的笑柄。给他配上一个与生俱来的相应的缺点，那才合理公道。

现实生活中，这样看人十有八九是对头的！而这“对头”又加强了人们自以此为是的信心，这种看人方式畅通无阻，百试不爽。但是，总有貌似神话的例外，总会有人破了这个铁律，生活中确实存在各方面都优秀的人，男人女人，只是我们对之并不全面了解。在这些个例外身上，就应了我所说的“一俊遮百俊”。

---

① 本文所述与综合评价中的“补偿性”相关，是“事理”当中可以用来指导“数理”的，故收入本文集。原载于《拾阶而上》第105~107页，中国人民大学出版社，2011年版。

同样，又会有“一丑遮百俊”的情形。也是这“丑”太狠了，把人推开得太远了，天然一道沟壑，以至于谁都不愿意相信，以至于连想都不想，不过脑子地就把人整个地否掉了。至于这个人还会有什么背后的“俊”，对不起，全被你的“丑”遮蔽掉了。我就见过比较恶同时也比较有才的人，可是大家对他没一丁点的尊敬，反倒认为这才能也成了恶的帮凶，甚至成了恶的组成部分——助纣为虐，肆虐横行，更为可怕。于是，“非理想的绝对主义”占据了认识的上风，“丑”就这样把“俊”给 out 掉了。

我这想法，是将原来的“一俊遮百丑”做些扩展，先是“一俊”与“百丑”“百俊”做组合，再把“一丑”与“百俊”“百丑”结合在一起，那么写到这儿，下一个情形，自然就是“一丑遮百丑”了。我琢磨着，这是“平均化的理想主义”在发挥作用。有的时候，遇到了“丑”，人们就止步了。这个“丑”，有可能是容貌的丑，有可能是内心的丑，是种骨子里的坏，但人们又不大相信人会坏到一无是处的程度——既然为人，就总不至于一无是处，总会有点值得称道的地方吧。即便碰到个不地道的人，如果还没彻底地失望，还没叫那突出的“丑”把旁人心中的善意打倒，就会琢磨，他总还有点什么长处吧。这时那些还没大明显表现出来的“丑”就有了藏身之处，不大容易被人看到，已经突出的“丑”又成了一块红布，遮住了其他隐含着的“丑”，鬼鬼祟祟的“丑”。

上述四种情形，都有个遮字在，都阻碍了对人的真实认知，都偏离了真相。作为个体的人，原来都是这样软弱啊，谁都不能完全地露出自己，谁都难以说明自己，或证明自己。谁，在一个突出的事物之后，都不那么完整地出场。这真是人天生的不幸。

“一俊遮百丑”和“一丑遮百丑”，可以说是当事人占了一时的便宜，获得点印象分，自己在他人的眼里还没有真实本身那么差。客观来看，“一俊遮百丑”和“一丑遮百丑”既可以是他人之观照所得，也可以作一己处世之策略。

于是，就有人利用了人们的这一认知习惯，在竞争中轻而易举地获取了有利于自己的“鹊巢”。如果能形成良性循环，真的由“一俊”而增为“百俊”，或由“百丑”而减至“一丑”，那倒是大好事。但如果专事遮掩，并不切实改进自己，那就无异于利用人们的善良，欺人欺世。时间久了，丑陋总是会自行暴露，并最终为人所不齿。河南内乡县衙里有一楹联，其上联曰：“欺人如欺天毋自欺也”，说的就是这个理儿。

“一俊遮百俊”和“一丑遮百俊”，都是当事人一时吃亏，让外人对自己的长处了解不够。然而，“一俊遮百俊”和“一丑遮百俊”只能是他人之观照，必非一己之策略。这时，个人往往是很无奈的，最好的应对办法就是放正心态。所谓路遥知马力，日久见人心，真正有力量的人总能在上帝的手中扭转不幸。自身真正的富足，才是根本，何况有那么多的“俊”在，本身就是老天最大的恩赐，因而遮与不遮，那都是别人看的。

能这样用主成分分析进行指标排序吗？——《脑梗塞危险因素的多元分析》一点质疑①

《数理统计与管理》1988 年第 2 期发表了周家仪学者的《脑梗塞危险因素的多元分析》,文中用主成分分析对脑梗塞诸危险因素进行排序的做法是值得进一步探讨的。

周文选取了年龄、高血压史等 14 个指标（因素），就 80 例的资料进行了主成分分析，选出 7 个主成分代表原来 14 个指标信息量的 89.16%。周文给出了各主成分在各标准化指标上的系数，根据该系数大小列出了在各主成分中起较大作用的因素，然后对脑梗塞的诸危险因素按其重要性排序。周文的排序做法是：在第一主成分中起较大作用的因素先于第二主成分中作用较大因素，第二主成分中起较大作用的因素又先于第三主成分中作用较大因素，依此类推。而在同一主成分中作用均较大者，按其系数大小来决定先后顺序。

我们认为，主成分分析中，主成分的序与各指标（因素）的序并不绝对相关。就是说，顺序在先的主成分中作用较大（系数较大者）的指标，在说明被分析对象变异的重要性上，并不一定大于顺序在后的主成分中作用较大的指标。以周文数据为例，第三主成分保留了原 14 个指标信息量的 11.76%，第四主成分则保留了原 14 个指标信息量的 10.25%。但是，在第三主成分中作用较大的有低密度脂蛋白胆固醇（LDL-C）、血清总胆固醇（TC）两个指标，而在第四主成分中作用较大的仅有收缩压一个指标。这意味着：根据这个样本资料，收缩压这个指标近乎代表了原样本指标信息量的 10.25%（其他系数较小的指标忽略不考虑），而 LDL-C、TC 两个指标才近乎代表了原样本指标信息的 11.76%。若从平均角度来看，LDL-C、TC 两个指标的代表信息量都低于收缩压这个指标，即使不做平均，LDL-C、TC 中也只能有一个指标高于收缩压代表的信息量，怎么能把 LDL-C、TC 都排在收缩压之前呢？

另外，主成分分析中还会出现这种情况：有的指标在两个或几个主成分中系数都较大，假定说，某指标在第一主成分和最末一个主成分的系数都较大，

---

① 本文发表于《数理统计与管理》1989 年第 2 期，是笔者准备博士学位论文的副产品。文章虽短，但点出了应用主成分分析应注意的问题，这也说明，仅有理论方法而无实证方法的研究是远远不够的。当时商榷文章还可以发表。

此时又如何对其排序呢？总之，周文用主成分的序来决定指标（因素）的序，是不妥的。

这里还想顺便指出的是，主成分分析中，选取的主成分只是保留了原样本指标的主要信息，并非一定保留被分析对象（总体）的主要信息。因而，主成分分析可以置信的前提在于：我们选取的样本应该是与总体同分布的，信息结构应该是相同的。而且，我们用来度量的指标也应该是尽可能全面的，接近于对象总体的全貌描述。

多指标综合评价方法的系统分析

序　　言

多指标综合评价方法是近年来统计学界面临的一个新课题。随着统计内容的扩展，原来适用于综合评价社会生产规模、速度、结构方面的价值指标方法，已表现出某种局限性。综合经济效益的评价、社会发展水平的综合评价、综合国力的比较研究、宏观经济预警系统的建设等，都要求人们探索新的统计指标评价方法。这些年来，有关报刊不时出现运用现代方法（模糊数学、多元统计、多目标决策等）综合评价某个现实问题的案例，就反映着这种要求和趋向。

然而，案例的研究往往局限于某个具体问题，缺少系统的方法研究，缺少深层次的应用理论探索，因而难以适应现实统计对新方法的迫切需求。

东北财经大学邱东教授，几年前在经济效益综合评价指标教学中，就觉察到了价值综合指标方法论与多指标综合评价方法有着质的区别，他于1987年撰写了《多指标综合评价方法的系统分析》一文，提交给第一次全国中青年统计科学研讨会讨论。在博士研究生就读期间，他又学习了模糊数学、多元统计分析等课程，并经常留心阅读和搜集有关本课题方面的案例与资料。1990年初，在有关教师的指导下，他完成了《多指标综合评价方法的系统分析》的博士学位论文。本部分就是邱东教授在博士学位论文的基础上改写而成的。

本部分是邱东教授继《新国民经济核算体系（SNA）结构研究》之后对统计学界的又一奉献。首次将不同学科的不同方法应用于不同具体问题的多指标综合评价案例，从功能的角度归结为一个新系统进行分析，构建了多指标综合评价方法系统的基本框架。全文分为四大部分。

（1）“常规多指标综合评价方法的系统分析”。其特点如下：①对几种形式各异的常规多指标综合评价方法的异同点作了对比分析。②首次对指标实际值与评价值间的关系类型作了归结。③首次提出并说明了不同相对数指标进行综合评价时，也必须先作无量纲化处理的观点。④首次提出常规多指标综合评价函数隐含有模糊思想方法的观点，这种再认识，对不同种类评价方法的选用是有益的。⑤首次对各种合成方法从计算方法和性质上作了归结，概括出了合成的平均实质。⑥首次将多指标综合评价与多目标决策的共同点和区别作了对比分析。

（2）“模糊综合评判方法应用的系统分析”。该部分有以下几个特点：①系统论证了等级比重法确定隶属关系矩阵 $\underset{\sim}{R}$ 科学性。②第一次提出了模糊统计试验得以成功需补充的第三个必要条件。③发现了用历史数据频率以及模糊子集表确定 $\underset{\sim}{R}$ 阵的根本性缺陷。④发现并提出了舍弃等级论域进行模糊综合评判与严格模糊综合评判模型的重大区别。⑤首次提出了模糊综合评判中合成算子的选择问题，并提出算子选择的基本前提和原则，根据选择原则对目前模糊综合评判中常用的几种算子作了系统对比分析，指明了几种算子在模糊综合评判中的适用性。⑥对不同算子评判结果再作综合评判的做法提出了异议。⑦首次提出了从模糊综合评判结果中提取种种参考信息的思想。首次提出了最大隶属原则的有效度问题，并设计了测量其效度的指标，还提出并说明了加权平均原则，论证了 B 判别原则之间的内在关系。

（3）“多元统计分析方法用于多指标综合评价的系统分析”。这一部分有以下几个特点：①首次对主分量分析、因子分析、判别分析用于多指标综合评价的内在机理作了分析，为多元统计分析方法应用提供了理论说明，并提出主分量法在多指标综合评价方面优于其他方法的观点。②首次归纳提出了解释主分量含义的四条参考思路，为定量分析与定性分析的结合打下了基础。③首次说明了用 k 个主分量排序与用第一主分量排序的差异，从而使得用 k 个主分量排序的做法得到了进一步肯定。④首次提出了 F_{ij} 值图的横纵轴不等距离划法，使得综合评价结果有了更客观的几何表示。⑤首次对主分量分析与因子分析方法用于多指标综合评价时的权数处理结果作了分析，特别是对负权数的产生作了说明，并提出“合成中正指标的权系数必定为正”的信条应该被打破的新观点。⑥首次对因子分析方法用于多指标综合评价的基本步骤作了归纳，这是目前见到的教科书和实际应用案例中都没有的。⑦首次对主分量分析和因子分析在多指标综合评价应用上的异同作了比较分析。⑧首次提出了聚类分析不适于独立地应用于多指标综合评价的观点。

（4）“多指标综合评价方法综论”。其特点如下：①首次提出多指标综合评价方法的一般概念，并对其基本原理（概念、基本步骤、基本变量和关键问题、计算性质、结果、基本作用等）作了系统概括。②首次从统计指标评价方法纵向发展的角度分析了多指标综合评价方法的历史地位。概括分析了四大指标评价方法的演进过程及其内在关系，并着重对比分析了价值综合指标与多指标综合评价方法的异同点，就指标的同质性、抽象性、假定性、相对性作了系统的论述。③首次提出了用主分量分析筛选指标中存在的问题。④根据统计指标方法发展的需要，系统地提出了权数的概念和性质分类，并就权数的客观性、产生方式、归一处理作了分析。⑤首次明确提出了多指标综合评价的检验问题，并对检验的必要性、主要内容和方法提出了思路。⑥首次提出了“多指标综合评价方法是一个发展中的开放系统”的观点，提出了本课题进一步深入研究的设想。⑦提出了统计方法要现代化、现代化方法要统计化的观点，并就多指标综合评价方法研究与社会经济统计学科建设的促进关系，提出了看法。

归结起来，邱东教授的这部分内容有如下几个值得注意的方面。

（1）立意较高。作者对具体评判方法不是就事论事，而是把它们放在一个更大的系统中来作对比分析。从更高的层次上展开论述了各种方法的特殊点、共同点、优点和缺点，为各种方法的应用补充了必要的选择前提。

（2）始终从社会经济统计的角度来把握各种现代方法，不仅强调统计方法现代化，而且注重现代方法的统计化，在现代方法如何应用到社会经济统计的多指标综合评价上、在“结合”上下了功夫，从而得出了一些新的认识。比如前面讲到的模糊综合评判算子选择问题、主分量分析用于多指标综合评价的机理分析等，就是如此。

（3）层次分明，条理清楚。尽管涉及了不少数学方法，但由于把论述重心放在方法应用的思路分析上，读起来还是通俗易懂的。

邱东教授的研究成果，得到了博士学位论文的几位评阅专家和答辩委员会全部委员的较高评价，并以优秀成绩通过了博士学位论文的答辩。有的专家认为这是一部层次清楚、逻辑性强的统计方法论著作。

当然，作为一个新课题，多指标综合评价方法的研究还有待于深入。邱东教授提出的种种思考还有待于各位专家和广大读者去评判。文中也还存在着一些不足之处。比如，文中缺少方法在某个现实社会经济问题中的系统实证应用分析，对权数的分析还有待于深入，对强制打分法的评判有片面性，对多元方法内含的正态分布思想也没有涉及等。当然，这样庞大的新课题是很难由个别人独自完成的。邱东教授的这部分为多指标综合评价方法的系统研究提供了一个可供评论和参考的框架。

我愿意把这部分推荐给热心关注本课题研究动态的同行们，相信它的出版问世，将对统计指标评价方法的探索起到一定的有益作用。

佟哲晖

1990 年 11 月 7 日于大连

1 引 言

1.1 多指标综合评价问题的提起

社会经济统计运用统计指标来描述和反映客观社会经济的数量方面，通过统计指标信息的提供与分析，能够为社会经济管理提供数据依据。

传统的社会经济管理模式偏重经济的外延扩展，偏重经济的产出规模、水平和发展速度，从而对统计指标的影响表现为：各种产值总量指标及其动态指标占有统治地位。各种产值总量指标及其动态指标都属于价值综合指标。从综合方法上看，这些指标都是对产出的计量，引入价格因素后，不同类别使用价值的产品就转化成用价值表现的人类劳动产品，综合反映经济发展的总规模、总水平和动态。

随着社会经济的现代化发展加快，管理的重心由外延的扩展转向了内涵的纵深，从单纯地追求经济产出规模转向了注重追求经济效益。这就要求统计提供各方面经济效益的信息，并对经济效益的总状况做出描述。对经济效益各方面的计量，在方法论上并没有遇到什么困难，把投入指标与产出指标做出对比就可以了。然而，对经济效益总状况的描述却与对经济产出总状况的描述不大一样了。原有的价值综合指标方法遇到了新的挑战。困难在于：要对经济效益总状况做出描述，必须对经济效益不同方面（诸如劳动消耗、资金占用、技术进步等）的状况加以综合。然而，反映不同方面的指标（诸如劳动生产率、流动资金周转天数、产值资金率等）并不像产量指标那样存在着一个同度量因素（价格），如果没有同度量因素，怎么加以综合呢？

统计现代化发展的另外一个重要特点就是从偏重对经济现象的计量分析，扩展的同时也重视对社会现象的计量分析。然而，到了社会领域内，统计价值综合指标方法更是寸步难行。描述一个地区（国家）的社会发展水平，要用种种不同性质的社会指标，比如人均期望寿命、婴儿死亡率、人口出生率、每万人中大学生所占比重、每万人中病床拥有数等。这些指标更是没有一个统一的同度量因素，从而难以采用价值综合指标的那种方法来得到总描述指标。

总之，现代社会经济管理对统计评价指标提出了更高的要求，而原有价值综合指标方法难以满足这些要求，这就迫使人们探索着开创一种新的指标评价方法。这个方法要具备以下特点：①它的评价包含了若干个指标；②多个评价指标分别说明被评价事物的不同方面，彼此间往往是异度量的，而且不存在一个统一的同度量因素；③这种评价方法最终要对被评价事物做出一个整体性的评判，用一个总指标来说明被评价事物的一般水平。这里，我们把这种方法称作多指标综合评价方法。

1.2 多指标综合评价研究的现状

我们注意到，在社会经济管理向统计指标评价提出新要求的同时，现代科学也在发展中逐步形成了新的学科和方法，为社会经济统计满足这些要求提供了新的工具。20 世纪 60 年代，美国学者查德（Zadeh）创立了模糊集合理论，很快在社会、经济、自然、科技等各方面得到了应用，其中的模糊综合评判方法成为解决上述问题的一种有效工具。在数理统计领域中，近几十年来，多元统计分析方法发展迅猛，而多元统计分析处理的问题，恰是多维空间中的样本集合，这就为用多元统计分析方法解决上述问题提供了可能性。在管理科学中，多目标决策方法的探索也蔚然成风，由于决策的基础是信息，因此多目标决策势必要包含多目标评价这个问题。

社会经济管理的发展使得多指标综合评价研究日益重要，而数学、统计方法的发展也为这方面研究提供了可能。1990 年之前几年，国内出现了用主分量分析、模糊综合评判、多目标决策等方法来综合评价经济效益、干部素质、工作质量的不少研究案例。当然，也有一些学者利用统计学原理中已有的方法——相对数和平均数来探索解决异度量指标的综合评价问题。看来问题正在各方面专家的卓有成效的研究中趋于解决。然而，我们在如下几方面感到不满意。

第一，在社会经济统计领域内，多指标综合评价方法还没有得到足够的重视。有些学者可能没有意识到原有价值综合指标方法与多指标综合评价方法在层次上的差别，没有意识到用多指标综合评价方法得到的某些综合指标所具有的新的方法论意义，甚至有的学者用价值综合指标方法的原则来否定多指标综合评价方法。这些都在一定程度上阻碍了多指标综合评价方法的创建和发展。

第二，在理论发展和实践应用之间还存在着空白。模糊学[①]和多元统计分析都属于新兴学科。学科的理论工作者忙于学科基础理论体系的建立和完善，但实际工作者又往往囿于自己的专业来考虑理论的应用问题。一方面，缺少将理论应用从具体工作上升到一般工作当中；另一方面，有的没有吃透理论，出现了滥用、误用新方法的情况。都在用新方法，但新方法用来解决多指标综合评价问题的内在机理（即为什么这种方法可用于此）是什么，新方法应用于此的基本步骤是什么，每一步骤又起到什么作用，这些问题还有待于研究。

第三，各学科往往是孤军作战，学科之间往往没有联系，甚至同一学科的不同方法也往往被孤立地运用，许多研究论文局限于具体方法本身，还很少有人意识到应该把运用于同一问题——多指标综合评价问题的不同学科方法联系在一起

① 许多学者称为模糊数学，但笔者同意苗东升先生的观点，模糊集合及其应用绝不止于数学领域，故且称其为模糊学。参阅苗东升的《模糊学引论》，中国人民大学出版社，1987 年，第 16 页。

思考，进行系统的分析。比如，为什么用这种方法，而不是另一种方法？或者说，为什么有了那种方法，还要用这种方法呢？各种方法各有哪些特点？这些特点又决定了该方法应用于多指标综合评价有哪些优点和不足，同是多指标综合评价问题，各种方法的具体适用场合怎么样？种种问题也有待于探索。

概括起来，我们认为，在多指标综合评价方法的建立和发展上，应该注意三个方面的联系，打个比喻，应该建立三座“桥”。

（1）传统的社会经济统计方法与现代科学方法之间的“桥”。在现代社会经济管理中，仍局限于传统方法是决然不成的，必须引进先进的现代科学方法。然而，这种引进不应是照搬和套用。现代科学方法要在社会经济统计中应用，它就应与社会经济统计的要求相结合。统计方法要现代化，现代方法还要统计化。比如，多目标决策中的决策方法很多，有的与社会经济统计指标评价的方法要求一致，有的则不然。在应用中，就不能统统搬过来，而要从社会经济统计的角度作一抉择，哪些可以引进，为我所用；哪些要作改造；哪些还不宜用等。

统计方法的现代化不仅表现在现代方法的引进，还表现在把原有的统计概念、范畴、方法放在一个新的参照系中来检验、反思。看看原有思想方法有没有局限性，如有的话，又如何改进。

（2）基本理论与实践应用之间的“桥”。理论发展的根本推动力源于它的实践应用。模糊学和多元统计分析在实践中得到广泛应用，自然应该提倡和鼓励。然而，那种“理论介绍+应用案例”的研究方式还是很不够的，需要对大量应用案例加以整理和总结，需要用基本理论来检验和批判应用的案例，需要从具体的案例中抽象出一般性的结论，以形成应用理论。这样，从基础理论到应用理论再到实践应用，一个学科体系才会趋于完整。

（3）各学科、各方法之间的“桥”。既然不同学科、不同方法都用于解决多指标综合评价问题，那么为什么不把它们放在一个系统中来作对比分析呢？需要这种联想，也需要这种“合作”（合在一起作对比分析，即系统分析）。这是从功能角度形成的跨学科的系统。系统内的各种方法存在着共性，在比较中把这些共性抽象出来，就可以升华为多指标综合评价方法的一般原理和原则。系统内的各种方法，特别是不同学科间的方法，存在着各自的特点，在多指标综合评价的应用上也有各自的优点和不足，通过系统比较分析，我们可以更深刻地把握这些特点，从而对各种方法自身有更深刻的认识，同时也可以了解这些方法各自的适用场合，这样，在实践应用中才会得出更客观的评价和认识。

1.3 本部分的工作

本部分就是建立这三座“桥”的初步尝试。

在 1987 年召开的第一次全国中青年统计科学研讨会上，笔者曾提交了一篇与本部分题目相同的论文[①]。在那篇论文里，笔者第一次提出多指标综合评价方法是一个方法系统，提出了对其进行系统分析的初步构想，还从指标评价方法的发展上勾画了一条逻辑的线索。然而，那篇论文仅仅局限于常规多指标综合评价某些方法的探讨，没有实质性地涉及模糊综合评判和多元统计分析方法，所作的分析也只是框架式的，还有待于深入。

本部分是在那篇论文基础上的进一步探讨，分为四个方面。

第一是对常规多指标综合评价方法的分析。它对目前社会经济统计中已经应用的若干多指标综合评价方法进行归结，以作为整个分析的起点，2.2 节对多指标综合评价方法中的无量纲化方法作了系统的论述。论述中涉及了各种无量纲化方法的比较、选择原则、与指标性质的关系及其与评价函数建立的关系。2.3 节对多指标综合评价方法中的各种合成方法作了对比分析，并就计算方法、方法性质、选取原则作了归结。2.4 节对常规多指标综合评价方法与多目标决策、强制打分法的特点作了对比说明。

第二是对模糊综合评判方法应用的系统分析。论述了模糊综合评判方法引入的必要性，说明了模糊综合评判的基本步骤，并就模糊综合评判中 $\underset{\sim}{R}$ 阵确定、合成算子选择、B 利用三大基本问题作了分析。3.2 节对等级比重法确定 $\underset{\sim}{R}$ 阵的合理性作了充分论证，补充提出了模糊统计试验的第三个条件，对历史数据频率确定 $\underset{\sim}{R}$ 阵的做法提出质疑，对舍弃等级论域作为模糊综合评判的方法性质作了分析。3.3 节对模糊合成算子的性质及其选择作了多方面的分析，还对多算子评价结果再作二次评判处理提出了不同看法。3.4 节对处理 b_j 的最大隶属原则作了分析，并提出了加权平均原则，分析了诸判别原则之间的关系。3.5 节列举了模糊综合评判的特点、优点及需要注意的问题。

第三是对多元统计分析方法用于多指标综合评价的系统分析。该部分对应用的四种方法——主分量分析、因子分析、聚类分析、判别分析依次作了探讨，说明了各种方法用来作多指标综合评价的基本步骤和内在机理，并说明了哪些方法适用于多指标综合评价，哪些方法不适合，还比较论证了多元方法与常规方法、模糊学方法的不同之处。

第四是对多指标综合评价方法的综论。首先对前三方面的分析作一概括，说明多指标综合评价方法的基本原理，并比较分析了各种方法的差异和适用场合，其次从统计指标评价方法的发展角度，说明了多指标综合评价方法与其他指标评价方法的异同及其历史地位。最后就多指标综合评价中指标预处理和权数处理两大问题作了归纳。其中着重对权数含义和产生方式作了扩展分析。

---

① 该文后来发表在《财经问题研究》(1988 年第 9 期)。“中国人民大学复印报刊资料” 1989 年第 5 期转发了此文。

本部分的系统分析，包括横与纵两大方面。“横”的方面是指应用于多指标综合评价的不同学科方法所构成的系统。不仅把不同学科应用于同一问题的方法联系在一起分析（比如，对比常规方法、模糊方法、多元统计分析方法应用于多指标综合评价的特点），还把同一学科应用于多指标综合评价的不同方法联系在一起分析（比如把主分量分析与因子分析作对比）。“纵”的方面是指把多指标综合评价方法与实物指标方法、价值指标方法、指标体系方法放在一起，说明多指标综合评价方法的必要性和必然性。笔者正是试图用这一横一纵的分析刻画出多指标综合评价方法的“经纬”所在。

多指标综合评价问题的研究也应该以马克思主义作为指导思想，这种指导不应是语录式的、贴标签式的，而应是用辩证唯物主义、历史唯物主义的思想方法来做探索。本部分运用事物联系的观点、发展的观点、矛盾对立统一的观点等马克思主义基本观点，结合多指标综合评价问题的探索作了初步尝试。

本部分所做的部分工作是带有“整理”性质的（比如对有关方法用于多指标综合评价基本步骤的论述），之所以包括这些内容，是出于以下几点考虑。①既然是第一次把多指标综合评价方法作为一个系统来分析，那么必要的清理就是不可少的，不然就难以勾画这一系统的结构与脉络。②有些方法在原学科中的论述是令人望而生畏的，如果用社会经济统计界所较为熟悉的语言把这些方法加以概括介绍，对于这些方法的应用和推广无疑是有益的。③本部分对这些方法特点的分析，对某些做法的更补，也需要这些内容作为论证的基础。④现实中对现代方法随意套用、张冠李戴等种种滥用、误用现象，也说明对基本方法、步骤的系统论述并非多余。

当然，笔者在本部分中也对多指标综合评价问题提出了自己的种种思考。比如：用系统分析方法来研究多指标综合评价问题的思路；对各种方法应用于多指标综合评价的机理特点、优点及缺点的比较分析；多指标综合评价方法与多目标决策的异同对比；无量纲化处理结果客观上体现了模糊思想的观点；指标性质与无量纲化方法关系的探讨；模糊统计试验第三个必要条件的补充；客观指标模糊综合评判中，历史数据频率确定隶属关系矩阵的失误分析；舍弃等级论域确定隶属关系矩阵方法性质的讨论；模糊合成算子选择有关问题的分析；最大隶属原则有效度和加权平均原则应用的探讨；多元统计分析方法中，主分量分析用于多指标综合评判优于其他方法的观点；社会经济统计中权数的含义及产生方式的扩展分析；多指标综合评价方法基本原理的概括；四大统计指标评价方法的概括及其关系的探讨等。

有些思考，一经提出可能就成了极自然、极简单不过的东西。然而，有些思考可能会引起一些与之不同乃至截然相反的思考。这些有关多指标综合评价方法的思考撞击，正是笔者所希望的。多指标综合评价方法正是在这些撞击中，才会趋于成熟。

2 常规多指标综合评价方法的系统分析

这里从社会经济统计中已出现的多指标综合评价方法出发，引出两个基本问题——无量纲化和合成处理，分两节对其进行系统分析。2.2 节对各种无量纲化公式的特点、选择原则、指标性质与无量纲化的关系、无量纲化的实质进行分析。2.3 节对各种合成方法的特性作了分析，并从计算方法、方法性质和合成方法的选取原则三个角度作了归结。2.4 节将常规多指标综合评价方法与其他方法作了对比分析。

2.1 起点：我们已经接触过多指标综合评价方法了

提到多指标综合评价方法，有的学者也许还感到陌生。但这只是因为我们没有留心注意到：社会经济统计分析中已经出现了一些崭新的指标。如果指出这些指标与司空见惯的价值综合指标存在的区别，我们就会恍然大悟，原来我们已经接触过甚至使用过多指标综合评价方法了。

这里先以社会经济统计中的一些新指标方法作为我们分析的起点。

2.1.1 “改进的功效系数法”的剖析

在 1982 年我国的经济效益问题大讨论中，庞皓、谢胜智两位学者提出用“改进的功效系数法”计算综合经济效果。其基本思想是：先计算各不同指标对应的经济效益分数，将异度量的各指标化成无量纲的相对数，然后用算术平均法或几何平均法将各指标的功效分数综合起来，得到总的经济效益分数，以表明经济效益的一般水平。

“改进的功效系数法”是根据多目标规划的原理提出来的，但实际上，只要掌握平面解析几何的知识，这个方法就不难理解。我们对“改进的功效系数法”分析如下。

2.1.1.1 各指标值与功效分数是线性关系

我们知道，功效函数 d_i 的求法[①]是

$$d_i = f(x_i) = \frac{x_i - x_i^{(s)}}{x_i^{(h)} - x_i^{(s)}} \times 40 + 60 \quad (i = 1, 2, \cdots, m)$$

其中，x_i 为各统计指标的数值（实际值或界限值）；d_i 为对应于 x_i 的评价分数值，因而我们完全可以把它们定义在由 x（指标值）和 y（评价值）构成的直角坐标系中，用一条直线来描绘它（图 1）。

① 参阅参考文献（19）。

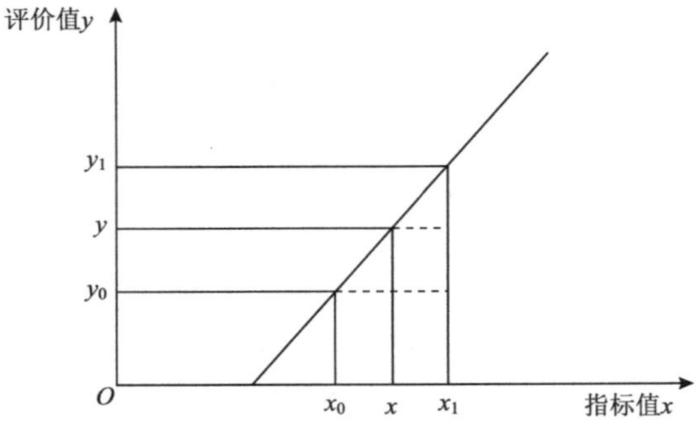

图 1　正指标功效函数的图形表示

显然，这条直线的两点式为

$$\frac{y-y_0}{y_1-y_0}=\frac{x-x_0}{x_1-x_0}$$

即 $y=y_0+\frac{x-x_0}{x_1-x_0}(y_1-y_0)$，在这条直线中，我们设：$y_1=100$，$y_0=60$，$x_0$ 表示不允许值 $x_i^{(s)}$，x_1 表示满意值 $x_i^{(h)}$，x 表示指标的实际取值，y 表示与指标 x 相应的评价分值数，则有

$$y=60+\frac{x-x_0}{x_1-x_0}(100-60)$$

$$y=\frac{x-x_0}{x_1-x_0}\times 40+60 \tag{1}$$

可见，这个由解析几何原理来定义的公式与

$$d_i=\frac{x_1-x_i^{(s)}}{x_i^{(h)}-x_i^{(s)}}\times 40+60$$

是完全一致的。也就是说，功效函数 d_i 的计算无非是两点式直线公式的一个特例。

2.1.1.2　功效分数（评价值）的取值范围

根据图 1 和式（1），我们可以得到 d_i（即评价值 y）的取值范围，如表 1 所示。

表 1　d_i 的取值范围

x	y
$x<x_0$	$y<60$
$x=x_0$	$y=60$
$x_0<x<x_1$	$60<y<100$
$x=x_1$	$y=100$
$x>x_1$	$y>100$

2.1.1.3 计算功效分数的“顺加”公式和“倒扣”公式

计算评价值 y 不仅可以采用上面所列的“顺加”公式（即在基点 60 分以上再加若干分），还可以采用如下的“倒扣”公式，即在 100 分的基础上减去若干分。

根据图 1，我们有

$$\frac{y_1 - y}{y_1 - y_0} = \frac{x_1 - x}{x_1 - x_0}$$

即

$$y = y_1 - \frac{x_1 - x}{x_1 - x_0}(y_1 - y_0)$$

$$= 100 - \frac{x_1 - x}{x_1 - x_0} \times 40 \tag{2}$$

式（2）就是计算评价值 y（功效函数 d_i）的“倒扣”公式，式（2）中 y 的取值范围与式（1）是完全相同的。

2.1.1.4 正指标与逆指标求解功效分数的差别

图 1 是按正指标的情形绘出的。正指标是数值越大，评价值越高，即指标值 x 与评价值 y 呈线性正相关；而逆指标通常则相反，指标数值越大，评价值越低，x 与 y 呈线性负相关，因而用图 2 表示。

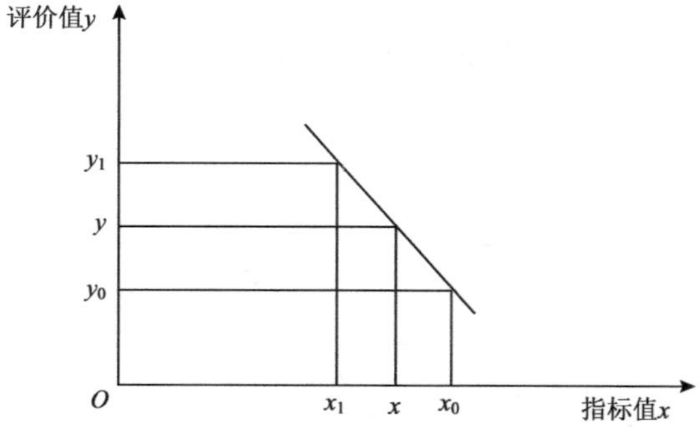

图 2 逆指标功效函数的图形表示

逆指标也可以按相似三角形对应线段成比例的方法列出计算功效分数的公式[①]。

2.1.2 物质生活质量指数的剖析

物质生活质量指数是美国海外发展委员会于 1975 年提出来的，用以综合评价社会福利状况、民众教育和生活水平。

① 参见本文的 2.2.4.2 节内容。

$$\text{POLI值} = \frac{1}{3}(\text{识字率指数} + \text{婴儿死亡率指数} + \text{一岁期望寿命指数})$$

物质生活质量指数综合的指标虽然少，但其在指标方法论上的意义却是值得注意的：识字率、婴儿死亡率、一岁期望寿命是异量纲的，把它们综合在一起，与以前的价值综合指标在形成方式上截然不同，这里必然先把这三个不同指标化成指数的形式。

我们先分析一岁期望寿命指数的计算。

$$\text{一岁期望寿命指数} = \frac{\text{某国家一岁期望寿命实际值} - 38}{0.39}$$

上式中，38 为全世界最低的一岁期望寿命实际值（越南的数值），它作为该指标的最低限，而估计这个指标在 2000 年最高可达到 77 岁，式中 0.39 的计算方法为

$$\text{一岁期望寿命指数} = \frac{\text{一岁期望寿命最高值} - \text{该指标最低值}}{100} = \frac{77-38}{100} = \frac{39}{100}$$

即把全距（极差）分成 100 份，每份 0.39 岁，一岁期望寿命每变动 0.39 岁，指数就变动一个单位。

把上面的计算方法转化为图形来表示，如图 3 所示。

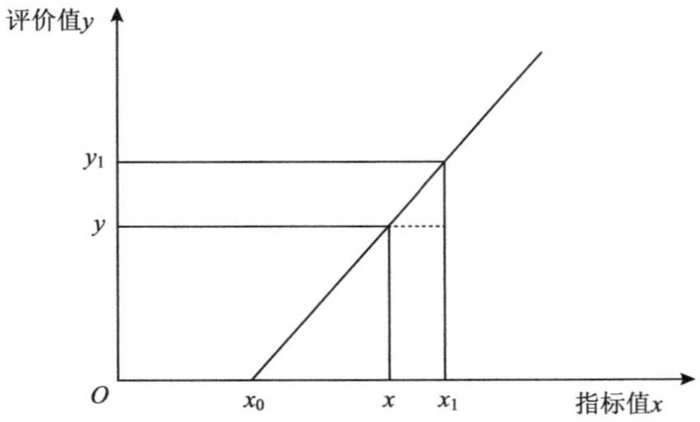

图 3　物质生活质量指数的图形表示

图 3 中，x_1 代表一岁期望寿命最大值 77 岁，x_0 代表该指标最小值 38 岁，x 代表各国该指标实际值，y 代表对应于 x 的评价分数值，$y_1=100$，$y_0=0$。

这样，物质生活质量指数计算公式为

$$\frac{y}{y_1} = \frac{x - x_0}{x_1 - x_0}$$

$$y=\frac{x-x_0}{\left(\frac{x_1-x_0}{100}\right)}$$

上式与一岁期望寿命指数的计算是完全一致的。可见，物质生活质量指数的计算也可由两点式直线公式来说明，只不过，它的 y_1 和 y_0 取值不同于功效系数法罢了。

物质生活质量指数中的婴儿死亡率是逆指标，其评价值计算方法与正指标基本相同。

$$\text{婴儿死亡率指数}=\frac{229-\text{每千个婴儿死亡数}}{2.22}$$

上式中，229‰是联合国 1950 年统计的加蓬婴儿死亡率，把它作为各指标的最高限，该指标在 2000 年最低可达到 7‰。因此，婴儿死亡率每改变 $\frac{229-7}{100}=2.22$，婴儿死亡率指数就变动 1。

另外，在物质生活质量指数中，正指标、逆指标都可以按“倒扣”的方法计算其评价值，即

$$y=100-\frac{x_1-x_0}{\left(\frac{x_1-x_0}{100}\right)}$$

2.1.3 综合经济效益指数法的剖析

综合经济效益指数法是 1983 年刘亮等学者提出来的。这种方法是把某一标准时期各项经济效益指标的数值作为基数，然后把报告期对应指标的实际数值与其比较，最后将计算所得到的系数（动态比率）加权平均，其计算公式为

$$K=\frac{1}{\sum_{i=1}^{n}w_i}\left(\frac{a_1}{a_0}w_1+\frac{b_1}{b_0}w_2+\cdots+\frac{n_1}{n_0}w_n\right)$$

其中，w 为权数；a、b、n 为各项经济效益指标。

这种方法与前两种方法有无共同之处呢？

我们在两点式直线公式中假设：$y_1=1$，$y_0=0$，$x_0=0$，x 为指标的报告期数值，x_1 为指标的基期数值，则有

$$\frac{y-y_0}{y_1-y_0}=\frac{x-x_0}{x_1-x_0}$$

化为

$$y = \frac{x}{x_1}$$

可见，y 与上述经济效益指数 K 公式中各指标的动态系数是一致的。用图 4 表示（这里假定 $x > x_1$）。

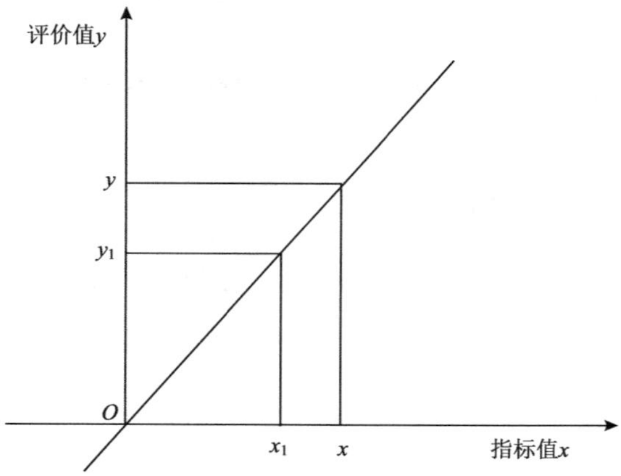

图 4　综合经济效益指数的图形表示

可见，综合经济效益指数法的计算也可以统一于两点式直线公式，只不过是这种方法计算上更特殊些（评价值直线要经过原点）。

2.1.4　上述三种方法的异同比较

从前面讨论的三种方法中，我们可以找出一些共性的东西。首先，这三种方法都是要把量纲不同的若干指标综合在一起，这一点与原来的价值综合指标是不同的。其次，这三种方法都是通过把指标值化成相对数的方法来消除指标量纲的影响，并且这种转化都假定为线性的，指标值 x 与评价值 y 的关系用线性公式来确定。x 的变化引起 y 的一个相应比例变化。最后，这几种方法对不同指标对应的评价值 y 都是用平均数的方法加以综合。

当然，这些方法在具体处理上又各有不同，因而形成了各种不同的具体方法。表 2 概括了它们之间的方法差异。

表 2　三种综合评价方法的差异表现

差异表现	改进的功效系数法	物质生活质量指数	综合经济效益指数法
y_1 取值	100	100	1
y_0 取值	60	0	0
x_0 取值	不允许值 $x_i^{(s)}$	极值	0

续表

差异表现	改进的功效系数法	物质生活质量指数	综合经济效益指数法
x_1 取值	满意值 $x_i^{(h)}$	极值	基期数值
计算公式	$y=\frac{x-x_0}{x_1-x_0}\times 40+60$	$y=\frac{x-x_0}{\left(\frac{x_1-x_0}{100}\right)}$	$y=\frac{x}{x_1}$
	$y=100-\frac{x_1-x}{x_1-x_0}\times 40$	$y=100-\frac{x_1-x}{\left(\frac{x_1-x_0}{100}\right)}$	
相对数性质	结构相对数	结构相对数	动态相对数
直线轨迹是否过原点	无约束	不过原点	必过原点

2.1.5 社会经济统计中其他用多指标综合评价方法形成的指标

在社会经济统计中，还有一些综合指标，也是用多指标综合评价方法建立的，但与上述三种方法有所不同。

比如，ASHA 指标是由美国社会健康协会（American Social Health Association，ASHA）提出的，指标名称 ASHA 是该组织名称的缩写。

$$\text{ASHA指数值}=\frac{\text{就业率}\times\text{识字率}\times\text{平均预期寿命}/70\times\text{人均GNP增长率}}{\text{人口出生率}\times\text{婴儿死亡率}}$$

ASHA 指标包括几项不同性质的相对数指标，用来衡量发展中国家执行满足基本需要发展战略的成果。从方法上看，它是用乘或除的方法把各指标值综合在一起，得到总评价值。

又如经济业绩指数，西方国家把通货膨胀率加上失业率称为“社会不安指数”“困难指数”，用作衡量社会经济不稳定程度的综合指标。把实际的 GNP 或 GDP 增长率同社会不安指数对比，就得到了经济业绩指数（economic performance index，EPI）。

$$\text{EPI}=\frac{\text{实际GDP增长率}}{\text{通货膨胀率}+\text{失业率}}$$

从指标形成方法看，经济业绩指数也是把不同性质的相对数指标通过加、除的方式综合在一起的。

还有综合经济效益系数，是把产出（以纯收入表示）与投入（花费资金的当量）相对比求得的。

$$\text{综合经济效益系数}=\frac{\text{纯收入总额}}{\text{年均占用资金}\times\text{折算费率}+\text{成本总额}}$$

这个系数的指标形成方法，与经济业绩指数是相同的。

再比如全要素生产率（total factor productivity），用柯布-道格拉斯生产函数计算，全要素生产率用 A 表示，有

$$A=\frac{Y}{K^{\alpha}L^{\beta}}=\left(\frac{Y}{K}\right)^{\alpha}\left(\frac{Y}{K}\right)^{\beta}Y^{(1-\alpha-\beta)}$$

其中，A 为全要素生产率，是一个常数，表示在给定的投入下，经济系统所能达到的最大产出水平；Y 为产出，即经济系统在一定时期内生产的商品和服务的总量；K 为资本投入，包括机器、设备、建筑物等固定资产；L 为劳动力投入，即参与生产活动的劳动者数量；α 和 β 为技术参数，分别表示资本和劳动力对产出的贡献率，也称为产出弹性，它们反映了资本和劳动力在生产过程中的相对重要性。上式也是用乘或除的方式把不同指标综合在一起，反映所有生产投入对产出的关系。

从上述实例中，我们可以看出，多指标综合评价中有两个至关重要的工作：一是如何把性质、量纲各异的不同指标值转化为可以综合的相对数评价值，即无量纲化方法；二是选用什么方法把无量纲后的各单个指标评价值综合在一起，得到一个总评价值。下面我们将系统地讨论这两个问题。

2.2　多指标综合评价中无量纲化方法的系统分析

2.2.1　无量纲化方法的种类

无量纲化，也叫数据的标准化、规格化，它是通过数学变换来消除原始变量（指标）量纲影响的方法。从理论上讲，无量纲化方法可以有很多种，但归结起来，无非三大类：直线型无量纲化方法、折线型无量纲化方法和曲线型无量纲化方法。

2.2.1.1　直线型无量纲化方法

直线型无量纲化方法在将指标实际值转化成不受量纲影响的指标评价值时，假定二者之间呈线性关系，指标实际值的变化引起指标评价值一个相应的比例变化。线性无量纲化方法主要有阈值法（阈值也就是临界值）、Z-score 法、比重法等。

（1）阈值法是将指标实际值 x_i 与该种指标的某个阈值相对比，从而使指标实际值转化成评价值的方法。这里，阈值往往采用极大值或极小值（此时阈值法就成为极值法）等实际数据；但也可以采用满意值、不允许值等（如功效系数法中所做的那样）专门确定的阈值。

极值法无量纲化公式主要有

$$y_i=\frac{x_i}{\max\limits_{1\leqslant i\leqslant n} x_i} \tag{3}$$

$$y_i = \frac{\max\limits_{1 \leqslant i \leqslant n} x_i - x_i}{\max\limits_{1 \leqslant i \leqslant n} x_i} \tag{4}$$

$$y_i = \frac{x_i - \min\limits_{1 \leqslant i \leqslant n} x_i}{x_i} \tag{5}$$

$$y_i = \frac{x_i - \min\limits_{1 \leqslant i \leqslant n} x_i}{\max\limits_{1 \leqslant i \leqslant n} x_i - \min\limits_{1 \leqslant i \leqslant n} x_i} \tag{6}$$

$$y_i = \frac{x_i - \min\limits_{1 \leqslant i \leqslant n} x_i}{\max\limits_{1 \leqslant i \leqslant n} x_i - \min\limits_{1 \leqslant i \leqslant n} x_i} k + q \tag{7}$$

在极值法无量纲化公式中，式（3）和式（4）中的 y_i 仅受 x_i 和 $\max\limits_{1 \leqslant i \leqslant n} x_i$ 影响，式（5）中的 y_i 仅受 x_i 和 $\min\limits_{1 \leqslant i \leqslant n} x_i$ 影响，式（6）和式（7）中的 y_i 则受 x_i 、 $\max\limits_{1 \leqslant i \leqslant n} x_i$ 和 $\min\limits_{1 \leqslant i \leqslant n} x_i$ 三个因素影响。式（7）中引入 k 和 q 是为了把 y_i 由系数变成百分数，更符合人们的判断习惯。2.1 节所谈到的“功效系数法”就是式（7）的一种变形，即把 $\max\limits_{1 \leqslant i \leqslant n} x_i$ 改设为满意值，把 $\min\limits_{1 \leqslant i \leqslant n} x_i$ 改设为不允许值，把 q 设为及格分数线的 60，把 k 设为 $(100 - q)$ 。

（2）Z-score 法无量纲化公式为

$$z_i = \frac{(x_i - \overline{x})}{s}$$

z_i 也可化成百分数的形式，如

$$z_i = 50 + \frac{(x_i - \overline{x})}{10s} \times 100$$

（3）比重法无量纲化公式主要有

$$y_i = \frac{x_i}{\sum\limits_{i=1}^{n} x_i} \tag{8}$$

$$y_i = \frac{x_i}{\sqrt{\sum\limits_{i=1}^{n} x_i^2}} \tag{9}$$

2.2.1.2 折线型无量纲化方法

有时，指标在不同区间内的变化，对被评价事物的综合水平影响是不一样的。比如 x_i 小于某个点 x_m 时， x_i 变化对综合水平影响较大，此时评价值 y_i 也应有较大的变化；当 x_i 大于 x_m 时， x_i 变化对被评价事物综合水平影响较小，则 y_i 也应变化较小。在上述情况或者其相反的情况下，应采用折线型的无量纲化方法来分段处理。

如果采用极值法分段作无量纲化处理，则可以有如下公式：

$$y=\begin{cases}0, & x=0\\ \dfrac{x_i}{x_m}y_m, & 0<y_m<1,\quad 0<x\leqslant x_m\\ y_m+\dfrac{x_i-x_m}{\max\limits_{1\leqslant i\leqslant n}x_i-x_m}(1-y_m), & x>x_m\end{cases}$$

画出图形来如图 5 所示。

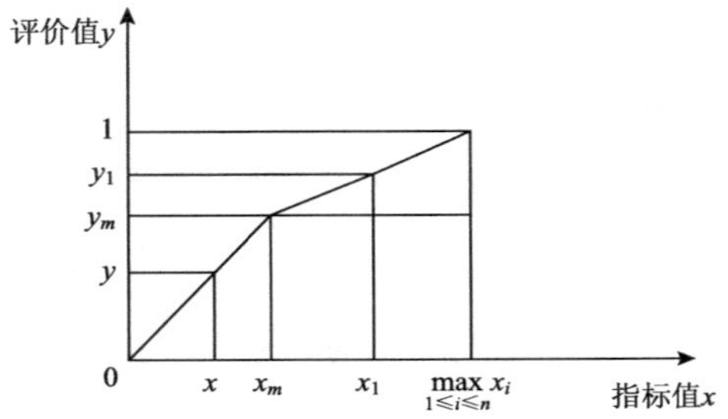

图 5　折线型无量纲化方法的图形表示

从图 5 可以看出，在 0～x_m 区间，x_i 的变化带来 y_i 的较大变化；在 x_m～$\max\limits_{1\leqslant i\leqslant n}x_i$ 区间，x_i 的变化带来 y_i 的较小变化。x_m 客观上成为一个变化的转折点，折线型无量纲化处理就是为了适应指标变化存在折点对被评价事物综合水平影响不一样的情况。

另外，在实际社会经济生活中，有时事物对某项指标的要求有一个变化区间：低于某一数值，该指标对被评价事物就不再有什么作用了，高于某一数值，该指标对被评价事物的作用也就不再增加了。这时将指标实际值转化成评价值就应采用三折线的公式，即

$$y=\begin{cases}0, & x_i<x_a\\ \dfrac{x_i-x_a}{x_b-x_a}, & x_a\leqslant x_i\leqslant x_b\\ 1, & x_i>x_b\end{cases}$$

从图形上看，如图 6 所示。

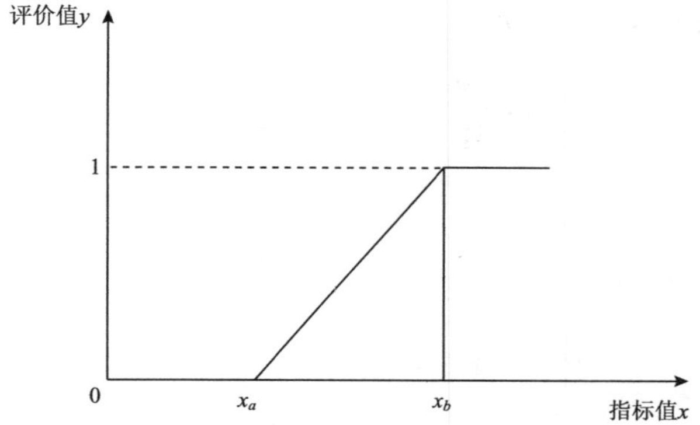

图 6　三折线无量纲化方法的图形表示

2.2.1.3　曲线型无量纲化方法

采用曲线型的无量纲化方法，意味着指标实际值对评价值的影响不是等比例的。指标值 x_i 的等量变化，在某一区间对被评价事物作用较大，从而体现在综合评价中，是评价值 y_i 的较大变化；而在另一个区间时，情形可能恰恰相反。同时，x_i 变化区间之间，又不像前面折线型公式中那样仅存在一个折点。在上述情况下，无量纲化处理可以采用曲线型公式。曲线型公式也有较多类型，具体如下。

（1）升半 Γ 型分布（图 7）。

$$y=\begin{cases}0, & 0\leqslant x\leqslant a\\ 1-\mathrm{e}^{-k(x-a)}, & x>a\end{cases}$$

其中，$k>0$。

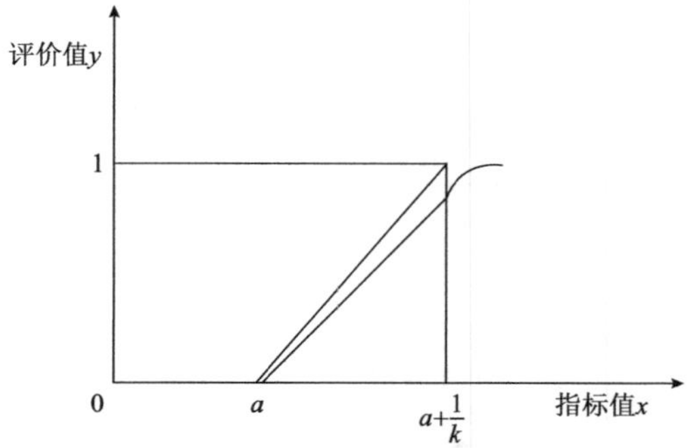

图 7　升半 Γ 型曲线无量纲化方法的图形表示

（2）半正态型分布（图 8）。

$$y=\begin{cases}0, & 0\leqslant x\leqslant a\\ 1-e^{-k(x-a)^2}, & x>a\end{cases}$$

其中，$k>0$。

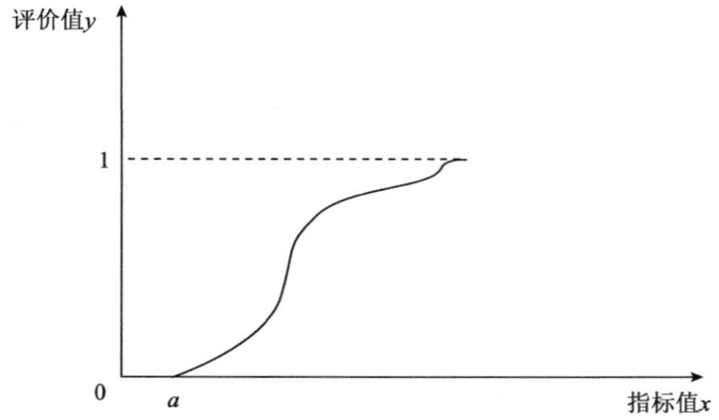

图 8　半正态型无量纲化方法的图形表示

（3）升半哥西分布（图 9）。

$$y=\begin{cases}0, & 0\leqslant x\leqslant a\\ \dfrac{k(x-a)^2}{1+k(y-a)^2}, & x>a\end{cases}$$

其中，$k>0$。

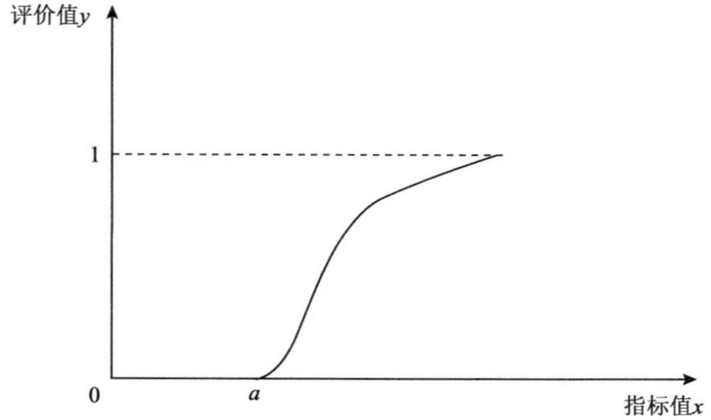

图 9　升半哥西无量纲化方法的图形表示

（4）升半凹（凸）分布（图 10）。

$$y=\begin{cases}0, & 0<x\leqslant a\\ a(x-a)^k, & a\leqslant x\leqslant a+\dfrac{1}{\sqrt[k]{a}}\\ 1, & x>a+\dfrac{1}{\sqrt[k]{a}}\end{cases}$$

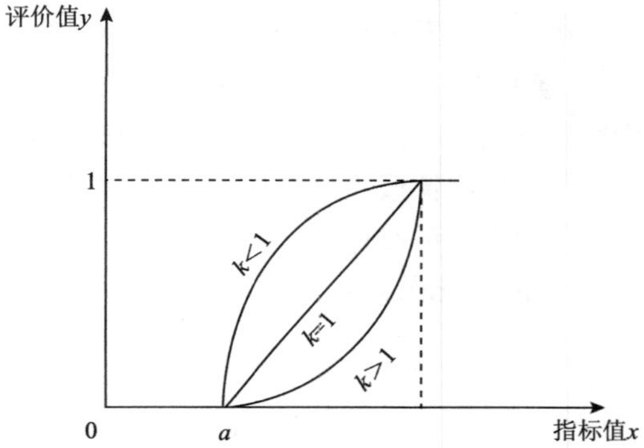

图 10　升半凹（凸）无量纲化方法的图形表示

（5）升半岭型分布（图 11）。

$$y=\begin{cases}0, & 0\leqslant x\leqslant a\\ \dfrac{1}{2}-\dfrac{1}{2}\sin\dfrac{\pi}{b-a}\left(x-\dfrac{a+b}{2}\right), & a<x\leqslant b\\ 1, & x>b\end{cases}$$

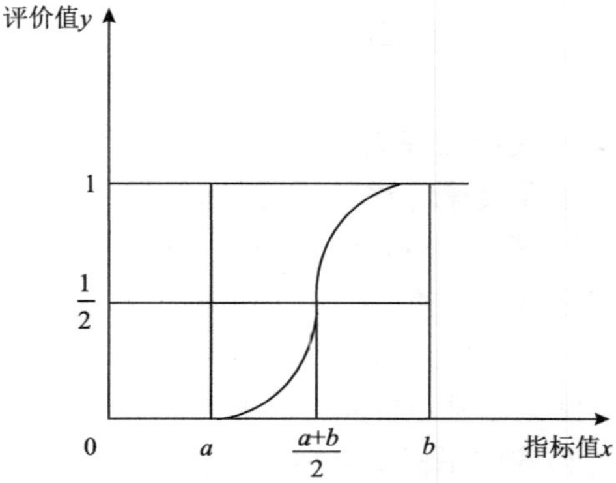

图 11　升半岭型无量纲化方法的图形表示

2.2.2　几种无量纲化方法的比较分析

从上述各种公式和图形中可以看出如下几点。

2.2.2.1　应用的难易度

从应用上看，曲线型的无量纲化公式要比直线型公式和折线型公式难度大。这首先表现在具体公式的选择上。比如，是采用正态分布公式、哥西分布公式，还是其他公式呢？其次，表现在具体公式中参数的确定上。在上述公式中，待定参数有 a、k、b 三种。最后，还表现在 y 的计算上，也比直线型公式复杂些。

2.2.2.2　三种类型无量纲化方法之间的关系

三种类型的无量纲化公式中，曲线型公式是较高级、较精确的型式，它能够更准确地揭示出指标实际值与评价值之间的关系。直线型公式则属于较简便、带有近似性的型式。而折线型公式可看作直线型公式到曲线型公式的一种过渡。从图 12 中可以看出它们之间的变化关系。

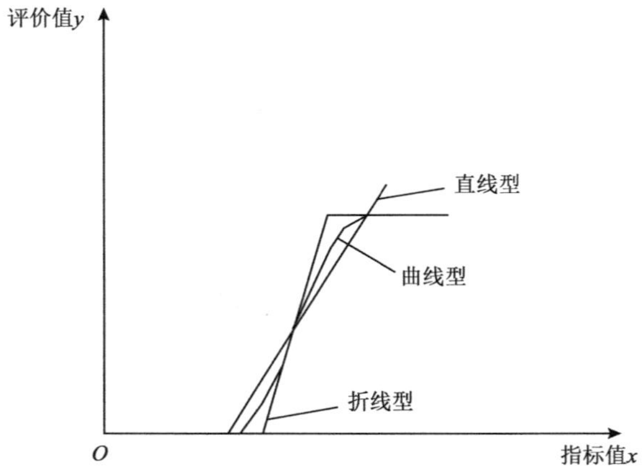

图 12　三种类型无量纲化方法的图形对比

严格地讲，折线型公式也应该是直线型公式的一种。之所以把它单独分作一类，主要是从实际应用的角度来考虑的。这种型式，既可以避免曲线型公式确定的繁难，又可以避免有时采用简单直线型公式的粗糙。如果现实社会经济生活中指标实际值与评价值呈非线性关系，且拐点不多，即关系变化不多时，可考虑采用这种处理方法。

2.2.2.3　指标实际值 x 与评价值 y 对应关系的归结

将上述几种曲线型公式中指标实际值 x 与评价值 y 的对应关系归结起来，无非有两种情况。

第一种情况：随着 x 的增大（减小），x 的增大（减小）使得 y 有一个越来越大（小）的增量，即 y 是 x 的凹函数，如图 13 所示。

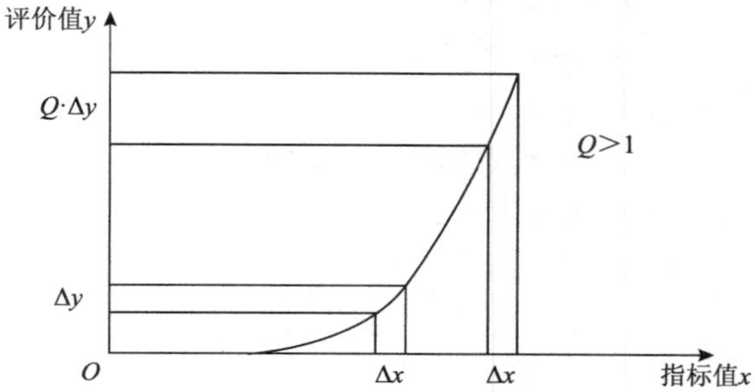

图 13　曲线型分布的凹函数情形

在上述升半凹分布中，在升半岭型分布的 $a<x<(a+b)/2$ 中就呈现这种情况，半正态型分布和升半哥西分布的曲线中间一段（即 $x>a$ 到曲线另一拐点的一段）也呈现这种情况。

从实际社会经济生活来看，这种处理反映了指标实际值的等量变化在不同发展阶段上具有不同的意义。比如，人均期望寿命从 40 岁提高到 41 岁，与从 70 岁提高到 71 岁，同样是增加一岁，但社会为这一增量的投入却可能大不相同，对社会的意义也绝不一样。因而在实际值向评价值的转化上，同样是增长一岁，在 40 岁这个档次得到的评价值远远低于 70 岁这个档次。

第二种情况：随着 x 的增大（减小），x 的增大（减小）使得 y 有一个越来越小（大）的增量，即 y 是 x 的凸函数，如图 14 所示。

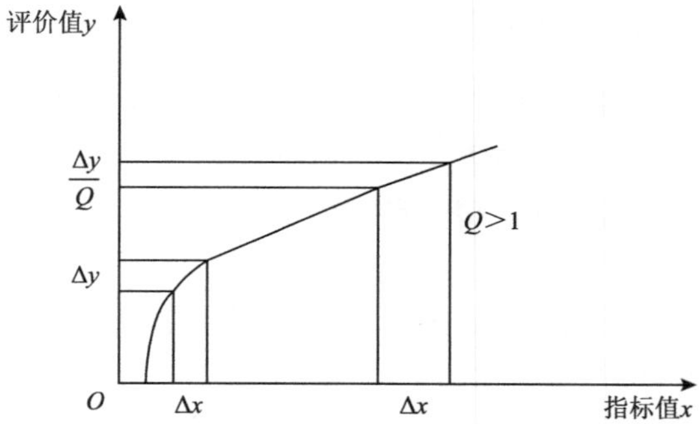

图 14　曲线型分布的凸函数情形

在上述的升半 Γ 型分布中，在升半凸分布中，在升半岭型分布的 $(a+b)/2<x<b$ 中，x 与 y 就呈现这种情况；在半正态型分布和升半哥西分布中的后一段（即较大 x 所对应的那一段），也呈现这种情况。

从实际社会经济生活来看，这种处理同样反映了指标实际值的等量变化，以及在不同的发展阶段上的不同意义，不过与第一种情况相反，这里 x 的后期增量得到的评价值要少于前期增量。这种处理更注重事物的基础发展，评价时偏好于雪中送炭，而不是锦上添花。

上面的说明是就曲线型公式做出的，实际上折线型公式也存在着 x 与 y 的这两种对应关系，折线型无量纲化方法已经做出了第二种情况的折线型图形（图 5），而第一种情况的折线型图形如图 15 所示。

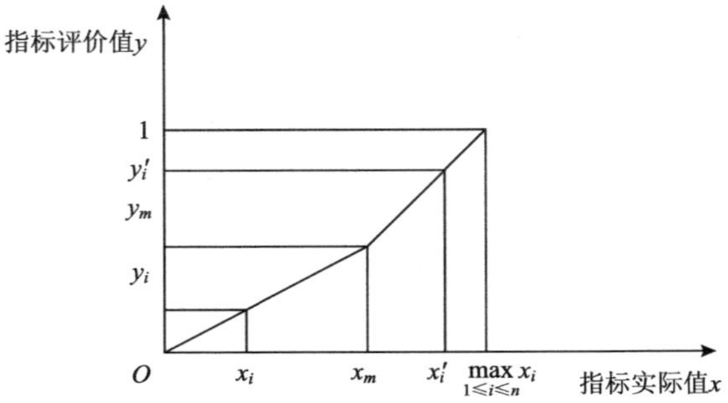

图 15　折线型分布的凹函数情形

在图 15 中，x 的后期等量增长将得到更多的指标评价分数。

2.2.2.4　方法比较的分析范围

以上的分析和讨论都是在正指标的情况下做出的，逆指标和适度指标的转化将在 2.2.4.2 节中介绍。

2.2.3　多指标综合评价中的无量纲化方法的选择原则

从前面的论述可以看出，无量纲化方法可以是多种多样的，多指标综合评价时究竟采用哪一种，应用时必定面临一个选择问题：首先，采用直线型无量纲化方法，还是采用折线型乃至曲线型无量纲化方法？其次，在确定了所用类型之后，又具体地选用哪一种公式？

我们认为，无量纲化方法的选择应该遵守以下原则。

2.2.3.1　客观性原则

无量纲化所选用的转化公式要能够客观地反映指标实际值与事物综合发展水平间的对应关系。根据综合评判对象的实际情况来确定所用公式，这需要对被评判对象的历史数据和横向比较数据作深入的分析，才能够找出事物发展变化的阈值点，才能够确定评价公式和具体参数。

2.2.3.2　简易性原则

在客观性的基础上，多指标综合评价中的无量纲化处理方法还应是简便易行、便于推广的。基于这一原则，不少多指标综合评价案例往往用直线型无量纲化公式来代替可能更为客观的曲线型公式，这种替代的理由在于以下几点。

（1）对多指标综合评价而言，无量纲化的结果即评价值本身就是对被评事物发展水平的一种相对描述，而不是一个绝对的刻度。因而在不影响被评价对象间相对地位的前提下，允许用近似的、简化的直线性关系来代替曲线关系。

（2）曲线型公式并不是在任何情况下都比直线型公式精确，这种精确是有条件的，如果曲线型公式中的参数选取不当，其结果很难是客观的，然而参数确定又是较为困难的。在参数确定没有把握的情况下，不如用线性方法来代替。现代管理的一个重要思想是，应该追求相对意义的满意解，而不是绝对意义上的最优解，在无量纲化方法的选取上也是如此。

（3）从国内外多指标综合评价的案例应用经验来看，线性公式所得综合评价结果与复杂得多的非线性公式往往近似，而方法却容易使用与了解。

2.2.3.3 可行性原则

选用无量纲化公式，不仅要根据被评事物的特点，而且还要注意方法自身的特点，这样才能确保转化的可行性。比如两类常用的直线型无量纲化公式，极值法和 Z-score 法就各有特点，应用时要加以注意。

一般来说，极值法：①对指标数据的个数和分布状况没有什么要求；②转化后的数据都在 0 到 1 区间内，便于进一步进行数学处理；③转化后的数据相对数性质较明显；④就每个 x_i 的转化而言，这种无量纲转化所依据的原始数据信息较少，最多是指标实际值中的几个值，如 $\max\limits_{1\leqslant i\leqslant n} x_i$ 、 $\min\limits_{1\leqslant i\leqslant n} x_i$ 和 x_i 等。

对比来看，Z-score 法：①在被评价对象个数较多时才能应用，因为 Z-score 法在原始数据呈正态分布的情况下，转化结果才是可靠的；②Z-score 法的转化结果超出了 0 到 1 区间，存在着负数，有时会影响进一步的数学处理；③Z-score 法的转化结果相对数性质不明显；④Z-score 法中的转化值 z_i 与指标实际值中的任一 x_i 都有关系，利用的原始数据信息多于极值法。

归结起来，两种方法的特点用表 3 表示。

表 3 极值法与 Z-score 法对比表

特点项目	极值法	Z-score 法
对数据的要求	无分布要求；无数据个数要求	正态分布；数据个数较多
个体转化利用信息	几个 x_i	所有 x_i
转化结果	在 0 到 1 区间； 无负值； 相对数性质较明显	超出 0 到 1 区间； 有负值； 相对数性质不明显

选取无量纲化方法时，不仅要根据无量纲化方法本身的特点，有时还要考虑到所用多指标综合评价方法对无量纲化方法的要求。比如多元统计分析用于多指标综合评价时，主分量分析和因子分析都要求必须采用 Z-score 法作无量纲化处理（本部分的《多元统计分析方法用于多指标综合评价的系统分析》中将说明其理由）。

2.2.4　指标性质与无量纲化方法的关系

统计指标按其表现形式有绝对数指标、相对数指标、平均数指标之分；按其作用趋向有正指标、逆指标、适度指标之分；按其反映内容有客观指标、主观指标之分，有定量指标与定性指标之分。这种种区分对无量纲化方法的选取和采用有什么影响呢？

2.2.4.1　不同相对数进行综合评价时也必须先作无量纲化处理

从 2.1 节的论述可以看出，多指标综合评价是采用把指标相对化——无量纲化的方法来解决可综合性的。那么，在用相对数指标进行综合评价时，还要不要再作无量纲化处理呢？我们注意到，有的多指标综合评价方法中，对相对数指标往往不作无量纲化处理，就直接加以综合了，这样做实际是不妥的。

两个不同含义的相对数相加，通常是没有现实意义的。比如前述经济业绩指数分母中，通货膨胀率与失业率相加，得到社会不安指数，从理论上是说不通的。通货膨胀率是价格指数的上涨率，失业率是失业人口占要求就业人口的比重，尽管两个指标都是逆指标，都说明社会经济的困难状况，但两个指标的 1%代表了不同的社会经济内容，二者并不存在严格的相互补偿关系（通货膨胀率下降 1%，则失业率一定上升 1%），菲利普斯曲线的多种形态表明了通货膨胀率与失业率之间的多种关系，所以，把这两个指标直接相加，就破坏了综合指标的同质性原则。从相对数形式看，通货膨胀率属于动态相对数，失业率属于结构相对数，不同形式的相对数加在一起也是不妥的。

我们还注意到：物质生活质量指数中，识字率指数直接被设计为识字率指标本身，没有做无量纲化处理就与婴儿死亡率指标、一岁期望寿命指数相加，也是不妥的。

不同含义的相对数直接相加是不行的，那么直接相乘、相除行不行呢？在 ASHA 指标中，就是把几个不同的相对数指标直接相乘、相除的，这从指标综合方法上看也是值得商榷的。一般来说，不同含义的相对数相乘处理是有条件的，它要求所乘的相对数之间依次存在着条件与结果的关系。比如：

$$\begin{matrix}\text{人口}\\\text{出生率}\end{matrix}=\begin{matrix}\text{妇女总人数占}\\\text{出生总人口的比重}\end{matrix}\times\begin{matrix}\text{育龄妇女人数占}\\\text{妇女人数的比重}\end{matrix}\times\begin{matrix}\text{一般}\\\text{生育率}\end{matrix}$$

即

$$\frac{\text{出生人口数}}{\text{总人口数}}=\frac{\text{妇女总人数}}{\text{总人口数}}\times\frac{\text{育龄妇女人数}}{\text{妇女总人数}}\times\frac{\text{出生人口数}}{\text{育龄妇女人数}}$$

在上式中，第二个相对数的母项是第一个相对数的子项，第三个相对数的母项又是第二个相对数的子项，往往后面的相对数要以前面相对数的计算结果作为条件，这时不同含义的相对数指标相乘才有意义。但在多指标综合评价中，各评价指标要反映被评价事物的不同方面，从某种层次来看，异质性较强，往往不能满足如上所说的条件。比如，ASHA 指标中的几个相对数：识字率、就业率、人口出生率、婴儿死亡率、人均 GNP 增长率，还有一岁期望寿命，各自说明了社会经济发展的不同方面，就不满足“此结果为彼条件”的关系，因而不应直接作乘除处理，而应该先去掉量纲影响。

我们再从 ASHA 的计算结果来分析，假定甲地区识字率 60%，就业率 61%；乙地区识字率 61%，就业率 60%，而其余四个指标甲乙两个地区相同。按照 AHSA 指标方法计算，甲乙两地区的 ASHA 值是相同的。这意味着：识字率 1%的变动与就业率 1%的变动对发展水平综合评价值的贡献是相同的。然而，现实生活中，不同国家（地区）为识字率的 1%增长和就业率 1%的增长所花费的努力很可能是不同的。所以，从指标计算角度看，不将相对数作无量纲化处理也是不妥的。

2.2.4.2　逆指标、适度指标的无量纲化处理

从单个统计指标作用对人们利益不同的影响来看，统计指标可以分为正指标、逆指标和适度指标。正指标是数值越大越好的指标，逆指标则是数值越小越好的指标，而适度指标则是数值既不应过大也不应过小的指标，它的指标变动区间内有一个适度点，因而它可以看作正指标和逆指标的组合：在某个区间，即指标值达到适度点之前，它是正指标；而在另一区间，即指标值达到适度点之后，它便转成逆指标了。以人口统计指标为例，人均期望寿命是正指标，婴儿死亡率是逆指标，而人口总数则应是适度指标。

前面我们集中讨论了正指标的无量纲化处理方法，逆指标和适度指标的无量纲化处理应当与正指标有所不同，在多指标综合评价中，可以有两种方法解决这一问题。

（1）一种是转换指标的方法。

把逆指标和适度指标都转换成正指标，然后再按正指标的方法进行无量纲化处理。逆指标转换成正指标比较容易，只要取原指标的倒数就可以了。适度指标应趋于适度值（假定为k），设计一个变量$|x-k|$，即适度指标的实际值减去适度值后的绝对值。这个新变量显然是一个逆指标，差的绝对值越大，说明指标实际值离适度点越远，越不好；反之，差距越小，则越好。再把这个逆指标取倒数，计算$\frac{1}{|x-k|}$就得到相应的正指标值了。

（2）另一种是转换公式的方法。

将正指标无量纲化公式按照逆指标的特点作调整，就可以得到逆指标的无量纲化公式。比如前边提到的功效系数法，若是逆指标，可按下列公式计算评价值 y：

$$y_i = \left(\frac{x_0 - x_i}{x_0 - x_1}\right)(y_1 - y_0) + y_0 \quad \text{（顺加公式）}$$

$$y_i = y_1 - \left(\frac{x_i - x_1}{x_0 - x_1}\right)(y_1 - y_0) \quad \text{（倒扣公式）}$$

上面两式与正指标无量纲化公式的区别在于将减项和被减项互相对调。

在物质生活质量指数中，婴儿死亡率指数是用 22‰（下限）减去实际婴儿死亡率，而不是像一岁期望寿命指数那样，用实际期望寿命减去 38（下限）。这也体现了正指标和逆指标在无量纲化处理上的差别。

对适度指标可作分段处理，在 $x < k$ 时，用正指标公式；而当 $x > k$ 时，则用逆指标公式。

2.2.4.3 主观指标或定性指标的无量纲化处理

有时在多指标综合评判中，要用一些定性指标、主观指标来评价事物。比如给出被评对象的名次，或确定对象属于某评定等级等。在这种情况下，也需要对评判结果做出无量纲化处理，以便与其他指标的评价值一起综合。

1）名次百分的计算

对被评价对象已经评出名次的，可计算名次百分，计算公式为

$$x\text{名次百分} = 100 - \frac{100}{n}(x\text{名次} - 0.5)$$

其中，x 为被评对象所得名次；n 为全部被评对象个数。

这种处理实质上是把名次转化成被评对象在百分数内相对数位置的一种方法。

式中减 0.5 是由名次与百分数中所占位置的不一致所要求的。$(x-0.5)$ 可以避免出现最后一名被评判对象名次百分为零的局面，可以保证第一名从 $\left(100 - \frac{100}{2n}\right)$ 开始，与其他名次均匀地分布在百分位中。

式中 $100/n$ 实际上是各名次间相对位置的间隔长度，若 $n = 100$，则间隔长度为 1，若 $n = 50$，则间隔长度为 2，⋯，将间隔长度 $100/n$ 与所占位置 $(x-0.5)$ 相乘反映了该名次在所有被评对象中的地位。

由于名次序数与评价得分是逆向变化的，即名次序数越小，得分应越多，因此，要采用“倒扣”处理，用 100 减去间隔长度与所占位置之积。所得结果就是被评价对象在整体中的相对地位，即若甲被评对象在该指标上是 95 分的话，则乙

被评对象为 90 分，…。

2）评定等级转化成标准百分的方法

在社会经济统计中，有时只能根据被评价事物的质量划定其所属等级，而不能直接用数量指标来表示。这时也需要将之无量纲化，以便与其他指标综合，得到整体性评价。

当被评价的单位较多，评价的等级具有正态分布趋势时，可采用如下方法将评定等级化成标准百分。

这种方法的基本思想是：找出各个等级的百分比在正态分布中所占面积的代表值的位置，把这一位置与平均数的距离用标准差表示出来，作为这一等级的标准分数，再由标准分数变成标准百分。

设有评定资料如表 4 所示。

表 4　各等级单位数占总数的百分比

等级	优	良	中	中下	下等
各等级单位数占总数的百分比	10%	25%	40%	20%	5%

确定各等级的分数时，可用各等级的分布百分比数值查《正态分布各区间的中点值》表（其中“中”这一等级需要作推算）。查得结果稍加处理就可以得到表 5①。

表 5　标准分数和标准百分数对照表

等级	优	良	中	中下	下等
标准分数	1.76	0.78	−0.13	−1.07	−2.10
标准百分数	67.6	67.8	48.7	39.3	29.0

按照这种方法，等级分得越多，计算结果就越准确。

2.2.5　无量纲化方法与评价函数的建立

2.2.5.1　从评价函数建立的角度看无量纲化

在社会经济统计中，当我们用描述事物某一方面的指标分析事物时，实际上是从不同方面分开来认识该事物的。因而，还需要把事物的各方面结合起来作为一个统一整体来认识，经过这种分析和综合的过程，我们对事物的认识才更加深入和客观。多指标综合评价正是这种综合的工具。

① 具体方法参阅参考文献（12），第 154 页。

在多指标综合评价中，用来评价同一事物不同侧面的指标间，量纲可能是不同的。这一方面表现在计量单位的差异上。比如，资金利税率是百分数，而流动资金周转次数则是每年多少次；另一方面，即使计量单位相同，指标数值的数量级也可能有差别，识字率通常是百分数，而婴儿死亡率大多为千分数，相对数形式的差异，反映着指标实际值数量级上的差异，虽然都是没有计量单位的相对数，但是也存在量纲的影响。无量纲化是消除这些影响所必需的。从技术方法的角度看，无量纲化解决了指标间的可综合性问题。

从多指标综合评价角度来看无量纲化，它本身还含有更深刻的意义：无量纲化过程，实质上就是评价函数的建立过程。要把多个异量纲的评价指标综合成一个总评价值，必须选取和建立某种评价函数，用以把按不同现实尺度刻画的指标值转换成评价值，这个评价值是一个相对数，它表明从该评判指标着眼，被评价对象的相对地位，它也描述了该指标值对该被评价对象总相对地位的贡献程度。

这个评价函数不是那种断然的评判，而是从事物变化程度来分析的，比如某指标在不同被评价对象间数值是不同的，有一个变化区间，各被评价对象的该指标值经过无量纲化处理，变成了评价值，这些评价值往往是在 0 到 1 区间内（或可演变为 0 到 1 区间）的数值，这些数值给出了各被评对象在该指标上数值大小变化的程度。程度高低也就反映了被评对象间的相对地位。

对某个被评价对象（如某企业）而言，它在甲指标上处于这种地位，在乙指标上又处于那种地位，在丙、丁等指标上都得到了一个刻画其相对地位的数值，那么它在被评价事物（如经济效益）上的总地位就可以通过各指标评价值的综合得到了。

2.2.5.2 苏联的“品质计量学”

在苏联，有一门迅速发展中的新学科——品质计量学。这门科学所研究的是“对人们一般活动的质量和效率（包括产品质量、各种工作和需求的重要程度及其满足的水平等）进行综合评价的最一般的原则和方法”。[①]苏联统计学者曾研究制定了一套根据对某些相对数的分析来综合评价各种极不相同的功能质和价值的方法论。[①]

苏斯洛夫教授介绍的属性相对评价值（k）用下述方法确定：“处于任何一级的每一属性，都可用某一个绝对数 p_{ij} 来计量。当然，这些绝对数不能直接同度量，为了加以概括，需要把它们变为相对数。为此，要把每个绝对数都与一个标准数 $p_{ij}^{\text{баз}}$[②]相比（这个 $p_{ij}^{\text{баз}}$ 可以是标准要求水平，本部门平均水平，国内最高水平或世界最高水平等）。这时，相对评价值的通式为 $k_{ij}=\varphi\left(\frac{p_{ij}}{p_{ij}^{\text{баз}}}\right)$ 在大多数情况下，都

① 参阅参考文献（2），第 91 页。

② баз 是俄语单词 базы (эталонах)的缩写。

是以 $\frac{p_{ij}}{p_{ij}^{\text{баз}}}$ 作为函数 φ 。”①

我们看到，上述思想方法与多指标综合评价方法是完全一致的。苏联统计学者认为“借助于品质计量学的手段可以将任何质量综合到一起。”②“品质计量学的各项原则，具体来说可适用于将数量标识（及其与属性标识的结合）进行综合，也适用于编制像‘经济晴雨表’这种类型的统一经济指标（统一经济指标问题需要另做专门研究）。”②

2.2.5.3 综合评价函数中隐含了模糊方法的思想

模糊学是近几十年来发展起来的一门新兴学科，它有几个基本思想是值得注意的。首先，它认为论域（讨论涉及的对象范围）上的对象从属于集合到不属于集合是逐步过渡的，而非突然改变的，这样就把绝对的属于概念变成了相对属于概念，从判定对象属于（不属于）变成了判定对象对集合的隶属程度。其次，模糊方法是在对象的比较中把握其量的规定性的。最后，模糊方法不是立足于把复杂对象分解为一个个单因素，逐个加以精确描绘和处理，而是强调从大量单因素相互作用在整体上所呈现出来的模糊性去把握对象，作综合的描述和处理。

比较分析一下，我们会发现，多指标综合评价函数的建立过程就包括了这些思想。通过无量纲化处理，评价值也是被评价对象在被评价事物上变化发展的相对程度描述。比如，企业经济效益好与不好的程度、地区社会经济发展水平高与低的程度等。评价值也是从对象的比较中来把握和确定的。特别是对比一下评价函数建立的公式（无量纲化公式）与隶属函数建立的公式，二者是完全一致的。所以，尽管我们主观上不一定意识到这一点，但是评价值与隶属度之间确有某些相通之处。由于模糊性总是伴随着复杂性而出现，多指标综合评价这个复杂问题就总是带有一定的模糊性。这样要处理好综合评价问题，方法中包含模糊思想也就是题中应有之事了。

在《模糊综合评判方法应用的系统分析》中将专门讨论模糊综合评判方法，会论及模糊方法与常规方法的区别。

2.3 多指标综合评价中合成方法的系统分析

在多指标综合评价中，合成是指通过一定的算式将多个指标对事物不同方面的评价值综合在一起，以得到一个整体性的评价。可用于合成的数学方法较多，问题在于我们根据被评事物的特点来选择较合适的合成方法。因而需要对主要合成方法的算式、适用场合、特点等作一系列的分析。

① 参阅参考文献（2），第 93 页。

② 参阅参考文献（2），第 94 页。

2.3.1 加权线性和法（加法合成）

2.3.1.1 加法合成的处理

加法合成的基本公式为

$$x = \sum_{i=1}^{n} w_i x_i$$

其中，x为被评价事物得到的综合评价值；w为各评价指标的权数；x_i 为单个指标的评价值；n为评价指标个数。

前面提到的物质生活质量指数和综合经济效益指数等就是采用加法合成来计算综合评价值的。

加法合成可以有不同的变形处理，比如总和法：

$$x = \sum_{i=1}^{n} x_i$$

这里相当于 w_i 都取值为 1，即不加权。

再如，有约束的加法合成：

$$x = k\sum_{i=1}^{n} w_i x_i$$

$$k = \prod_{i=1}^{n} k_i$$

其中，k_i 为判别各评价指标是否达到最低要求的逻辑值，如达到最低要求，k取值为 1，否则k为 0。

2.3.1.2 加法合成的特性

（1）加法合成适用于各评价指标间相互独立的场合，各指标对综合水平的贡献彼此是没有什么影响的。这一要求是显然的：由于综合运算采用“和”的方式，其现实关系应是“部分之和等于总体”，若各评价指标间不独立，和的结果必然是信息的重复，也就难以反映客观实际。

（2）采用加法合成，各评价指标间可以线性地补偿，即某些指标评价分数的下降可以由另一些指标评价分数的上升来补偿，任一指标评价分数的增加都会导致总评价分数的上升。

（3）任一指标评价分数的减少都可用另一指标评价分数的相应量增加来维持总评价分数的不变。

（4）采用加法合成，权数的作用比在其他方法合成中更明显些，这是由加法合成所对应现实问题的性质所决定的。由于加法合成中各指标间可以线性地补偿，自然各指标在综合评价中所起作用有大有小，从而表现为指标权数的变化。从和式运算与积式运算的算式本身，不能肯定加权算术平均数与简单算术平均数之差（表现为权数作用）一定大于加权几何平均数与简单几何平均数之差。所以权数作用大小要从计算方法性质而不是计算公式本身来说明。

（5）加法合成突出了评价分数较大且该指标权数较大者的作用，这是第二和第三两个特性结合在一起的必然结果。由此，加法合成是较接近于主因素突出型的评价合成方法。若以加法合成得到的综合评价值来考核被评价单位成绩，容易诱导被评价单位采用倾斜发展战略来获取较高综合评价值，即突出抓那些权数较大的评价指标。当然，从另一角度看，评价指标的权数较大，说明该指标所代表的方面比较重要，若这方面抓上来了，说明该单位在主要方面取得了成就，综合水平上升也就在情理之中了。

（6）由于加法合成各指标评价值间可以线性地补偿，因此这种合成方法对不同被评对象间指标评价值的差异反映不大敏感，从而使这种方法区分各评价对象的灵敏度相对乘法合成等其他方法低一些。前面采用有约束的加法合成正是为了弥补这种缺陷而补充设计的。

（7）加法合成对计算数据没有什么特定的要求。无论用来合成的评价值为零、为负值都不会影响综合评价值的取得。

（8）加法合成计算比较简便，便于推广普及。

2.3.2 乘法合成

2.3.2.1 乘法合成的处理

乘法合成有各种不同的处理。一种是连乘法：

$$x=\prod_{i=1}^{n}x_i \quad (x_i>0)$$

前面提到的全要素生产率就是用连乘法计算的。

还有一种是乘除法：

$$x=\prod_{i=1}^{n}x_i\Big/\prod_{j=1}^{m}x'_j \quad (x_i>0,\ x'_j>0)$$

其中，x'_j为与x呈反向变化的另一类指标的评价值，若x为正指标，x'则为逆指标；m为x'类指标的个数。

前面所说的 ASHA 指标就是用乘除法计算的。

采用乘除法有一个好处，就是不需要对指标作同向处理，是正指标就放在分子上相乘，是逆指标就放在分母上相除。而适度指标可分作两部分处理，超过适度值的放在分母上，不够适度值的放在分子上。

一般来说，单个指标的评价值（即指标实际值经过无量纲化处理后的结果）多数是小于 1 的，小于 1 的数连乘之后，综合评价值就会变得很小，直观上易给

人以错觉，因此，可以将连乘法变形为乘方法（即几何平均法），即

$$x=\left(\prod_{i=1}^{n}x_i\right)^{\frac{1}{n}}\quad (x_i>0)\quad（简单式）$$

或

$$x=\left(\prod_{i=1}^{n}x_i^{w_i}\right)^{\frac{1}{\sum w_i}}\quad (x_i>0)\quad（加权式）$$

2.3.2.2 乘法合成的特性

与其他合成方法相比，乘法合成具有以下特性。

（1）乘法合成适用于各评价指标间有强烈关联的场合，此指标在彼指标的基础上，由此各指标的乘积表现为整个事物的综合水平。

不同合成方法的适用场合分析对方法的应用选择很有意义。有的多指标综合评价案例中，谈合成方法选择，只从灵敏度和简易性考虑，而不考虑指标间关系对合成关系的影响，这是不妥的。

（2）乘法合成强调被评价对象各指标评价值的一致性。就是说，它要求被评价对象在各指标方面彼此间差异较小，任何一方面也不能偏废。假定有 10 项指标评价企业的经济效益，若甲企业 9 项指标“很好”，只有一项指标“很差”，而乙企业 10 项指标都“较好”，按乘法合成的综合评价值，很可能就是乙高于甲。

（3）在乘法合成中，指标权数的作用不如加法合成明显，这是由乘法合成所对应的现实问题性质所决定的。乘法合成强调各指标间的一致性。各指标对综合评价有着同等重要的利害关系。因而在有的乘法合成中，干脆就不作加权处理了。

（4）乘法合成的结果突出了指标评价值中较小数的作用，这由积式运算的性质所决定的。我们知道，在和为一常数（设为k）的若干个两数积中，总是以$(k/2)^2$为最大值，两数间的差异越大（即意味着有较小数出现），则这个积就越小。这个特性可以推广到n项积上。由此，考核被评价单位成绩时，若按乘法合成综合评价值，有助于诱导被评单位切实抓好各方面工作，而不是靠重点倾斜的方法来取胜。

（5）乘法合成对指标评价值变动的反映比加法合成更敏感。试用一个较为极端的例子来比较加权和法（算术平均法）和乘方法（几何平均法）。设某被评判对象 10 项指标中 9 项皆为 100 分，1 项为 10 分，用加法合成（这里简化分析假定权数相等）算出总评价值为 91 分，而用乘法合成算出的总评价值仅为 79.43 分。可见，乘法合成更有助于拉开被评判对象的档次，综合评价的效度更高些。

（6）乘法合成对指标评价值的数据要求较高，计算中，指标评价值不能出现零值或负值，如出现零值（即便有一个指标评价值为零），则整个综合评价值为零。这表明了各指标间的不可替代性。若出现负值，则综合评价值无法直接得出（经

过变换处理也可间接得出某种综合评价值)。

(7)乘法合成在计算上比加法合成稍复杂些，在推广普及上不如加法合成。

2.3.3 加乘混合法

将上面两种合成方法混合在一起，可以得到一种兼顾的方法。混合可以是直接混用：

$$x=\sum_{i=1}^{n}x_i+\prod_{j=1}^{m}x'_j$$

或

$$x=\sum_{i=1}^{n}x_i\Big/\prod_{j=1}^{m}x'_j$$

或

$$x=\prod_{i=1}^{n}x_i\Big/\sum_{j=1}^{m}x'_j$$

前述“经济业绩指数”就是采用上面第三式计算的。

加乘混合还可以将评价值指标分成几类，先对类内各指标作乘法处理，然后再将各类的积作加法处理，即

$$x=\sum_{k=1}^{n}w_k\prod_{i=1}^{n_k}x_{ki}$$

其中，k 为评价指标小类的个数。

有的学者提出先在类内作加法合成，然后对各类作乘法处理，即

$$x=\prod_{k=1}^{l}\sum_{i=1}^{n_k}w_{ki}x_{ki}$$

我们认为，通常类内指标间相关关系较紧密，而类间指标间相关关系则不那么紧密，因而根据乘法和加法合成的适用范围，应先在类内作乘法处理，再在类间作加法处理，即用第一种公式较合适。

加乘混合法兼有加法合成和乘法合成两个方法的性质，但在程度上不及两个独特合成方法，而是介于二者之间。当我们对被评价事物的内部关系分析得较明确，有的部分需要用加法合成，有的部分需要用乘法合成，这时就可以用加乘混合法。由此，加乘混合法的适用范围比加法和乘法更广些。但是在计算操作上，显然加乘混合法比加法和乘法更麻烦些。

2.3.4 代换法

代换法的公式为

$$x = 1 - \prod_{i=1}^{n}(1 - x_i)$$

其中，$0 \leqslant x_i \leqslant 1$。

在代换法中：①各评价指标对事物综合水平具有同等重要的意义。②代换法中，指标间补偿作用远比加法合成中的补偿作用充分，是最充分的。不管其他评价指标取值如何，只要有一个评价指标达到最高水平，整个综合评价值便达到最高水平。③代换法与乘法合成的思想恰恰相反，它偏爱于诸评价指标中的异军突起，“一俊遮百丑”，代换法不强调不同指标评价值间的水平的一致性。就代换法的上述特性而言，它实质上有悖于综合评价的本质，多指标综合评价不仅要求评价的整体性，而且要求评价的全面性。由此，除非较特殊的场合（比如确定存在“部分取优就导致整体取优”的情况），不宜采用代换法。

2.3.5 合成方法分析的归结

2.3.5.1 计算方法的归结

从计算公式来看，加法合成实际上是求解各指标评价值的算术平均数，公式中 w_i 通常取为相对权数；而总和法作为一种特例，所求 x 与算术平均数的 x 相差 $1/n$ 倍，成线性比例关系。

再看乘法合成公式，“乘除法”合成中，除法本身是乘法的逆运算，从这个角度看，乘除法也可以归结为乘法的一种特殊处理；另外从采用乘除法的场合看，主要是未对指标作专门的同向处理。如果先把逆指标都转成正指标，合成时也就没有必要用乘除法了，直接用乘法合成就可以了。

乘法合成与乘方法（几何平均法）的结果实质上是一致的，区别仅在于是否再开方根。由上面的分析可知，我们可以把乘法合成运算都归结为各指标评价值几何平均数的求解。

由于加法合成可归结为算术平均数的求解，而乘法合成可以归结为几何平均数的求解，加乘混合法的计算自然也可以归结为平均数的求解了。

至于代换法，将 1 与评价值差的余数连乘后，再求与 1 相差的余数，从计算公式上看，实际上是乘法合成公式的一种变形，计算性质上也可以归结到几何平均数那一类。

综上所述，四种主要合成方法都可以归结为平均数的计算。这就是说，多指标综合评价中，是运用平均数方法计算综合评价值的。

2.3.5.2 合成方法性质的比较

把上述四种合成方法的性质归结起来，可以得到表 6。

表 6 四种合成方法的性质对比

方法性质	代换法	加法合成	加乘混合法	乘法合成
指标值间补偿作用	可完全补偿	线性补偿	部分补偿	很少补偿
指标间关系	相关	独立	部分相关	相关
权数作用	通常不设权数	较重要	一般	不大重要
对指标值间差异变动的反映	最不敏感	不太敏感	较敏感	最敏感
计算复杂程度	比乘法复杂些	最简单	较复杂	比加法复杂些
对评价值的数据要求	无	无	部分评价值要大于零	评价值大于零
合成结果	决定于评价值中的最高水平	突出了较大评价值且权数较大者的作用	介于加法与乘法之间	突出较小评价值的作用
方法原则	主因素决定型	主因素突出型	—	因素并列型（强调水平一致）

从表 6 可以看出，四种合成方法以代换法和乘法合成为两端，加法合成与加乘混合法在二者之间，从代换法到乘法合成，补偿性和主因素作用依次降低，而灵敏度及对数据要求依次提高，权数作用从通常不设权数到较重要再到不大重要，指标间关系从相关到独立再到相关。清楚了这些性质更有助于应用中的选取。

下面用圆锥图来分析各合成方法间的关系。在圆锥图中，我们用 g 点代表综合评价值。圆锥中各条连接 g 点的线表示用于综合评价的各指标，圆锥的椭圆（图 16）和圆（图 17）代表某个被评价对象的指标评价值（无量纲后的值）。其中椭圆表示各指标值间大小不同，而圆则表示一种极端情况，各指标评价值都一致。

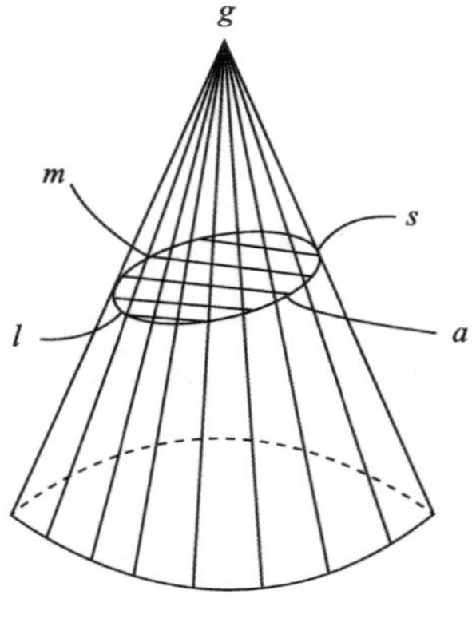

图 16 合成方法间的关系图式
（指标值不一致情形）

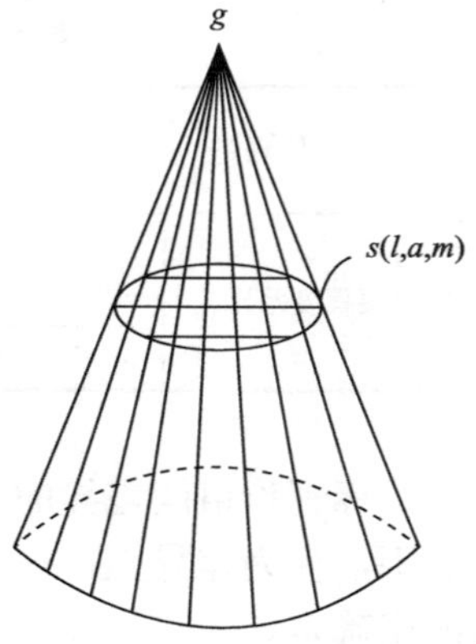

图 17 合成方法间的关系图式
（指标值一致情形）

按照前面的分析，采用乘法合成，g 值主要由椭圆中 s 点（即指标评价值中的最小值）决定；采用代换法，g 值则主要由椭圆中 l 点（即指标评价值中的最大值）决定；采用加法合成，g 值要由这个椭圆的中折线（用高值来抵补低值）a 来决定；采用加乘混合法，g 值则由椭圆中 s 与 a 中间的 m 点来决定。这样我们就从几何图形上把握了几种合成方法间的关系。

2.3.5.3　合成方法的选取原则

从指标评价值间差异大小和评价指标间重要程度差异大小两个角度来看，一般可采用如下原则来选取合成方法。

（1）当各评价指标间重要程度差异较大，且各指标评价值间差异不大时，采用加法合成比较合宜。这是由于加法合成中权数作用比较明显，可以反映出指标重要程度的差异。另外，指标评价值间差异不大时，用哪种合成方法结果都差不多，故选用较简便的加法合成为宜。

（2）当各评价指标间重要程度差异不大，而各指标评价值间差异较大时，以采用乘法合成为宜。这是由于一方面乘法合成中权数作用不大明显，与指标间重要程度差异不大的情况相适应；另一方面，乘法合成对指标评价值间差异较为敏感，可以更好地反映被评价事物间相对地位上的差别。

（3）当各评价指标间重要程度差异较大，且各指标评价值间差异也较大时，以采用加乘混合法为宜，因为加乘混合法兼有加法和乘法的优点。

（4）当各评价指标间重要程度差异较小，各指标评价值间差异也不大时，用加法合成、乘法合成都可以，当然也可以用加乘混合法。此时以简便易行为选取方法的准则，故可选用加法合成。

以上四种情况可归结为表 7。

表 7　合成方法的选取原则

项目		指标评价值间差异	
		小	大
评价指标间重要程度差异	小	加法合成或乘法合成或加乘混合法	乘法合成
	大	加法合成	加乘混合法

当然，指标评价值间差异的大小和评价指标间重要程度差异的大小都没有一个明显的界限，何为差异大，何为差异小，都需要在多指标综合评价的实践中结合具体情况来确定。

2.4 常规多指标综合评价方法的特点

2.4.1 常规多指标综合评价与多目标决策的比较分析

在现代管理决策科学中，多目标决策是一个很重要的内容。看了前面关于常规多指标综合评价两个基本问题（无量纲化处理和合成）的论述，熟悉多目标决策的学者也许会在多目标决策与多指标综合评价之间产生某种联想。是的，前面所述一些指标无量纲化方法和合成方法在多目标决策中也涉及了。那么，我们所说的常规多指标综合评价与多目标决策究竟是怎样的关系呢？它们之间有哪些共同之处，又有哪些区别呢？

2.4.1.1 常规多指标综合评价与多目标决策的共同点

工作对象中“多”这个属性，是常规多指标综合评价与多目标决策的第一个共同点。在常规多指标综合评价中，对事物的评价是从多个指标、多个不同角度做出的，是综合性的。在多目标决策中，决策方案本身包含了多个目标，这多个目标也往往是用指标体现出来的，也需要把多个目标加以综合协调，以得到优化决策。

从多目标决策中的决策分析这一阶段来看，所包含的两个基本内容与多指标综合评价是相同的。决策分析中，一般需要把某方案的多个目标综合在一起，得到一个总值，这样才能在诸方案中做出抉择，因而需要有目标合成这一内容；而为了各目标能够合成，也必须将不同量纲表现出来的目标水平同化，去掉量纲的影响，也必须有一个无量纲化的过程。

多目标决策和常规多指标综合评价都包含了决策者与评价者的主观意识，采用什么标准来做决策或评价，如阈值的确定、权数的确定、无量纲化公式的选择等，都体现了人的主观因素作用，但是由于采用了较为科学的方法进行综合处理，能够把决策者、评价者主观意识中个别因素的影响剔除，而把主观意识中符合客观实际的内容保留下来，因而都属于科学行为。比如估价权数合成，不同决策者、评价者对不同指标（目标）的权数认识并不一致，采用一些科学方法综合这些不同意见，将大多数人的共同性意见反映出来，就可以得到一个较为客观的权数分配。

常规多指标综合评价与多目标决策都是为社会经济管理服务的。尽管多目标决策的目的性体现得较为明显，往往直接与管理决策相联系，但多指标综合评价最终也可以为社会经济管理提供信息依据。

正是由于常规多指标综合评价与多目标决策存在如上所述的共同点，因此有一些方法才能互相借用。

2.4.1.2 常规多指标综合评价与多目标决策的区别

第一，常规多指标综合评价在社会经济统计中，是对被评价事物过去或现状的综合性和整体性的数量描述，它是对已发生事物的事后评价，针对的是现状或者说过去之事。比如某个单位的经济效益、某个地区的社会经济发展水平，这种描述使我们能在综合水平而不是单项指标上，将若干被评价对象排出优劣顺序来。

多目标决策是在有多种可能结局的条件下，如何评价决策方案所导致局面的好和坏，它是面对着未来的。比如企业是继续生产老产品，或转产新产品，还是新老产品结合生产，可以有不同方案，不同方案对企业的盈利、发展规模、投入等有不同的影响。多目标决策就是根据决策环境数据，评价不同方案做出选择的过程。它不是对现有或已有状态的评价，而是对应有状态的研究。

第二，与常规多指标综合评价不同，多目标决策不仅有确定型的，还有风险型的和非确定型的。由于决策总是面对着未来的，因此确定型也只是风险特别小的决策。比如由大连到广州出差的行动路线选择，作为一个确定型决策，就是包含了各条道路都畅通的假定。总之，对多目标决策来说，存在着未来事物的随机性，不确定的成分很大。

对常规多指标综合评价而言，由于针对的是已发生事物，因有仅有信息量不足引起的不确定性，只要指标选取和数据收集工作做得好，可以看作确定型的，不包含风险型和不确定型两类。

第三，常规多指标综合评价的工作对象是社会经济现象中的各种客观事物本身；而多目标决策的工作对象则是根据事物发展可能性及其客观条件所拟订的各种行为方案。

第四，多目标决策就决策过程而言，往往是一次性的。比如某个新港港址的选择，或某个水利工程方案的确定，一旦决策做出，并付诸实施，目标实现，这项多目标决策工作就宣告结束。

而常规多指标综合评价属于统计分析，往往要求分析资料的累积性。比如采用某种方法评价某企业某年的经济效益一般水平，得到经济效益总分（总评价值）120 分，这 120 分可作为该企业该年经济效益一般水平的描述资料存留起来。待到第二年用同一种方法同样的阈值对该企业经济效益做出综合描述，得到的评价值就可以与上年数值进行比较，从而分析该企业经济效益一般水平的变动状况。

在常规多指标综合评价方法中，若同一对象在不同评价对象集合中的评价值不唯一，那么这种方法未满足评价资料累积的要求，也不便于不同评价中被评价对象的直接对比，因而成为一种缺陷。但在多目标决策中，没有这种累积资料的要求，也没有不同决策中方案的横纵对比问题，所以对方法的要求从这一点看比较松些。

第五，多目标决策的主要内容在于满意方案的选取，因而只要能将不同方案排序就可以了；而常规多指标综合评价不仅要求将被评价事物排序，还要求计算出反映被评价事物一般水平的总评价值，以满足统计资料累积和横向、纵向对比的需要。由于存在上述区别，有些数学方法只能将对象排序，而不能计算评价值，这类方法可用于多目标决策，但不能用于多指标综合评价。

第六，在多目标决策中，存在淘汰“劣解”的问题，即在诸备择方案中，若有一方案在任一目标上均不及另一方案，则这一方案可作为“劣解”或“淘汰解”，在决策中可不予考虑。因为多目标决策最终是要从若干个方案中选出一个最满意的方案，一旦最满意的方案选中，其余备择方案对这一决策过程就没有什么存在价值了。

但在常规多指标综合评价中，则不是这样。常规多指标综合评价是要把若干个被评价事物的一般水平排序分析。当存在“劣解”时，只能将劣解所对应的事物排序在后，但不能将之淘汰。比如用十项指标对若干企业的经济效益一般水平做出综合分析，若丙企业十项指标均不如其他企业，那么丙企业就名列于最后，但也要将其经济效益一般水平计算出一个综合值，而不能弃而不论。

第七，多目标决策是一个完整的动态过程，尽管多目标决策的重点仍在于对备选方案的选择，但探查决策环境，提出决策目标，寻求制订行为方案，以致最后方案的实施和调整乃至目标的实现，也是多目标决策中不可缺少的环节。对多目标决策的完整理解应该包括上述“情报、设计、抉择、实施”四大阶段。

相比之下，常规多指标综合评价只是对已发生事物一般水平的综合描述，外延相对小些，仅相应于多目标决策过程中第一阶段和第三阶段的工作，谈不到设计和实施方案的问题。

综上所述，我们既要看到常规多指标综合评价与多目标决策共性的地方，以利用和引进先进方法充实多指标综合评价方法的武器库；又不能将二者混为一谈，不顾不同工作的要求和特点，照搬照套一些方法，那会影响多指标综合评价的质量。

2.4.2 常规多指标综合评价方法与强制打分法

2.4.2.1 强制打分法的做法

在人们用多指标对某一事物进行综合评价的探索中，曾经试用过一种强制打分的方法。其基本做法是：①选取若干个评价指标；②确定各项评价指标的权重；③确定各指标的评分标准；④按指标实际值确定指标得分；⑤将各指标得分加权平均得到总评价值。

例如，对农业耕作的投入产出状况进行综合分析的案例，已知三种不同状况的主要投入产出指标如表 8 所示。

表 8 农业耕作状况

投入产出指标	状况一	状况二	状况三
亩产/斤	1850	1400	2150
每百斤产量费用/元	4.8	4.1	6.5
每亩用工/工	35	22	52

续表

投入产出指标	状况一	状况二	状况三
每亩纯收入/元	125	115	90
土壤肥力/级	4	4	2

注：1 斤＝500 克；1 亩≈666.7 平方米

评价中制定各指标的评分标准如表 9 所示。

表 9　指标评分标准

分数	亩产/斤	每百斤产量费用/元	每亩用工/工	每亩纯收入/元	土壤肥力/级
5	2200 以上	3 以下	20 以下	140 以上	6
4	1900～2200	3～4	20～30	120～140	5
3	1600～1900	4～5	30～40	100～120	4
2	1300～1600	5～6	40～50	80～100	3
1	1000～1300	6～7	50～60	60～80	2
0	1000 以下	7 以上	60 以上	60 以下	1

根据各指标实际值和评分标准，可计算各状况的得分如表 10 所示。

表 10　农业耕作状况得分

指标	权数	状况一得分	状况二得分	状况三得分
亩产	25%	3	2	4
费用	25%	3	3	1
用工	10%	3	4	1
收益	20%	4	3	2
肥力	20%	3	3	1
综合评分	100%	3.2	2.85	1.95

从表 10 可知状况一最好，状况二次之，状况三综合水平最差。

1982 年国家经济委员会等部门发布了《定期公布主要经济效果指标的实施细则》，用总分评定法反映综合经济效益。该文件规定按本年累计指标值与去年同期比较计分，指标改善的计 10 分，持平的计 5 分，下降的计 0 分。一般指标增减幅度小于（或等于）5‰的都算持平，而增减幅度大于 5‰的视为改善或下降。可见，这是一种强制打分的评价方法。

2.4.2.2　常规多指标综合评价方法与强制打分法的对比分析

强制打分法的最大特点在于把指标的变化区间人为硬性地划分成各个分数

段。比如，亩产2200斤及以上者就是5分，1900～2200斤就是4分等。这样，指标实际值处于事先确定的哪个分数段，就与各段的分数相对应，则指标实际值就换成了指标得分。比如，状况一中亩产量为1850斤，对应于1600～1900斤这一区间，于是状况一的亩产量得分就为3分。

这里不像常规多指标综合评价那样，进行了指标实际值的无量纲化处理，只要搞“对号入座”就可以了，然而这种处理是相当粗糙的。仍以亩产量为例，2200斤可以得5分，2199斤只能得4分，1900斤也可得4分。有时相差1斤，就可升高1分；有时相差近300斤，评价分数却相同。显然，这种评价难以保证准确地反映客观实际。

用增加分数段，缩小各分数段组距的办法，可以提高强制打分法的准确度。但在变量的极差或数量阶较大时，这种改进措施难以奏效。比如上例中粮食亩产量，数量级是千位数，极差至少在1200斤，组距缩小到多少为宜，分数段又增加到多少，如何与其他指标协调对应，都是实践中的难点。

从操作角度看，强制打分法计算工作较简单，只是加法合成处理。但是，事先要确定好各个评分等级的指标值变化区间，如果要准确反映客观实际，这个工作将是相当复杂的。而且，如果被评对象是模糊事物的话，这种区分再下功夫，再复杂也是难以准确的、客观的。

总之，强制打分法评价结果难以令人信服，操作也并不简便，在多指标综合评价方法有所发展的情况下，已经不宜再用了。我们看到，强制打分的方法，也是研究综合评价的，也包含多个指标，也要得到一个整体评价值，也可对被评价对象排序评优，这些说明了它与多指标综合评价方法的共性。尽管存在这些共同点，但由于强制打分法在综合评价的关键问题——指标实际值向评价值转化上，与我们前述的多指标综合评价方法有根本性的区别，处理上很不科学，所以，我们这里并不把强制打分法作为多指标综合评价方法中的一种方法，而只把它看作一种粗糙的权宜的替代方法。一旦多指标综合评价方法发展起来，这种过渡性的方法就该让位了。

2.4.3 多指标综合评价中常规多指标综合评价方法的特点①

常规多指标综合评价方法与其他多指标综合评价方法相比，具有以下一些特点。

2.4.3.1 从评价指标间相关作用上看

常规多指标综合评价方法在多指标综合评价过程中没有考虑评价指标间相关

① 参见本部分的《模糊综合评判方法应用的系统分析》与《多元统计分析方法用于多指标综合评价的系统分析》的有关论述。

作用对评价结果的影响，方法本身不能消除这种影响。因而采用常规多指标综合评价方法时，在多指标综合评价的第一步——选取评价指标上，既要注意指标的全面性，又要尽量把彼此相关的指标剔除，否则可能产生评价指标间对被评价对象的信息重复问题。

2.4.3.2　从评价指标间的权数上看

常规多指标综合评价方法在多指标综合评价中，评价指标权数通常属于估价权数和信息量权数，即从评价者对指标的估价或者指标包含被评价对象差异信息多少的角度来衡量指标重要程度（我们将在《多指标综合评价方法综论》中专门讨论指标权数问题）。这种权数往往是为综合评价而专门生成的。它可以满足 $w_i > 0$ 这个条件，即权数取值不为负数，而且这种权数又往往是可调整权数。

2.4.3.3　从指标的无量纲化处理上看

在常规多指标综合评价方法的多指标综合评价中，无量纲化是其中很重要的一个步骤，需要专门处理。无量纲化处理可以多种多样，采用各种类型公式，从评价方法本身看，对无量纲化的选取没有什么特殊限制。

2.4.3.4　从评价的等级划分与结果看

常规多指标综合评价方法在多指标综合评价中，不涉及评价等级的划分问题，这一点与强制打分法不同。所以，常规多指标综合评价方法并不像有些学者理解的那样，先要对因素评语集做出划分，且必须满足因素评语级别具有清晰性的假定，只有强制打分的做法，才有那种局限。

与模糊综合评判相比，常规多指标综合评价方法中不存在什么评价等级论域，评判结果也是一个点值。

2.4.3.5　从被评价对象评价结果的唯一性来看

常规多指标综合评价方法进行多指标综合评价的结果，有时可以保证对同一被评价对象的唯一性，有时则不能。就是说，当采用统一的阈值（比如说满意值、不允许值）进行无量纲化处理时，无论被评价对象处于哪个被评价对象集合中，它的指标实际值总是得到同一的指标评价值，也就可以得到同一的综合评价值。但当采用诸如 Z-score 法等方法进行无量纲化处理时，变换评价值的参数是 $\bar{X}$ 和 S，这两个值是随着被评价对象集合的改变而改变的，由此，某被评价对象在此对象集合中，可得到一个与指标实际值相对应的评价值。到了彼对象集中，又可能得到另一个同样与指标实际值对应的评价值。这样，同一被评价对象可能在不同对象集合中的综合评价值是不同的。某些常规多指标综合评价方法的这一性质，会影响到评价结果的时间（空间）可比性。当我们要比较不同时间或不同空间两个被评价对象的综合水平时，往往需要把它们放在同一对象集合中作综合评价，这样结果才是可比的。

2.4.3.6 从评价的层次处理上看

从常规多指标综合评价方法的性质看，它可以分层处理，就是说，当被评价事物比较复杂，本身具有层次性，评价指标比较多时，可以先从被评价事物的低层次上搞综合评价，然后把低层次上综合评价结果再综合起来。比如，经济效益综合评价，先从活劳动消耗、物化劳动消耗、资金占用等方面搞综合评价，然后将这几个方面综合起来作一个总评价。不过，在目前见到的常规多指标综合评价案例中，这种处理还较少被注意到。

在常规多指标综合评价方法的上述六个特点中，前两个特点与我们在《多元统计分析方法用于多指标综合评价的系统分析》要谈到的多元统计分析方法不同，后三个又与我们在《模糊综合评判方法应用的系统分析》将要涉及的模糊综合评判相区别，第三个特点则与多元方法、模糊方法都有区别。

“常规”在这里有两个意思：一是说，这种方法是多指标综合评价的一般方法，这种方法既没有自觉考虑用模糊方法来处理多指标综合评价，也没有考虑如何在评价变换中消除指标间相关的信息重复，而是用一般的数学方法来作无量纲化和合成处理。所以相对于模糊综合评判和多元统计分析方法应用而言，是具有“常规”性的。二是说，这种方法是比较规范的多指标综合评价方法。这种方法不像强制打分法那样，在指标实际值到评价值的转换上处理得那么粗糙，带有临时性和过渡性。相对于强制打分法而言，也是具有“常规”性的。

3 模糊综合评判方法应用的系统分析

本节共分为五部分。第一部分论述模糊综合评判方法的引入和基本步骤。第二部分围绕隶属关系矩阵 $\underset{\sim}{R}$ 的确立，论证了等级比重法的可行性，补充提出了模糊统计试验的第三个必要条件，说明了用历史数据频率确定 $\underset{\sim}{R}$ 的失误所在，并对舍弃等级论域作模糊综合评判的方法性质作了分析。第三部分着重讨论了目前应用于模糊综合评判几个合成算子的性质，并对算子的选择提出了看法。第四部分提出了最大隶属原则的有效度和加权平均原则的应用问题，并分析了 $\underset{\sim}{B}$ 应用原则间的关系。第五部分比较分析了模糊综合评判方法与其他多指标综合评价方法相比的特点、优点及应用中应该注意的问题。

3.1 模糊综合评判方法的引入和基本步骤

3.1.1 模糊综合评判方法的引入

我们说过，常规多指标综合评价方法在评价函数建立时，无量纲化处理隐含了隶属度的内涵，实际是在用模糊思想处理综合评价。人们在知道模糊学以前就已经模糊地思考了，正如人们远在知道什么是辩证法以前就已经在辩证思考了，在散文这一名词出现以前就已经写出过散文一样。然而，辩证地思考与系统的辩证法，“自在”的散文与刻意用散文文式写作之间还有层次上的差别。同样，用模糊思想来处理综合评价与模糊综合评判本身也有质的不同。模糊综合评判方法的引入，正是完成了质上的飞跃。

模糊综合评判方法的引入，首先是对强制打分方法的革命。我们知道，强制打分中是没有什么模糊思想的，强制地把事物变化区间截割成各段，硬性地规定各段得分，用这种硬性尺度去衡量被评事物。这种做法难免会歪曲客观实际，模糊综合评判方法正是要解决这一问题。

模糊综合评判方法的引入，还是对常规多指标综合评价方法的改进。常规多指标综合评价方法虽然在评价中采用了程度分析的做法，不像强制打分法那样截然处理，但评判中没有将事物变化区间作等级划分（这一点上强制打分法倒是比较可取的），实际上就是划成了一个等级。这样做对错综复杂事物的评价就显不足了，如果既将被评事物变化区间做出某种划分，又对事物属于各评价等级的程度做出分析，那么对复杂事物的描述将更加深入和客观。

数学的发展为模糊综合评判提供了工具，而现实被评判事物的复杂性又迫切要求模糊综合评判方法的发展。

模糊综合评判方法，是应用模糊关系合成的原理，从多个因素对被评判事物隶属等级状况进行综合性评判的一种方法。

模糊综合评判包含六个基本要素。①评判因素论域U。U代表综合评判中各评判因素所组成的集合。②评语等级论域V。V代表综合评判中，评语所组成的集合。它的实质是对被评事物变化区间的一个划分，如商品质量分为优、良、可、差、劣五个等级，这里优、良等就是综合评判中对商品质量的评语。③模糊关系矩阵$\underset{\sim}{R}$。$\underset{\sim}{R}$是单因素评判的结果，模糊综合评判综合的对象是$\underset{\sim}{R}$。④评判因素权向量$\underset{\sim}{A}$。$\underset{\sim}{A}$代表评价因素在被评事物中的相对重要程度，它在综合评判中用来对$\underset{\sim}{R}$作加权处理。⑤合成算子。合成算子指合成$\underset{\sim}{A}$与$\underset{\sim}{R}$所用的计算方法，也就是我们在《常规多指标综合评价方法的系统分析》中的 2.3 节谈到的合成方法。⑥评判结果向量$\underset{\sim}{B}$。它是对每个被评判对象综合状况分等级的程度描述。

3.1.2　模糊综合评判方法的基本步骤

模糊综合评判方法包括如下六个基本步骤。

3.1.2.1　确定评判对象的因素论域U

$$U=(u_1,u_2,\cdots,u_n)$$

从社会经济统计的角度看，这一步就是要确定评价的指标体系，解决用什么指标和从哪些方面来评判客观对象的问题。在其他多指标综合评判方法中，也要有这一步骤，不过称谓有所不同。

3.1.2.2 确定评语等级论域 V

$$V=(v_1,v_2,\cdots,v_m)$$

这一步是其他多指标综合评价方法所没有的，也正是由于这一论域的确定，才使得模糊综合评判得到了一个模糊评判向量，被评事物对应各评语等级隶属程度的信息通过这个模糊向量表示出来，体现评判的模糊特性。

从技术处理来看，评语等级个数 m 通常要大于 4 而不超过 9，因为一方面，m 过多会超出人的语义区分能力，不易判断对象的等级归属；另一方面，m 过少又不符合模糊综合评判的质量要求，故 m 过多、过少都对评判结果有不良影响，以适中为宜。另外 m 取奇数者较多，这样除中间项外，评语常常是对称的，如很好、好、一般、不好、很不好等。这样处理得到综合评判结果后，便于进一步计算隶属度对比指数。

3.1.2.3 进行单因素评判，建立模糊关系矩阵 $\underset{\sim}{R}$

$$\underset{\sim}{R}=\begin{bmatrix} r_{11} & r_{12} & \cdots & r_{1m} \\ r_{21} & r_{22} & \cdots & r_{2m} \\ \vdots & \vdots & & \vdots \\ r_{n1} & r_{n2} & \cdots & r_{nm} \end{bmatrix} \quad (0 \leqslant r_{ij} \leqslant 1)$$

其中，r_{ij} 为 U 中因素 u_i 对应 V 中等级 v_j 的隶属关系，即从因素 u_i 着眼被评对象能被评为 v_j 等级的隶属关系，因而 r_{ij} 是第 i 个因素 u_i 对该事物的单因素评判，它构成了模糊综合评判的基础。

3.1.2.4 确定评判因素权向量 $\underset{\sim}{A}$

$\underset{\sim}{A}$ 是 U 中各因素对被评事物的隶属关系，它取决于人们进行模糊综合评判时的着眼点，即评判时依次着重于哪些因素。这一步与常规多指标综合评价中各指标权数确定作用是相同的，但这里更明确强调所确定的 $\underset{\sim}{A}$ 是一个模糊子集，即要求用模糊方法来确定权向量。

3.1.2.5 选择合成算子，将 $\underset{\sim}{A}$ 与 $\underset{\sim}{R}$ 合成得到 $\underset{\sim}{B}$

模糊综合评判的基本模型为

$$\underset{\sim}{B}=\underset{\sim}{A}\circ\underset{\sim}{R}$$

这个公式表示：评判因素与被评事物的模糊关系 $\underset{\sim}{A}$，通过模糊变换器 $\underset{\sim}{R}$（$\underset{\sim}{R}$ 是评判因素与评语等级间的模糊关系），形成了被评事物与评语等级间的模糊关系 $\underset{\sim}{B}$。

模糊综合评判的这一步与其他多指标综合评价中的合成步骤作用是相同的。本质上也是一个映射，即将 p 维向量通过模糊变换成一维向量，以期进行样本间的比较。

在 $\underset{\sim}{B}=\underset{\sim}{A}\circ\underset{\sim}{R}$ 中，$\circ$ 代表合成算子，也可以表示为

$$b_j=(a_1\dot{*}r_{1j})\overset{+}{*}(a_2\dot{*}r_{2j})\overset{+}{*}\cdots\overset{+}{*}(a_m\dot{*}r_{mj})$$
$$=(r_{1j}^*)\overset{+}{*}(r_{2j}^*)\overset{+}{*}\cdots\overset{+}{*}(r_{mj}^*)$$

其中，$\dot{*}$ 为广义模糊“与”运算；$\overset{+}{*}$ 为广义模糊“或”运算。广义“与”运算 $r_{ij}^*=a_i\dot{*}r_{ij}$ 是在全面考虑各种因素时，u_i 的评价对等级 v_i 的隶属度，即根据 u_i 在所有因素中的重要程度，对原来单因素评判的 r_{ij} 作一修正。公式中的广义“或”运算，就是对修正后的隶属度进行合成处理，以求得到一个综合评判向量。

3.1.2.6　对模糊综合评判结果 $\underset{\sim}{B}$ 作分析处理

在 $\underset{\sim}{B}=\underset{\sim}{A}\circ\underset{\sim}{R}$ 中得到的 $\underset{\sim}{B}$ 不一定是归一的，有的人提出将 b_j 作归一处理，有的人则反对，认为那样就失掉了 b_j 作为隶属度的含义。我们认为，b_j 作为隶属度只有相对的意义，当 $b_j=0.8$ 时，并不是说该事物隶属于第三级的程度绝对就是 0.8 了，而是相对其他等级的隶属度而言的，因而完全可以对 b_j 作归一处理，这种处理并不破坏 b_j 的相对意义。

由于每个被评对象的评判结果都是一个模糊向量，不能直接用于被评对象间的排序评优，因而还要作进一步分析处理。处理的主要方法大致有三种。

一是按照最大隶属度原则，确定被评对象最终所对应的评价等级，比如当 $\underset{\sim}{B}$=(0.8,0.6,0.4,0.2,0)时，则认定该事物最终被评为一级。其实质是做某种截割，强使模糊信息清晰化。由于是推演后的截割，所以在某些情况下是有效的，其效果自然优于常规方法那种推演前的截割。

二是模糊向量单值化，即将各评语等级赋值，比如“很好”取为 5，“好”取为 4，“一般”取为 3，“不好”取为 2，“差”取为 1，然后计算，其中 C^{T} 为各等级值化向量的转置，在本例中为（5,4,3,2,1）^{T}。B' 是一个单值，比较每个被评对象的 B'，就可以排序评优了。

三是计算隶属度对比系数。

设我们综合评判得到如下 $\underset{\sim}{B}$，如表 1 所示。

表 1　综合评判结果

等级	优	良	可	差	劣
隶属度 B	0.4	0.6	0.8	0.5	0.2
归一后 B	0.16	0.24	0.32	0.20	0.08

用结构相对数计算隶属度对比系数（这里是优良度）：

$$结构优良度=\frac{b_{优}+b_{良}}{\sum b_j}$$
$$=\frac{(0.4+0.6)}{(0.4+0.6+0.8+0.5+0.2)}$$

$$=\frac{1.0}{2.5}=0.4$$

或

$$结构优良度=\frac{b_{优}}{\sum b_j}+\frac{b_{良}}{\sum b_j}=0.16+0.24=0.4$$

用比例相对数计算隶属度对比系数：

$$比例优良度=\frac{b_{优}+b_{良}}{b_{差}+b_{劣}}$$

$$=\frac{0.4+0.6}{0.5+0.2}=1.43$$

计算隶属度对比系数是对所得综合评判结果 $\underset{\sim}{B}$ 信息的进一步开发。隶属度对比系数可以反映各等级隶属度的内部结构比例情况。结构优良度和比例优良度越高，说明被评判事物隶属于优良等级的程度越高。两个指标的作用大致相同。但反映问题的角度有所区别，结构优良度计算中考虑了中间等级（“可”）的情况，表明了优良隶属度在全部隶属度中的比重，而比例优良度没有考虑中间等级情况，直接拿优良等级隶属度与差劣等级隶属度对比，表明结构性的比例中，这两个指标的关系，犹如人口统计中“性别比重”“性别比例”两个指标一样，侧重点各有不同，我们在分析模糊综合评判结果时，可以根据实际情况选用，也可以结合在一起运用。

类似地，若评语等级为：很适应、适应、一般、不适应、很不适应；很喜欢、喜欢、一般、不喜欢、很不喜欢；很先进、先进、一般、落后、很落后；则可以计算适应度、喜欢度、先进度等隶属度对比系数，这样我们对被评对象的认识就更加丰富了。

从上面的分析和模糊综合评判基本模型 $\underset{\sim}{B}=\underset{\sim}{A}\circ\underset{\sim}{R}$ 中可以看出：模糊综合评判中，$\underset{\sim}{R}$ 确定、合成算子选择和 $\underset{\sim}{B}$ 信息利用是相当重要的。下面将对这三个方面展开讨论。而权数确定问题对多指标综合评价方法来说，是一个共性问题，我们将在《多指标综合评价方法综论》中讨论。

3.2 模糊综合评判中隶属关系矩阵 $\underset{\sim}{R}$ 确定方法的分析

3.2.1 主观指标评判中隶属关系矩阵确定方法的分析

3.2.1.1 用等级比重确定隶属关系矩阵的方法

主观指标反映了人们对客观事物的看法，如对某商品的喜爱程度、对社会安全保障的信任程度等。用等级比重确定隶属关系矩阵 $\underset{\sim}{R}$ 的方法，就是要人们从若干因素对某一事物属于哪个等级做出判断，然后把从某因素将该事物评判为某等级的人数在全部评判人数中的比重作为r_{ij}，就得到了隶属关系矩阵。比如对某商品从价格、耐用性、式样三个方面评价，分为五个等级，调查结果如表 2 所示。

表 2　某商品的等级调查结果

因素	认为属于一级的人数	认为属于二级的人数	认为属于三级的人数	认为属于四级的人数	认为属于五级的人数	总人数
价格	10	35	25	18	12	100
耐用性	15	30	25	15	15	100
式样	15	20	30	20	15	100

由此确定隶属关系矩阵$\underset{\sim}{R}$：

$$\underset{\sim}{R}=\begin{bmatrix}0.01 & 0.35 & 0.25 & 0.18 & 0.12\\0.15 & 0.30 & 0.25 & 0.15 & 0.15\\0.15 & 0.20 & 0.30 & 0.20 & 0.15\end{bmatrix}$$

在模糊综合评判应用中，也有做法与此稍有不同，是要求人们对被评对象从 0～100 打分，然后再确定各等级所对应的分数，如确定一等为 90～100 分，依次再确定各等级所占的比重，最后确定隶属关系矩阵$\underset{\sim}{R}$。这种做法实际上是先分 100 个小等级，然后再归并为几个大等级，判断时区分程度更细微些。

我们看到，用等级比重确定$\underset{\sim}{R}$的做法是基于二值逻辑的。对每个评判因素来说，评判者要么认定被评对象属于X级，要么认定它不属于X级，也就是说，就某因素而言，被评对象在等级上是非此即彼的，若某人从某因素判断某事物属“很好”这一等级，则是100%地认为，该事物在该因素上很好了，这不是违背了我们用模糊学思想来改进综合评判的初衷了吗？正是由于这一点，一些学者对用等级比重确定隶属关系矩阵$\underset{\sim}{R}$的方法产生了怀疑。

3.2.1.2　用等级比重确定$\underset{\sim}{R}$可以满足模糊综合评判的要求

我们认为，在一定条件下，用等级比重确定$\underset{\sim}{R}$可以满足模糊综合评判的要求。其分析思路如下。

（1）人们设立主观指标的最终目的也是为了认识客观世界。比如，我们考察顾客对某商品的喜欢程度，并不是想知道张某、李某是否喜欢某商品，而是想通过多数人对某商品的态度来间接地了解该商品的品质。再如，设置人们的社会安全感指标，也是为了通过多数人的感觉来了解社会保障程度的客观状况。

（2）模糊性可以分为客观模糊性和主观模糊性。客观模糊性是事物本身在性态和类属上的亦此亦彼性，或中介过渡性。比如现实生活中晴天与阴天等。在社会经济领域，模糊性也四处可见，如经济效益的好与不好、国民经济运行正常与不正常、社会发展水平的高与低等。有的事物粗略看来是清晰的，但仔细探究起来还存在模糊性，与事物本身的模糊性不同，认识中的主观模糊性是与人们的偏爱心理差异、认识能力差异、信息获取程度相联系的。

我们用主观指标进行模糊综合评判，最终是要对事物的客观模糊性做出判断，因而，用等级比重确定 $\underset{\sim}{R}$ 来做模糊综合评判必须完成两项工作：一是把二值逻辑判断转化为模糊的连续值逻辑判断；二是剔除人们判断中的主观模糊性。这两项工作是通过模糊统计试验来完成的。

（3）模糊统计试验一般包括四个要素：①评判因素论域 U；②U 中的固定元素 u_0；③U 上的模糊集合 $\underset{\sim}{R}$，U 上的一个普通集合 R^*，$\underset{\sim}{R}$ 的每一次实现表示为 R^*；④一定的条件 S。以著名的“青年人”模糊统计试验为例：论域 U 为人的年龄集合（0～100 岁），U 中的固定元素在每个试验中可选定某一个年龄（这里假设 $u_0=27$）。“青年人”这个模糊概念就是 U 上的模糊集合，选取较多的人对 27 岁是否属于“青年人”做出一个确切的二相判断，以得到 R^*。被试验的每个人可能有不同的判断，这表明 $\underset{\sim}{R}$ 的每一次实现—— R^* 是运动着的、可变的。但试验表明，当试验人数 n 增到足够多时，即

$$\frac{u_0 \in R^*\text{的次数}}{n}$$

会趋于稳定，稳定为[0, 1]闭区间内的一个数，这个数就是 u_0 对 R 的隶属度，即

$$\lim_{n\to\infty} P\left\{\left|\frac{u_0 \in R^*\text{的次数}}{n} - \mu(u_0)_{\underset{\sim}{R}}\right| < \varepsilon\right\} = 1$$

在“青年人”的模糊统计试验中，27 岁对“青年人”的隶属频率稳定在 0.78 左右。仿此过程，可以对 0～100 岁中的其他年龄求出隶属度，形成一个各年龄对“青年人”隶属程度的模糊集合 $\underset{\sim}{R}$。

模糊统计试验在方法上与概率统计试验有一些相通之处。①两种试验都是通过大量观察来探索事物内在数量规律的；②两种试验都是用确定性手段来研究事物不确定性的，统计试验本身起到了确定性手段→不确定性事物→确定性认识的转化作用；③隶属度和概率取值都在 $[0,1]$ 区间内。但是，二者也有根本性的区别，概率统计试验中，事件本身是确定的，但是否发生是随机的；而模糊统计试验中，事件发生是肯定的，但事物的边界是模糊的。不过这种区别并不妨碍我们从方法论上借助概率统计试验的思想来把握模糊统计试验的实质。

（4）我们以二相统计试验为例来说明模糊统计试验何以起到前面所说的“转化”“滤波”的作用。

在模糊事物差异的两个方面 A 和 $\overline{A}$（两级）之间，存在着大量过渡的对象 u_i，A 和 $\overline{A}$ 的界线是模糊的。u_i 究竟属于 A 还是 $\overline{A}$，不同的人有不同的归类，即有不同的 A^* 和 $\overline{A}^*$。这种对 u_i 的不同的二值归类，既反映了 u_i 对 A 和 $\overline{A}$ 隶属关系上的

客观模糊性，也反映了被试验者对 A 和 $\overline{A}$ 主观理解上的模糊性。

心理学的大量实验表明，人的各种感觉所反映出来的心理量与外界刺激的物理量之间保持相当严格的关系。马克思也曾说过："甚至人们头脑中模糊的东西也是他们可以通过经验来确定的，是与物质前提相联系的物质生活过程的必然升华物。"①上述思想在这个试验中就表现为：中介 u_i 越接近 A，把 u_i 划归 A 类的人数就越多；中介 u_i 越接近 $\overline{A}$，把 u_i 划归 $\overline{A}$ 类的人数就越少。由此，可以把 u_i 划归 A 类的人数在被试总人数中的比重，作为表征 u_i 与 A 接近程度的一个尺度。

然而这个频率尺度是有弹性的，当试验次数为 10 时，频率可能是 0.8；而试验次数为 20 时，频率却可能是 0.5。只有当试验次数足够多的时候，频率才趋于稳定，尺度的弹性才趋于消失，客观的模糊性才显现出来。

由此可见，模糊统计试验犹如一种转化装置，每次试验都是二值的逻辑判断，而整个试验结果却得到连续值的逻辑判断，常规评判转化成模糊评判，模糊统计试验成为由精确性向模糊性进逼的一种工具。恩格斯在《反杜林论》中曾说明了人的思维的两重性。人的思维，按它的本性、使命、可能和历史的终极目的来说，是至上的和无限的；按它的个别实现和每次的实现来说，是不至上的和有限的。②二值判断向连续值判断的转化就是一个例证。

另外，模糊统计试验又犹如一种滤波装置：每次试验包含的主观模糊性（表现为评价者个体差异的波动性）在大量试验中被过滤掉，隶属频率呈现稳定性。这一点正如苏联统计学家伊•彼•苏斯洛夫所说："在社会计量时会出现下列情形：'投入'的是主观情报，而'产出'，即计量的结果所得到的情报则是很客观的。"③

3.2.1.3 模糊统计试验第三个必要条件的补充

模糊统计试验的转化作用和滤波作用不是绝对的，而是需要一定条件的。这主要表现在三个方面。

第一，试验次数要足够多，不然隶属频率就不能稳定，也就不能得到隶属度的可靠值。这一点对模糊统计试验是十分重要的。"依靠大数法则的作用，相应的统计指标才有可能在实际允许的范围内摆脱偶然性的影响。同时，随着偶然性偏离的增多，即统计总体规模的扩大，这种摆脱的程度就变得更加充分。"④然而有的模糊综合评判案例中，评分者人数才二十多人，这就难以保证分析结果的客观性。

---

① 中共中央马克思恩格斯列宁斯大林著作编译局：《马克思恩格斯全集》第三卷，人民出版社，1960 年，第 30 页。

② 中共中央马克思恩格斯列宁斯大林著作编译局：《马克思恩格斯选集》第三卷，人民出版社，1972 年，第 126 页。

③ 伊 • 彼 • 苏斯洛夫著，陆戈译：《统计指标理论》，黑龙江人民出版社，1983 年，第 88 页。

④ 伊 • 彼 • 苏斯洛夫著，陆戈译：《统计指标理论》，黑龙江人民出版社，1983 年，第 59 页。

第二，试验数据可靠，没有人为的歪曲。这就要剔除异常数据。比如在“青年人”的模糊统计试验中，若有人给出年龄区间为40～100岁，这与常理不容，就不能用来计算隶属度。

前两个条件是较受重视的，在有关模糊统计试验的著述中都被再三强调。然而我们认为：为了保证模糊统计试验的成功，还须具备第三个必要条件，即被评对象的等级划分要满足评判人区分能力的要求。

以对某商品质量评判为例，我们假设参加评判人能区分“好”“一般”“不好”三个等级，且有10%的评判人认为该商品好，90%的评判人认为该商品处于“好”“不好”的中间偏“好”这一边。此时若组织评判者只划分“好”“不好”两个等级让评判人作二值判断，得到的结果就是该商品质量隶属于“好”这个等级的程度为1，由于没有“一般”这一等级，判定该商品质量中间偏好的人只能将其划到“好”这一等级，于是10%+90%=100%的评判者认定该商品质量好。这说明，当被评对象的等级划分少于评判人能够区分的等级数值时，即使满足了前两项条件，模糊统计试验结果也不符合实际。

当评判人确定被评对象所属等级时，其确定的程度可能是不同的，同样都将某被评对象划在“好”这一等级，有的认为该被评对象完全属于“好”这个等级，有的认为基本属于，有的则认为“勉强属于”。之所以出现“勉强属于”这种情况，是由于在该评判人看来，该被评对象介于“好”与“不好”之间，偏“好”一点。但评判组织中没有设立中间等级（如较好、一般等），评判人只能将其划在“好”这一等级，但这样就夸大了该商品隶属于“好”的程度。上述评判人确定等级的程度差异是与评价等级数划分成反比的，也就是说，评价等级数划分得多一些，确定等级的程度差别就会小一些。我们强调被评对象区分等级要满足评判人区分能力的要求，就是为了用增加等级的办法来减少评判人等级确定程度上的差异，尽可能避免“勉强属于”这种情况，从而保证隶属度的客观性。

心理测量科学的试验表明：人们一般能区分的语义程度级别最大为9级，比如，好与差的级别程度可定为：最好、很好、好、较好、一般、不好、差、很差、最差。由此，我们在用主观指标确定隶属关系矩阵时，评判等级应尽可能满足人们区分能力的要求，如果评判人为该行业专家，则评价等级应接近9级，以保证所得隶属度的客观性。

3.2.1.4 主观指标确定隶属关系矩阵的改进方法

采用等级比重确定隶属关系的方法，试验对评判人的要求较简单，只要对被评对象是否属于某等级做出一个二值判断就可以了。此时需要将二值判断转化为连续值判断。但如果试验中直接要求评判人采用连续值判断，就只需将评判中的主观模糊性过滤掉就可以了。由此可知，主观指标确定隶属关系矩阵的改进方法如下。

（1）直接要求评判人对被评对象隶属于各等级的程度做出估计。比如，某专家对某商品质量隶属于很好、好、一般、不好、差五个等级的程度定为 0.3、0.5、0.8、0.4、0.1，将若干专家的隶属度估计值计算平均值，就可以得到一个较为准确的隶属度，但其前提是，评判人对被评对象的等级区分能力较强。

（2）允许评判人给出被评对象隶属等级的区间范围，如果评判人确定某商品的质量等级在很好、好、一般三级内，另一个评判人则可能确定该商品等级在好和一般两级内。在区间范围评判的基础上确定商品质量各等级的比重作为 r_{ij}，效果要比只确定一个点值好些。

3.2.2 客观指标评判中隶属关系矩阵确定方法的分析

从国内应用客观指标进行模糊综合评判的几十个案例来看，确定隶属关系矩阵 $\underset{\sim}{R}$ 的方法大致有三种，下面依次作分析。

3.2.2.1 从隶属函数入手求得 $\underset{\sim}{R}$ 的方法

经过长期探索，人们发展隶属函数的分布主要有戒上型、戒下型、中间型三种，而常用的隶属函数依指标的性质（正指标、逆指标和适度指标）又分为 4 组 28 个类型。①

从隶属函数入手确定隶属关系矩阵 $\underset{\sim}{R}$ 的方法，就是根据专业知识和样本资料分布情况，从已知的各种隶属函数中选取一个合适的公式并确定其中的参数，代入数据后求得 r_{ij}。这种方法的困难之处在于：要依次确定被评对象隶属于各个等级的隶属函数关系式。

也有的人采用简略的方法，先确定被评对象隶属于某个等级（比如“好”这个等级）的隶属函数关系式，然后再用等级间关系确定被评对象隶属于其他等级的隶属度。比如：$U(\text{很好})=2U(\text{好})$，$U(\text{不好})=1-U(\text{好})$ 等。显然这种简单做法是较为粗糙的：$U(\text{很好})$ 与 $U(\text{好})$ 之间的关系系数何以是 2 而不是 3，并没有严格的证明。

这种方法计算上只要求被评对象被评价期的数据资料，但隶属函数公式的选定、参数的确定等，都需要有专业知识以及长期样本资料的分析才能做到。

3.2.2.2 根据历史数据频率确定 $\underset{\sim}{R}$ 的方法

这种方法先要确定各评语等级的临界值。例如，确定有关经济效益指标的等级临界值，如表 3 所示，然后计算被评对象历史数据在各等级的频率作为 r_{ij}，比

① 有的模糊数学著述将卡夫曼列出的 28 个常用隶属函数说成是按指标值及其绝对值大小分类为四组的。第一组，适用于 X 很小时的隶属函数，但这实际上是指 X 为逆指标的情况；第二组，适用于 X 较大的隶属函数，实际上是指 X 为正指标的情况；第三组，适用于 $|X|$ 较小的隶属函数；第四组，适用于 $|X|$ 较大的隶属函数。后两组实际上是 X 为适度指标时的两种情况。

如资金利税率三年内有 2 个月处于“很好”这一等级，有 15 个月处于“较好”这一等级，则

$$r_{11}=2/36, \quad r_{12}=15/36$$

表 3 相关经济效益指标的等级临界值

指标	很好	较好	较差	很差
资金利税率	29.00%以上	26.50%～29.00%	24.00%～26.50%	24.00%以下
可比产品成本降低率	3.00%以上	1.50%～3.00%	0～1.50%	0 以下
定额流动资金周转天数/天	34 以下	34～35	35～36	36 以上

这种办法很类似于主观指标中用等级比重确定 $\underset{\sim}{R}$ 的方法，区别在于：①这里的数据是客观指标，不是人为判定的；②这里需要事先确定各等级间的临界值。

由于这种方法确定隶属关系矩阵操作上比较简便，所以实际应用中很多案例都用这种方法来计算 $\underset{\sim}{R}$，然而我们认为，这种方法是值得商榷的，其理由如下。

用历史数据频率确定 $\underset{\sim}{R}$ 时，等级临界值的确定对 $\underset{\sim}{R}$ 值是至关重要的。表 3 中，当把资金利税率“很好”“较好”的临界值定在 29.00%时，28.9%就落在“较好”这一级，$r_{12}=15/36$ 中就可能包含了资金利税率为 28.9%这种情况。倘若这种情况有 10 个月，我们又把“很好”“较好”的临界值改在 28.8%，于是 r_{11} 增加为 $(2/36+10/36)=12/36$，r_{12} 降低为 $15/36-10/36=5/36$，可见，等级临界值的微小变化（本例中仅为 2 个千分点）都可能导致隶属度的骤降、骤增。

我们之所以用模糊综合评判方法来判断，正是因为事物本身具有模糊性，即事物的亦此亦彼性或中介过渡性。而这意味着事物本身没有固定的临界值，在表 3 中就表现为：资金利税率从“很好”到“很差”，中间状态是模糊的，并不存在一个明确“好”与“差”的等级界限。而历史数据频率确定 $\underset{\sim}{R}$ 的方法，应用的前提就是要确定这一等级界限。那么对模糊事物而言，这种确定只能是武断的，是不符合客观实际的。前面说明了等级临界值对隶属度影响之大，因而由此计算出的隶属度可信程度是很低的。

反过来说，若认为各等级间的临界值确定是科学的、可靠的、客观的，那么说明事物本身并不具有模糊性，也就不必用模糊综合评判方法了，更谈不上用历史数据频率确定 $\underset{\sim}{R}$ 的问题了。

3.2.2.3 利用模糊子集表确定 $\underset{\sim}{R}$ 的方法

这种方法是根据经验和推理，先确定一个模糊子集表，比如确定表 4。

表 4　模糊子集表

等级	3	2	1	0	1	2	3
很好	0	0	0	0	0	0.33	0.67
好	0	0	0	0	0.25	0.50	0.25
较好	0	0	0	0.25	0.50	0.25	0
一般	0	0	0.25	0.50	0.25	0	0
较差	0	0.25	0.50	0.25	0	0	0
差	0.25	0.50	0.25	0	0	0	0
很差	0.67	0.33	0	0	0	0	0

然后根据实际指标所对应的评语确定 $\underset{\sim}{R}$。比如，某工程方案四项受益指标对应的评语为较好、一般、一般、较差，则该方案的受益状况隶属度 $\underset{\sim}{R}$ 定为

$$\underset{\sim}{R}=\begin{bmatrix}0 & 0 & 0 & 0.25 & 0.50 & 0.25 & 0\\0 & 0 & 0.25 & 0.50 & 0.25 & 0 & 0\\0 & 0 & 0.25 & 0.50 & 0.25 & 0 & 0\\0 & 0.25 & 0.50 & 0.25 & 0 & 0 & 0\end{bmatrix}$$

这种方法比较划一，操作简便。但问题在于它也要确定指标的等级临界值，否则就无法判断某一指标值对应的评语等级，也就无法确定 $\underset{\sim}{R}$ 。这种缺陷是与历史数据频率确定 $\underset{\sim}{R}$ 相同的，因而其可靠性也值得考虑。

3.2.3　对舍弃等级论域进行模糊综合评判的分析

3.2.3.1　舍弃等级论域进行模糊综合评判的做法

在模糊综合评判案例中，还有舍弃等级论域确定隶属关系矩阵的一种做法。其具体步骤为：①先根据 n 个指标（评判因素）本身的性质确定其隶属函数公式；②根据历史数据分析等方法确定隶属函数公式中的有关待定参数；③将 m 个被评对象被评价期的资料代入 n 个隶属函数公式，组成隶属关系矩阵 $\underset{\sim}{R}$；④确定指标权向量 $\underset{\sim}{A}$；⑤将 $\underset{\sim}{R}$ 与 $\underset{\sim}{A}$ 合成，得到综合评判结果 $\underset{\sim}{B}$，$\underset{\sim}{B}$ 值体现了 m 个被评对象的状况。

3.2.3.2　对舍弃等级论域评判方法的评价

舍弃等级论域的做法与严格的模糊综合评判模型是有区别的，这表现在以下方面。

第一，两种做法定义的 $\underset{\sim}{R}$ 是不同的。在严格的模糊综合评判模型中，通常要设因素论域 $U=(u_1,u_2,\cdots,u_n)$ 和评语等级论域 $V=(v_1,v_2,\cdots,v_m)$，而把 $\underset{\sim}{R}$ 定义为因素论域与评语等级论域之间的模糊关系，r_{ij} 表示从因素 u_i 着眼该事物能被评为 v_j（评语等级）的隶属程度。但舍弃等级论域确定 $\underset{\sim}{R}$ 的做法，却是把 $\underset{\sim}{R}$ 定义为被评

对象论域与因素论域间的模糊关系。

第二，严格的模糊综合评判都是对被评对象逐个进行的，每一个被评对象都有一个以其原数据为依据的 $\underset{\sim}{R}$ 阵，也都得到一个 $\underset{\sim}{B}$ 向量。而舍弃等级论域确定 $\underset{\sim}{R}$ 的方法，却是把多个被评对象放在一起评判的。

第三，严格的模糊综合评判都设有等级论域对事物变化区间做出细分，而舍弃等级论域的做法却没有这种划分，或者说，只有一个评语等级。

第四，严格的模糊综合评判的评判结果仍为一个模糊向量。它描述了被评对象隶属于各个评语等级的程度，而舍弃等级论域确定 $\underset{\sim}{R}$ 的方法中，评判结果对某个被评对象来说却是一个点值。比如若得到企业经济效益评判结果 $\underset{\sim}{B}$，$\underset{\sim}{B}=(0.4,0.8,0.2,0.1)$。严格模糊综合评判的解释是：某企业经济效益隶属一等至四等的程度分别为 0.4、0.8、0.2、0.1。而在舍弃等级论域确定 $\underset{\sim}{R}$ 的情况下，却只能解释为 4 个企业的经济效益状况，企业 2 最好，其次是企业 1、企业 3 和企业 4。

舍弃等级论域的做法与严格的模糊综合评判有着上述区别，而与常规多指标综合评价方法却很接近。两者都只有一个评语等级，两者都是用连续值的评价函数来评判事物，两者的区别仅在于：是矩阵综合运算，还是逐对象分开运算，另外在算子选择上也有所差异。如果选用同一算子，那么两者的区别就仅仅是表面的了。假设都用乘加运算（加法合成），舍弃等级论域的模糊综合评判结果，用常规多指标综合评价方法也完全可以做出来，而且数值是相同的。所以仅就这一点而言，舍弃等级论域的模糊综合评判方法，无非是用矩阵综合运算代替了常规方法中的逐对象加乘运算。

广义地看，舍弃等级论域的做法也算是一种模糊综合评判方法，它也是用隶属关系来确定 $\underset{\sim}{R}$ 的。舍弃等级论域的做法不过是模糊综合评判的一种特例。

广义地看，常规多指标综合评价方法也是模糊综合评判方法的特例。因为常规多指标综合评价方法也是用连续值表明被评价事物程度的，这正是隶属关系的内涵所在。常规方法也设了评语等级（只有一级）。模糊综合评判方法与常规多指标综合评价方法的层次关系，类似于变量与常量的层次关系，常量可以看作只取一个值的变量，是变量的一个特例。变量是从更深层次来描述客观事物量的规定性，同样，模糊综合评判方法也只是从更深层次来综合描述被评价事物一般水平。

狭义地看，不宜把舍弃等级论域的做法与严格的模糊综合评判模型等同起来。其理由在于以下三点。

（1）上述舍弃等级论域的做法与严格模糊综合评判模型区别的四点，正是方法是否具有模糊性的根本所在。我们认为常规方法与模糊方法的分野，并不在于是否采用隶属度概念。我们说过，常规方法评价函数的建立公式与模糊方法隶属函数的建立公式是相通的。汪培庄先生提出：“模糊性现象的最基本的抽象是把点映射扩展成为集值映射。”①我们认为，模糊方法的模糊性主要体现在评价等级论域的设立与程度分析的结合上。把原来的一个评语等级，扩展为若干个评语等级论域。得到的评价结果也是模糊向量，才得以对模糊事物做出客观评价。

（2）从模糊事物评价的现实要求来看，舍弃等级论域的做法相对而言，信息是不足的。模糊方法对事物模糊状况的描述，在很大程度上是借助于等级论域的。比如说经济效益好与不好，中介状态是很多的。我们只用一个值说某企业经济效益好的程度还不够，还应该说明该企业经济效益不好的程度。深入下去，在好与不好间区分若干个等级，则还应该说明该企业隶属于各个等级的程度。只有这样，才可能对处于模糊状态的该企业经济效益做出全面、客观的评价。而舍弃等级论域确定 $\underset{\sim}{R}$ 的方法，恰恰在这一关键点上背离了模糊思想方法。

（3）从表象上看，舍弃等级论域的做法中，只有一个评语等级与严格模糊综合评判模型的等级论域，只是等级多少的差别，是一个等级与多个等级的关系，但这量上的差别就造成了质上的差别。比如，取大运算也是加权平均值的一种特殊处理。将最大值加权为 1，其他值加权为 0 就成了取大运算，但这样的加权平均就走向了其反面。从舍弃等级论域做法与常规多指标综合评价方法、模糊综合评判方法的异同点分析来看，也许把舍弃等级论域做法划入常规多指标综合评价方法这一类更合适些。

3.3　模糊综合评判合成算子选择的探讨

在模糊综合评判的基本公式 $\underset{\sim}{B}=\underset{\sim}{A}\circ\underset{\sim}{R}$ 中，$\underset{\sim}{A}$ 与 $\underset{\sim}{R}$ 如何合成，对综合评判结果有不小的影响。这里对几种常见的模糊合成算子的特点及其对模糊综合评判的适用性作一探讨。

3.3.1　几种常见模糊合成算子的比较分析

在广义模糊运算下，$\underset{\sim}{B}$ 的各元素为 $b_j=(a_1 \dot{*} r_{1j}) \overset{+}{*} \cdots \overset{+}{*} (a_m \dot{*} r_{mj})$，简记为 $M(\dot{*}, \overset{+}{*})$，其中 $\dot{*}$ 为广义模糊“与”运算，$\overset{+}{*}$ 为广义模糊“或”运算，这种广义模糊运算算子原则上有无穷多种。但目前在模糊综合评判实践中常见的有 $M(\wedge,\vee)$、$M(\cdot,\vee)$、$M(\wedge,\oplus)$ 和 $M(\cdot,\oplus)$ 等四种，对这几种算子的特点，国内有关文献已作了一些讨论，这里拟在这些讨论的基础上，再补充提出一些认识，为模糊综合评判合成算子选择的讨论作准备。

设有评判因素集 $U=\{u_1,u_2,u_3,\cdots,u_n\}$ 和评语集 $V=\{v_1,v_2,v_3,\cdots,v_m\}$，因素论域和评语论域之间的模糊关系可用评价矩阵：

① 参阅参考文献（4），第 7 页。

$$\underset{\sim}{R}=\begin{bmatrix} r_{11} & r_{12} & \cdots & r_{1m} \\ r_{21} & r_{22} & \cdots & r_{2m} \\ \vdots & \vdots & & \vdots \\ r_{n1} & r_{n2} & \cdots & r_{nm} \end{bmatrix}$$

来表示，其中，$r_{ij}=\mu_R(u_i,v_j)$（$0\leqslant r_{ij}\leqslant 0$），表示从因素 u_i 着眼该事物能被评为 v_j 的隶属程度，也就是说，r_{ij} 为因素 u_i 的评价对等级 v_j 的隶属度。

设我们已知评价矩阵：

$$\underset{\sim}{R}=\begin{bmatrix} 0.04 & 0.86 & 0.32 & 0 \\ 0.73 & 0.60 & 0.16 & 0.06 \\ 0.47 & 0.73 & 0.19 & 0.07 \\ 0 & 0.78 & 0.57 & 0.15 \end{bmatrix}$$

并取 $\underset{\sim}{A}$=[0.8, 0.6, 0.4, 0.4]。下面以此 $\underset{\sim}{R}$ 和 $\underset{\sim}{A}$ 为例来讨论上述四种算子的特点。

3.3.1.1 取小取大算子 $M(\wedge,\vee)$

$M(\wedge,\vee)$ 是用 $\wedge$ 代替 $\dot{*}$，用 $\vee$ 代替 $\dot{+}$，则

$$b_j=\vee(a_i\wedge r_{ij})$$

其中，$\wedge$ 和 $\vee$ 分别为取小（min）与取大（max）运算，即 $b_j=\max[\min(a_1,r_{1j}),\min(a_2,r_{2j}),\cdots,\min(a_m,r_{nm})]$，按前面给出的 $\underset{\sim}{R}$ 和 $\underset{\sim}{A}$，则有

$$[0.8,0.6,0.4,0.4]\begin{bmatrix} 0.04 & 0.88 & 0.32 & 0 \\ 0.73 & 0.60 & 0.16 & 0.06 \\ 0.47 & 0.73 & 0.19 & 0.07 \\ 0 & 0.78 & 0.57 & 0.15 \end{bmatrix}$$

$$=\begin{bmatrix} 0.8\wedge 0.04\vee 0.6\wedge 0.73\vee 0.4\wedge 0.47\vee 0.4\wedge 0 \\ 0.8\wedge 0.88\vee 0.6\wedge 0.60\vee 0.4\wedge 0.73\vee 0.4\wedge 0.78 \\ 0.8\wedge 0.32\vee 0.6\wedge 0.16\vee 0.4\wedge 0.19\vee 0.4\wedge 0.75 \\ 0.8\wedge 0\vee 0.6\wedge 0.06\vee 0.4\wedge 0.07\vee 0.4\wedge 0.15 \end{bmatrix}^{\mathrm{T}}$$

$$=\begin{bmatrix} 0.04\vee 0.6\vee 0.4\vee 0 \\ 0.8\vee 0.6\vee 0.4\vee 0.4 \\ 0.32\vee 0.16\vee 0.19\vee 0.4 \\ 0\vee 0.06\vee 0.07\vee 0.15 \end{bmatrix}^{\mathrm{T}}=[0.6,0.8,0.4,0.15]$$

上面的“与”运算，即 $(a_i\wedge r_{ij})$ 表明，单因素 u_i 的评价对等级 v_i 的隶属度 r_{ij} 被修正为

$$r_{ij}^{*}=a_i\dot{*}r_{ij}=a_i\wedge r_{ij}=\min(a_i,r_{ij})$$

a_i 是 r_{ij}^* 的上限，即在合成后 u_i 的评价对任何等级的 v_j（j=1, 2,⋯, n）隶属度都不能大于 a_i，如果 r_{ij} 小于 a_i，则可保持不变，如果 r_{ij} 大于 a_i，则要降至 a_i。在本例中，r_{12} 和 r_{21} 分别为 0.88 与 0.73，而 r_{12}^* 和 r_{21}^* 则分别降至 0.8 与 0.6，而 $r_{44}=0.15 < a_4=0.4$，故而 r_{44}^* 与 r_{44} 相同。

在 $M(\wedge,\vee)$ 算子中，取 $\overset{+}{*}$ 为 $\vee$ 的含义十分明确，那就是对每个等级而言（即决定 b_j 时），只考虑 r_{ij}^* 中那个起主要作用的因素，而不考虑其他因素的影响，可见，这是一种"主因素决定型"的合成方式，用这种方式合成，与 b_j 直接有关的 $\underset{\sim}{R}$ 数据只有几个。在本例中，直接决定 b_j 数据的是 r_{12}、r_{21}、r_{43}、r_{44}，即 $\underset{\sim}{R}$ 中每一列中最大的那个数据，即 $\max r_{i1}, \max r_{i2}, \cdots, \max r_{im}$。采用这种合成算子，合成时淘汰的信息量至少为 $\underset{\sim}{R}$ 中的 $m(n-1)$ 个数据。

但要注意的是，这里所说的主因素决定并不是指整个综合评判最终只考虑了一个因素，而是每个评判等级最终都只考虑了一个因素，本例中，等级一最终只考虑了因素二，由于因素二评为一等的程度最大（为 0.73），经过取小取大运算，综合评判属于一等的程度才为 0.6。同理，等级二最终只考虑了因素一，等级三、四最终只考虑了因素四。因素三在隶属等级程度最终确定中没有起作用。

3.3.1.2　乘与取大算子 $M(\cdot,\vee)$

$M(\cdot,\vee)$ 是用 · 代替 $*$，用 $\vee$ 代替 $\overset{+}{*}$，即

$$b_j = \bigvee_{i=1}^{m} a_i r_{ij}$$

其中，· 代表普通实数乘，即

$$b_j = \max(a_1 r_{1j}, a_2 r_{2j}, \cdots, a_m r_{mj})$$

按前面给出的 $\underset{\sim}{R}$ 和 $\underset{\sim}{A}$，则有

$$r_{ij}^* = \begin{bmatrix} 0.032 \vee 0.438 \vee 0.188 \vee \ 0 \\ 0.704 \vee 0.360 \vee 0.292 \vee 0.312 \\ 0.256 \vee 0.096 \vee 0.076 \vee 0.228 \\ 0 \ \vee 0.036 \vee 0.028 \vee 0.060 \end{bmatrix}$$

$$b_j = (0.438, 0.704, 0.256, 0.060)$$

这个算子与 $M(\wedge,\vee)$ 算子是很接近的，其区别仅在于合成的"与"运算中，$M(\cdot,\vee)$ 以 $r_{ij}^* = a_i r_{ij}$ 代替了 $M(\wedge,\vee)$ 中的 $r_{ij}^* = a_i \vee r_{ij}$，也就是说，对 r_{ij} 乘以一个小于 1 的系数，来代替给 r_{ij} 规定一个上限。

$M(\cdot,\vee)$ 算子也是"主因素决定型"的，用这种算子合成，与 b_j 直接有关的 $\underset{\sim}{R}$ 数据也只有几个，最终合成时淘汰的信息量也为 $m(n-1)$ 个数据。

不过，这里与 b_j 直接有关的 $\underset{\sim}{R}$ 数据不一定是 $\underset{\sim}{R}$ 中每列中最大的那个数了。在本例中，采用 $M(\cdot,\vee)$ 算子，与 b_j 直接有关的 $\underset{\sim}{R}$ 数据为 r_{12}、r_{21}、r_{13}、r_{44}，与 $M(\wedge,\vee)$ 算子相比，r_{13} 代替了 r_{43}。这是由于 r_{43} 对应的因素向量值 a_4 仅为 0.4，而 r_{13} 对应的则为 0.8，由 a_i 修正后，第三行最大值为 $a_1r_1 = 0.8\times 0.32 = 0.256$，而不是 $a_4r_4 = 0.4\times 0.57 = 0.228$ 了。采用 $M(\cdot,\vee)$ 算子直接决定 b_j 不仅要求 r_{ij} 数值大，而且要求所对应的 a_i 也大，可见 a_i 在这里起到了权衡因素重要性的作用。

有的学者把 $M(\cdot,\vee)$ 算子称为“主因素决定型”的，把 $M(\wedge,\vee)$ 算子称为“主因素突出型”的。实质上，二者在 b_j 的确定上都是由几个主因素决定的，区别只在于：哪个是主因素，确定手法上有所不同。

3.3.1.3 取小与有界和算子 $M(\wedge,\oplus)$

$M(\wedge,\oplus)$ 用 $\wedge$ 代替 $\dot{*}$，用 $*\oplus$ 代替 $\overset{+}{*}$，则有

$$b_j = \sum_{i=1}^{m}\!\!\!\!\!\!\bigcirc\; a_i \wedge r_{ij}$$

这里 $\alpha\oplus\beta = \min(1,\alpha+\beta)$，为有上界 1 求和；$\sum_{i=1}^{m}\!\!\!\!\!\!\bigcirc$ 为对 m 个数在 $\oplus$ 运算下求和，即

$$b_j = \min\left\{1, \sum_{i=1}^{m}\!\!\!\!\!\!\bigcirc\; \min(a_i, r_{ij})\right\}$$

在本例中，$b_j = (1,1,1,0.28)$。

这个算子的“与”运算（第一步运算）与 $M(\wedge,\vee)$ 算子中的前一步运算相同，也是对 r_{ij} 规定上限 a_i，以修正 r_{ij}。区别在 $M(\wedge,\oplus)$ 算子的第二步运算，是对各 r_{ij}^* 作有上界相加以求 b_j。

从 $\underset{\sim}{R}$ 数据的信息利用情况看，$\underset{\sim}{R}$ 中小于 a 的数据都与 b 的合成有关，最终合成时淘汰的信息量为 $\underset{\sim}{R}$ 中大于 a_i 的数据个数。对于不同样本，$\underset{\sim}{R}$ 数据是不同的，有的大于 a_i 的数据多，有的大于 a_i 的数据少。因而把 $M(\wedge,\oplus)$ 算子看成“主因素突出型”算子，结论比较武断。

3.3.1.4 乘与有界和算子 $M(\cdot,\oplus)$

$M(\cdot,\oplus)$ 用 · 代替 $\dot{*}$，用 $\oplus$ 代替 $\overset{+}{*}$，则有

$$b_j = \sum_{i=1}^{m}\!\!\!\!\!\!\bigcirc\; a_i r_{ij} = \min\left(1, \sum_{i=1}^{m} a_i r_{ij}\right)$$

在本例中，$b_j = (0.658, 1, 0.656, 0.124)$。

$M(\cdot,\oplus)$ 算子可以看成 $M(\cdot,\vee)$ 算子和 $M(\wedge,\oplus)$ 算子的再改组。其中的“与”运算（第一步运算）和 $M(\cdot,\vee)$ 的“与”运算相同；而“或”运算（第二步运算）和 $M(\wedge,\oplus)$ 中的“或”运算相同。通过这种改组，$M(\cdot,\oplus)$ 就具有如下的特点。

（1）在 $M(\cdot,\oplus)$ 算子中，既没有取小运算，也没有取大运算，因而在决定各因素的评价对等级 v_j 的隶属度 b_j 时，考虑了所有因素 u_i 的影响，而不是只考虑对 b_j 影响最大的因素的影响，在 $\underset{\sim}{R}$ 的数据信息利用上相比是最优的。

（2）由于 $M(\cdot,\oplus)$ 算子与 $M(\cdot,\vee)$ 算子的“与”运算相同，又用有界和运算代替了取大运算，所以使得 a_i 切实起到了代表各因素重要性的作用。

总之，$M(\cdot,\oplus)$ 算子是属于“加权平均型”的。

若对 $\underset{\sim}{A}$ 实施归一处理，$\sum_{i=1}^{m} a_i = 1$，且有 $r_{ij} \leqslant 1$，故 $\sum a_i r_{ij} \leqslant 1$，此时 $M(\cdot,\oplus)$ 算子就成为 $M(\cdot,+)$ 运算了，也就是加法合成的运算。

3.3.2　模糊综合评判应选择什么样的合成算子

3.3.2.1　模糊合成算子选择的基本前提

模糊综合评判时究竟应使用什么样的合成算子？我们认为这里有两个基本前提需要明确。

（1）存在着模糊合成算子的选择和比较问题。

并不是什么样的算子都可以运用到模糊综合评判中，也不是什么样的算子应用模糊综合评判效果都好。模糊综合评判仅是模糊关系合成中的一种，可用来合成模糊关系的算子，有的适合模糊综合评判，有的并不适合。

并不是实践中已经用于模糊综合评判的合成算子就一定适合于模糊综合评判了，这里有一个重新思考和检验其适应性的问题。并不是实践中尚未用到模糊综合评判中的合成算子就一定不适合模糊综合评判了，这里还有一个开发新算子应用的问题。比如，我们在 3.3 节中谈到了乘法合成算子，能不能应用到模糊综合评判中来呢？就值得考虑。

（2）是现实应用问题的性质决定着算子的选择，而不是算子决定现实应用问题的性质。

在模糊关系合成中包括许多类型问题，有模糊综合评判这一种合成，还有路径问题、聚类问题、识别问题等。这些现实问题的解决是目的，合成算子是手段。前者处于主导地位，后者处于从属地位。前者的性质决定着算子的用与弃，而不应由算子来决定现实问题的性质。

比方说，在模糊综合评判中，通常把 $\underset{\sim}{A}$ 作为各因素权重分配的权向量，并令 $\sum_{i=1}^{m} a_i = 1$。这样，评判因素较多时（m较大），各 a_i 的值必然很小。此时采用取小运算（这也是一个不可忽略的原因），当单因素评价值较大时，较小的数值通过取小运算“泯没”了所有单因素评价，所得综合评判值 b_j 也都很小，常常使得这一数学模型得不出有意义的结果。即使在单因素评判值较小时，也常常使综合评判成为主因素单独起控制作用的评判，这在一定程度上失去了综合评判的意义。

上面两种结果（无论单因素评判值大或小）都有悖于模糊综合评判的本意。那么什么造成了这样的结果呢？原因无非两条，一条是把$\underset{\sim}{A}$看作权向量，并令$\sum_{i=1}^{m} a_i = 1$；另一条则是采用了取小算子。相应的解决问题的思路也有两条。

一条思路是肯定$\underset{\sim}{A}$的权向量含义，反思一下采用取小算子是否合宜？从本节第一个问题（即存在着模糊合成算子的选择和比较问题）的讨论可以了解到，即便把$\underset{\sim}{A}$作为因素权向量处理，只要采用$M(\cdot,\oplus)$算子，模糊综合评判就不会是“主因素决定型”的，并不会失去综合评判的本意。由此要考虑问题是否出在所用算子的适用性上。

另一条思路则相反，如果把$M(\wedge,\vee)$算子用于模糊综合评判看作天经地义的，那自然就要否定$\underset{\sim}{A}$的权向量性质。

我们以为，解决这个问题，要从模糊综合评判的特点出发。

3.3.2.2 模糊综合评判的特点

我们认为，模糊综合评判具有其他模糊关系合成所不具备的特点。

（1）它所合成的$\underset{\sim}{R}$是因素论域与评语论域间的模糊关系，$\underset{\sim}{R}$中的第i行是第i个因素u_i的单因素评判在V上的模糊子集。

（2）模糊综合评判具有综合性，它评判的基础是$\underset{\sim}{R}$中的各单因素评判，而综合就是要把各单因素评判的信息最大限度地合成起来，以得到一个信息依据充分的总判断。

（3）它所合成另一方面$\underset{\sim}{A}$是因素论域U上的因素模糊子集，其中a_i为u_i对$\underset{\sim}{A}$的隶属度，它就是单因素u_i在总评定各因素中所起作用大小的度量，一言以蔽之，$\underset{\sim}{A}$应该是各评判因素的权系数向量。无论从模糊综合评判的模型本身看，还是从实践应用的角度看，$\underset{\sim}{A}$的权向量性质都是不能否定的。

（4）模糊综合评判要依据被评判对象各方面状况的评判值，将被评判对象在整体上作比较，排出优劣顺序，这就要求合成算子能够最大限度地利用单因素评判值，使合成结果区分各被评对象的能力比较强。

模糊综合评判中合成算子的选择，就要以上述特点为依据，满足上述特点的才是适用的算子，不满足这些特点的，就不宜在模糊综合评判中选用。那么，前述四种常用模糊算子是否满足模糊综合评判的上述特点呢？

3.3.2.3 对$M(\wedge,\vee)$算子性质的分析

我们从以下几个方面来分析$M(\wedge,\vee)$算子的性质。

第一，$M(\wedge,\vee)$算子结果的含义。以 3.3.1 节第一个问题中所举数据为例，$M(\wedge,\vee)$运算的结果B为（0.6,0.8,0.4,0.15），前三个等级的隶属度直接就是A向量

中前三个因素的重要程度。这就是说，经过取小取大运算，第二个因素的重要程度系数就成为该被评判对象综合各因素隶属于一等的程度。而第一个因素的权系数成为隶属于二等的程度。为什么权系数会成为综合的等级隶属度呢？从指标含义上如何解释这种转化呢？这是需要进一步考虑的。

第二，在 $M(\wedge,\vee)$ 运算中，$\underset{\sim}{A}$ 成为单因素评判值 $\underset{\sim}{R}$ 的一个上限，我们知道，$\underset{\sim}{A}$ 与 $\underset{\sim}{R}$ 是不同的相似数，$\underset{\sim}{A}$ 是各评判因素在被评判事物总体中相对重要性的程度。而 $\underset{\sim}{R}$ 则是从单因素着眼被评判对象隶属于某个等级的程度。$\underset{\sim}{R}$ 可能由评判各等级的人数比重来确定，也可能是由客观指标的隶属函数计算出来的，两者说明不同问题，性质不同，量上不应该比较大小。如此说来，把 $\underset{\sim}{A}$ 作为 $\underset{\sim}{R}$ 的上限是否合适呢？

第三，社会经济领域有没有 $M(\wedge,\vee)$ 算子所针对或所适宜的现实原型呢？有的，比如风险型决策中的保守型决策，也就是“坏中求好”型决策，就要采用 $M(\wedge,\vee)$ 算子，“两害相权取其轻，两利相权取其重”就是指这种情况，再如路径问题（图 1），A 与 C 的关系程度是由 AB_1C 、AB_2C 、AB_3C 中强度最大的那个连接线所决定的。而这三个连接线的强度又分别是由 AB_i 和 B_iC 中较小强度的连接线所决定的。路径问题也要用 $M(\wedge,\vee)$ 算子。

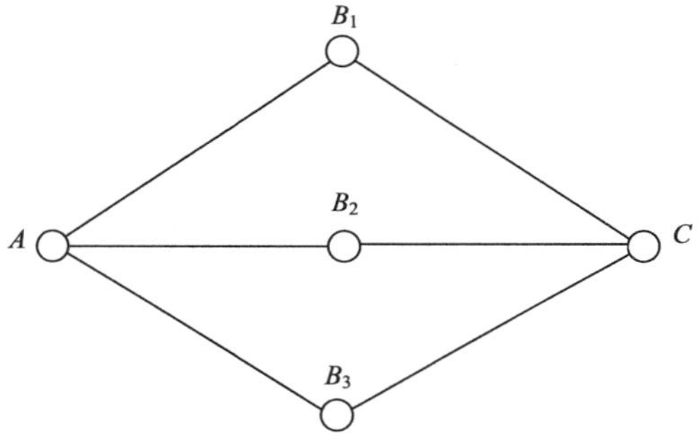

图 1　$M(\wedge,\vee)$ 算子的路径选择

我们注意到，无论是风险型决策分析中的坏中求好，还是路径问题，比较的双方都是同一事物，或不同方案值，或联系强度。这是采用 $M(\wedge,\vee)$ 算子的根本要求。要取小或取大，首先要比较，要比较则被比双方应该是同一性质的。在模糊综合评判中，$\underset{\sim}{A}$ 与 $\underset{\sim}{R}$ 似乎并不存在两害相权的对比关系。在社会经济意义上，似乎也难以归结为路径问题中联系强度。

第四，在 $M(\wedge,\vee)$ 算子中，$\underset{\sim}{A}$ 和 $\underset{\sim}{R}$ 中的大部分数据只用来比较，最后合成时，都被淘汰了。虽然在综合评判中也利用了这些信息（不是没用），但还是存在信息量的损失，这主要表现在评判结果的区分度（即区分各被评对象的能力）上。

试比较甲、乙两个 $\underset{\sim}{R}$：

$$\underset{\sim}{R}_{\text{甲}}=\begin{bmatrix}0.04&0.88&0.32&0\\0.73&0.60&0.16&0.06\\0.47&0.73&0.19&0.07\\0&0.78&0.57&0.15\end{bmatrix}$$

$$\underset{\sim}{R}_{\text{乙}}=\begin{bmatrix}0.04&0.80&0.22&0.10\\0.60&0.30&0.30&0.12\\0.05&0.20&0.30&0.12\\0&0.20&0.40&0.15\end{bmatrix}$$

$\underset{\sim}{R}_{\text{甲}}$就是 3.3.1 节第一个问题列举运算中的数据，$\underset{\sim}{R}_{\text{乙}}$是设定的，虽然被评对象甲的状况从各个因素看，都好于被评对象乙，然而同是按$\underset{\sim}{A}=(0.8,0.6,0.4,\ 0.4)$将$\underset{\sim}{A}$和$\underset{\sim}{R}$合成，二者结果$\underset{\sim}{B}$是完全一样的。这种情况，在$\underset{\sim}{B}$归一的情况下也会发生。不同状况得到同样评价结果，说明这种算子在一些情况下区分度较低，究其原因，就是最后合成时利用的信息数据过少，而且评判因素越多，损失的信息也就可能越多。所以如果说$M(\wedge,\vee)$算子也具有综合性的话，它的综合程度就相当低了。

第五，我们说过，模糊综合评判中，$\underset{\sim}{A}$只是衡量各评判因素重要程度的权向量。作为权，其实质是一个结构相对数，将事物作一个整值，各因素在总值中的相对地位就是它的权重，不管权重以什么具体形式出现，真正起作用的是这个结构相对数。所以，权数的重要性质就在于：是否归一处理（即把以不同形式出现的权归结为结构相对数）对合成结果不发生影响。显然，若采用$M(\wedge,\vee)$算子，$\underset{\sim}{A}$就不是这样，这意味着$M(\wedge,\vee)$算子难以保证$\underset{\sim}{A}$的权向量性质。

第六，从诸合成算子的关系来看，我们在《常规多指标综合评价方法的系统分析》的 2.3 节曾论述了代换法、加法合成、加乘混合法、乘法合成等四个合成方法，按照算子性质，取大算子应列于代换法之左，而取小算子则应列在乘法之右。代换法和乘法合成中所对应的现实问题，都强调因素间的同等重要性，这意味着权数作用的减弱。按照诸合成算子间的关系，取小取大运算中，权数的作用可能就更谈不到了。路径问题以及坏中求好问题都是在对比各方平等基础上取小取大的。

从以上的分析可以看出，把$\underset{\sim}{A}$定义为权向量，同时又采用取小取大算子，显然是存在矛盾的，要采用$M(\wedge,\vee)$算子，就要改变模糊综合评判模型。比如设定：

$$\underset{\sim}{B}=R^{*}\cdot\underset{\sim}{R}$$

这里R^{*}直接定义为$\underset{\sim}{R}$的取值上限，R^{*}与$\underset{\sim}{R}$性质相同，就可以比较大小，做$M(\wedge,\vee)$运算了。

但由此也带来一些问题。比如，改变后的模型没有考虑各评判因素的重要程度，这对综合评判而言是一种缺陷，再如，$\underset{\sim}{R}$在综合评判中通常都是正指标，$\underset{\sim}{R}$

规定一个上限，无论 $\underset{\sim}{R}$ 发展到什么程度，一旦超过 R^* 就不予承认，这样做是否合宜呢？在现实社会经济生活中，又有多少指标是属于这种情况的呢？又比如，这种将 $\underset{\sim}{A}$ 改为 R^* 的做法仍然没有解决合成中信息损失的问题（前面第四点所谈到的）。总之，轻易改变模糊综合评判模型是不妥的。

3.3.2.4　对其他几种算子性质的分析

首先看 $M(\cdot,\vee)$ 算子。第一，$M(\cdot,\vee)$ 算子就模糊综合评判而言，前后运算是隐含矛盾的。如前所述，在 $M(\cdot,\vee)$ 算子中 a_i 是具有权重系数含义的，体现了各因素 u_i 的重要性；然而在决定 b_j 时，并未考虑所有因素的影响，作了取大运算，这意味着对前面 a_i 权重含义的否定。取大运算实际上是将最大值乘上 1，将其余值皆乘上 0，这样前面对各因素加权作用就不大了。所以就 a_i 的含义而言，后一步取大运算对前一步乘运算是矛盾的。第二，$M(\cdot,\vee)$ 算子与 $M(\wedge,\vee)$ 算子相同，综合性较差，利用 $\underset{\sim}{R}$ 信息过少，实质上是主因素评判。因而对模糊综合评判而言也算不上优化算子。

其次看 $M(\wedge,\oplus)$ 算子。第一，$M(\wedge,\oplus)$ 算子的前一步运算与 $M(\wedge,\vee)$ 算子相同，所以在运算中，a_i 不能具有权重系数性质，不符合模糊综合评判对算子的要求。第二，采用 $M(\wedge,\oplus)$ 算子评价结果往往区分度较差。当 a_i 取值较大时，以大小为序的前 j 个 b_j 取值将均等于上界 1。在 3.3.1 节中，取 $A=(0.8,0.6,0.4,0.4)$，$b_j=(1,1,1,0.28)$ 就是如此。反之当 a_i 取值较小时，以大小为序的前 j 个 b_j 值又直接等于各 a_i 之和。所以在 a_i 取值过大过小时，算子 $M(\wedge,\oplus)$ 往往得不出有意义的结果。

从四种常用的模糊算子对比来看，$M(\wedge,\oplus)$ 算子可以保证 $\underset{\sim}{R}$ 信息的充分利用，具有较大程度的综合性；而且可以保证 A 具有权向量性质，所以 $M(\cdot,\oplus)$ 算子相比而言是适用于模糊综合评判的优化算子。而 $M(\wedge,\vee)$ 算子、$M(\cdot,\vee)$ 算子和 $M(\wedge,\oplus)$ 算子，在模糊综合评判的应用还存在一定的问题。

前面曾提到，$M(\wedge,\oplus)$ 算子在 $\sum_{i=1}^{m} a_i$ 时，会蜕变成普通数学的 $M(\cdot,+)$ 算子，这种变化是否会导致模糊综合评判失去其模糊性呢？我们认为，模糊综合评判之所以是模糊的，关键在于 $\underset{\sim}{A}$ 和 $\underset{\sim}{R}$ 体现了因素论域与等级论域的模糊关系，而不在于运算手段是否模糊。$\underset{\sim}{A}$ 和 $\underset{\sim}{R}$ 具有了模糊性，即使采用普通算子，也属于模糊综合评判；但反过来，若 $\underset{\sim}{A}$ 和 $\underset{\sim}{R}$ 不具备模糊性，即使采用了模糊算子，也不会是真正的模糊综合评判。

3.3.2.5　是否需要对不同算子评判结果再综合

有的学者提出：对不同模糊算子得到的 b_j 作高一层次的综合，模糊不同算子合成得到的 b_j 组成 $\underset{\sim}{R}$，选取各算子的权重 $\underset{\sim}{A}$，对 $\underset{\sim}{A}$ 和 $\underset{\sim}{R}$ 实施二级评判，这些学者认为，这样处理后，综合评判的精度会更高些。

然而我们不以为然，其理由如下。①对不同算子合成结果实施二级评判，无非是为了兼顾各种算子的评判角度，既考虑一般因素的作用，又考虑主要因素的作用。但这个工作在$M(\wedge,\oplus)$算子合成中已经完成了。$M(\wedge,\oplus)$算子是加权平均型的，而不是简单平均型的。这意味着$M(\cdot,\oplus)$算子在合成中，既顾及了评价各因素的信息，又以加权的方式体现了主因素的突出作用，已经兼顾了各评判角度。如果在此基础上再作综合，等于对主要因素重复加权处理，实际上会歪曲被评判对象的客观状况，所以，对不同算子合成结果作二级评判的主张，实际上只看到了$M(\cdot,\oplus)$算子的平均性质，而忽视了$M(\cdot,\oplus)$算子还有加权的作用。②前面说过，$M(\wedge,\vee)$算子等在模糊综合评判应用还有一定的问题，其评判结果的可靠性是值得考虑的，将这些结果再综合起来，评判结果是否会更精确，很难定论。③模糊合成算子较多，到底选取哪几种算子合成的结果作二级评判？它们的权数又如何确定？这些都是需要考虑的问题，如果处理不当，对二级评判结果影响颇大。

3.4 最大隶属原则的有效度与加权平均原则的应用

在模糊统计综合评判中，如何利用综合评判结果b_j（$0<b_j<1$）提供的信息对被评判对象做出所属等级判断，是模糊统计综合评判中很重要的一环。

目前通用的判别原则是最大隶属原则。比如某被评对象的评判等级为$v_j=(1,2,3,4,5)$，而得到的$b_j=(0.3,0.9,0.4,0.2,0.1)$，运用最大隶属原则，就是把被评对象划归$\max b_j=0.9$所对应的2级。

很少有人注意到最大隶属原则的有效性问题，在模糊统计综合评判实例中，最大隶属原则无一例外地被到处搬用，然而这个原则并不是放之四海而皆准的。比如假定我们得到如下的$b_j=(0.1,0.8,0.79,0.1,0.1)$，直观地分析被评对象无疑处于2级和3级之间，而按最大隶属原则，则武断地将被评对象划定在2级。本来b_j较客观地反映了客观事物本身界线的模糊性，而在上例中施行最大隶属原则，损失的信息太多，有效程度不高。极端地，当b_j为一组常数$c(0<c<1)$时，无法施行最大隶属原则。

因而，我们提出如下问题。

（1）能否找到一个测量最大隶属原则有效程度的指标？

（2）最大隶属原则分别在什么情况下是高效的、有效的、低效的或失效的？

（3）在最大隶属原则低效或失效时，有无新的判别原则？

（4）若新的判别原则成立，它如何应用？它与最大隶属原则又是什么关系？

下面对上述问题提出一些初步想法。

3.4.1　最大隶属原则有效度的测量

3.4.1.1　$\beta \to \beta' \to \alpha$，效度指标的导出

当 $\max\limits_{1<j<n} b_j = 1$，$\sum\limits_{j=1}^{n} b_j = 1$ 时，最大隶属原则最有效；而在 $\max\limits_{1<j<n} b_j = c(0 < c < 1)$，$\sum\limits_{j=1}^{n} b_j = n \cdot c$ 时，最大隶属原则完全失效。

可见，最大隶属原则的有效性与 $\max\limits_{1<j<n} b_j$ 占 $\sum\limits_{j=1}^{n} b_j$ 的比重有关，于是我们定义：

$$\beta = \max_{1<j<n} b_j \Big/ \sum_{j=1}^{n} b_j$$

显然，当 $\max\limits_{1<j<n} b_j = 1$，$\sum\limits_{j=1}^{n} b_j = 1$ 时，$\exists \max\limits_{1<j<n} \beta = 1$。

当 $\max\limits_{1<j<n} b_j = c \sum\limits_{j=1}^{n} b_j = n \cdot c$，$\exists \min\limits_{1<j<n} \beta = 1/n$，即 $1/n \leqslant \beta \leqslant 1$，由于当最大隶属原则完全失效时，$\beta$ 并不为 0，所以不宜直接用 β 值来判定最大隶属原则的有效性。

我们设 $\beta' = \dfrac{\beta - 1/n}{1 - 1/n} = \dfrac{n\beta - 1}{n - 1}$，$\beta'$ 可在某种程度上测定最大隶属原则的有效性。设两组 $b_j(n=5)$：甲组有 $b_j = (0.9, 0.1, 0.1, 0.1, 0.1)$；乙组有 $b_j = (0.9, 0.8, 0.7, 0.6, 0.5)$，得到：

$$\beta_{\text{甲}} = 0.629\text{，}\quad \beta'_{\text{甲}} = 0.615$$

$$\beta_{\text{乙}} = 0.257\text{，}\quad \beta'_{\text{乙}} = 0.071$$

可见，β' 值与直观判断结果是相吻合的，甲、乙两组都隶属于 1 级，然而对甲组 b_j 施行最大隶属原则比较有效，而对乙组 b_j 施行这个原则就不那么有效了。

我们再设两组 $b_j(n=5)$：丙组有 $b_j = (0.8, 0.2, 0.2, 0.2, 0.2)$；丁组有 $b_j = (0.8, 0.75, 0.03, 0.01, 0.01)$，得到：

$$\beta_{\text{丙}} = 0.5\text{，}\quad \beta'_{\text{丙}} = 0.375$$

$$\beta_{\text{丁}} = 0.5\text{，}\quad \beta'_{\text{丁}} = 0.375$$

直观分析，对丙组 b_j 施行最大隶属原则比较有效，对丁组 b_j 实施该原则有效性并不大，但计算出来的 β' 值却一样。此种情况下 β' 指标失效，问题在于：β' 指标只考虑 $\max\limits_{1<j<n} b_j$ 占 $\sum\limits_{j=1}^{n} b_j$ 的比重，而最大隶属原则的有效性还往往与 $\sec\limits_{1<j<n} b_j$ 的大

小有很大关系（比如两个变量 x_1 与 x_2 完全线性相关，即有 $x_1 = a + bx_2$，这时，x_2 有一个值，x_1 就有一个确定值，x_2 与 x_1 提供的信息是完全重复的。另一种情况是 n 个变量完全不相关。)。在丙、丁两组中，$\max b_j$ 都为 0.8，$\sum_{j=1}^{n} b_j$ 都为 1.6，而 $\sec\limits_{1<j<n} b_j$ 却相差很大，致使 β' 指标不能很好地测定最大隶属原则的有效性，于是我们考虑对 β' 指标作一修正。

同时我们看到，β' 指标的另一问题就是数字偏小。比如对甲组 b_j 来说，隶属于 1 级的程度相当高，隶属于其他等级的程度相当低，说明实施最大隶属原则相当有效，而 $\beta'_{甲}$ 值只有 0.615，这也是对 β' 指标做出修正的理由之一。

我们定义：$\gamma = \sec\limits_{1<j<n} b_j \Big/ \sum_{j=1}^{n} b_j$。显然，当 $b_j = (1,1,0,\cdots,0)$ 时，$\exists \max\limits_{1<j<n} \gamma = 1/2$；当 $b_j = (1,0,0,\cdots,0)$ 时，$\exists \max\limits_{1<j<n} \gamma = 0$，即 $0 \leqslant \gamma \leqslant 1/2$。我们设 $\gamma' = \dfrac{\gamma - 0}{1/2 - 0} = 2\gamma$，一般地，$\beta'$ 值越大，最大隶属原则有效程度越高；而 γ' 值越大，最大隶属原则的有效程度越低。因而我们定义：

$$\alpha = \frac{\beta'}{\gamma'} = \frac{\dfrac{n\beta - 1}{n-1}}{2\gamma} = \frac{n\beta - 1}{2\gamma(n-1)}$$

将 α 作为测量最大隶属原则有效度的相对指标。

仍以上面丙、丁两组 b_j 为例：$\gamma_{丙} = 0.125$，$\gamma'_{丙} = 0.25$，$\alpha_{丙} = 1.5$，$\gamma_{丁} = 0.468\,75$，$\gamma'_{丁} = 0.8375$，$\alpha_{丁} = 0.4$。

可见，使用 α 指标能更准确地表明实施最大隶属原则的有效性。另外，它还可表明，虽然按最大隶属原则，丙、丁两组都属于 1 级，但丙组情况优于丁组（假定 1 级为最优），这在评判结果空间对比时很有意义。

3.4.1.2　α 指标的使用

从 α 指标的计算公式可以看出：α 与 γ 成反比，与 β 成正比，即 $\beta\uparrow\ \alpha\uparrow$，$\beta\downarrow\ \alpha\downarrow$，$\gamma\uparrow\ \alpha\downarrow$，$\gamma\downarrow\ \alpha\uparrow$，根据 β 与 γ 的取值范围可以讨论 α 的取值范围。

当 γ 取最大值且 β 取最小值时，α 为最小。

$$\alpha = \frac{n \cdot \dfrac{1}{n} - 1}{2 \cdot \dfrac{1}{2}(n-1)} = 0$$

当 γ 取最小值，β 取最大值时，α 为最大。

$\because \lim\limits_{\gamma \to \infty} \alpha = \infty$，$\therefore$定义$\gamma = 0$时，$\alpha = \infty$，即$0 \leqslant \alpha \leqslant \infty$。

当$\alpha = \infty$时，可认定施行最大隶属原则完全有效，当$1 \leqslant \alpha \leqslant \infty$时，可认为施行最大隶属原则非常有效；当$0.5 \leqslant \alpha < 1$时，可认为施行最大隶属原则比较有效，其有效程度即为α值（根据我们测算，只有当β值较大，或β/γ值较大时，α值才会大于0.5），当$0 < \alpha < 0.5$时，可认为施行最大隶属原则是低效的；当$\alpha = 0$时，可认定最大隶属原则完全无效。根据实际问题中的b_j数据计算，α值多在0到1之间。有了测量最大隶属原则有效度的α指标，我们不仅可以判断所得b_j可否用最大隶属原则确定所属等级，而且可以说明施行最大隶属原则判别后的相对置信程度，即有多大把握认定被评对象属于某个等级。

3.4.1.3　直接根据β值判断最大隶属原则的有效性

有的时候不计算α值就可以根据β值判定使用最大隶属原则的有效性。根据α与β之间关系，当$\beta \geqslant 0.7$，且$n > 4$时，一定存在$\alpha > 1$。

$\because \beta \geqslant 0.7 \quad \therefore \gamma < 3$

又$\because \alpha = (n\beta - 1)/2\gamma(n-1)$

$\therefore \alpha > (0.7n-1)/2 \times 0.3(n-1)$，即$\alpha > 1 + (n-4)/6(n-1)$。

通常评价等级数取 4 和 9 之间，所以$n > 4$这个条件往往可以略去，只要$\beta \geqslant 0.7$，就免算α值，直接认定此时采用最大隶属原则确定被评对象的等级是很有效的。

还需要说明的是：对b_j归一化可得到b'_j，$\because \sum\limits_{j=1}^{n} b'_j = 1$，$\therefore \max\limits_{1<j<n} b'_j = \beta$，$\sec\limits_{1<j<n} b'_j = \gamma$，即归一化的$b'_j$可直接用于最大隶属原则的有效度测量。有的学者不赞同对b_j实行归一处理，认为这样就歪曲了b_j作为隶属度的本意。我们认为：b_j所表明的只是被评对象隶属于各评判等级的相对程度，比如$b_j = (0.3, 0.9, 0.4, 0.2, 0.1)$表明，若该被评对象隶属于1级的程度为3成，则隶属于2级的有9成，隶属于3级的有4成，隶属于4级和5级的分别为2成与1成。b_j并不说明被评对象绝对隶属于各评判等级的程度，因而对b_j实施归一处理是完全可以的。

3.4.2　加权平均原则的提出和说明

3.4.2.1　加权平均原则的提出

当α值较小，使用最大隶属原则低效时，就应考虑使用新的判别原则。这里提出加权平均原则来补充最大隶属原则的不足。

最大隶属原则之所以失效，在于它舍弃了b_j中的大部分信息，致使b_j分布较均匀时，歪曲了被评对象的客观等级所在。因而，当最大隶属原则低效或失效时，就意味着b_j要求我们保留它的全部信息或大部分信息。加权平均原则恰恰符合这个要求。

加权平均原则的基本内容是：以等级值a_j作为变量（$j=1,2,\cdots,n$），n和a_j通常人为确定，如$a_j=(1,2,3,4,5)$；以综合评判结果b_j作为权数，计算：

$$A=\sum_{j=1}^{n}b_j^k a_j\bigg/\sum_{j=1}^{n}b_j^k \quad（k\text{为待定系数}）$$

以A[①]作为被评对象所隶属的等级值，通常A是一个非整数。

例如，丁组b_j对应于1～5个等级有$b_j=(0.8,0.75,0.03,0.01,0.01)$，$\alpha_{丁}=0.4$，使用最大隶属原则为1级，有效度较低。直观分析，可以看出该被评对象应介于1级和2级之间。计算$A_{丁}$（设$k=1$）如下：

$$A_{丁}=\frac{0.8\times1+0.75\times2+0.03\times3+0.01\times4+0.01\times5}{0.8+0.75+0.03+0.01+0.01}=1.55$$

A值比运用最大隶属原则更客观地表明了被评对象的位置。

3.4.2.2 k的含义和取值

在加权平均原则的使用中，k的确定是需要进一步讨论的。

k的意义在于它是一个描述对于$\min\limits_{1<j<n}b_j$到$\sec\limits_{1<j<n}b_j$等价无穷小的b_j忽略程度的量，$\because b_j<1$，$\therefore$当$k\uparrow$时，$b_j^k\to0$。在k增大，b_j^k趋近于0的过程中，总是$\min\limits_{1<j<n}b_j^k$首先为0，即被忽略掉，其次是介于$\min\limits_{1<j<n}b_j$和$\sec\limits_{1<j<n}b_j$之间的b_j，最后是$\sec\limits_{1<j<n}b_j^k$，所以k越大，小的b_j被忽略得越多。而$k=1$时，意味着所有的b_j都不容忽视。

如前所述，加权平均原则是在最大隶属原则失效或低效时应用的，即在β较小或β/γ较小时使用。两种情况都意味着$\sec\limits_{1<j<n}b_j$和$\sum\limits_{j=1}^{n}b_j-\max\limits_{1<j<n}b_j$较大。此时增大$k$意味着对较大的$\sec\limits_{1<j<n}b_j$和$\sum\limits_{j=1}^{n}b_j-\max\limits_{1<j<n}b_j$部分信息的损失，意味着向最大隶属原则靠近，是违背初衷的。相反，当β较大，β/γ较大时，$\sum\limits_{j=1}^{n}b_j-\max\limits_{1<j<n}b_j$部分较小，此时$A_{k=i}$与$A_{k=i+1}$又往往数值相近，增大$k$没有什么意义。综上所述，$k$的取值不宜过大，一般可取1或2。

---

① A式曾被作为综合评定等级对应参数的方法提出，但它完全可以综合判定被评对象所隶属等级的原则。

3.4.3　b_j 判别原则间的关系

我们已经讨论了最大隶属原则和加权平均原则，另一个原则是简单平均原则。当 b_j 为一常数时可使用简单平均原则，即以等级值作为变量加总，将其和被 b_j 的项数 n 除，即 $A=\sum_{j=1}^{n}A_j\Big/n$，如果 $b_j=(0.5,0.5,0.5)$，则 $A=(1+2+3)/3=2$，该被评对象属于 2 级。直观地看，当 n 为奇数时，就是把被评对象划归 b_j 中项所对应的等级；当 n 为偶数时，被评对象界于 b_j 中间两项对应的等级之间。所以简单平均原则又叫中位数原则（这个名称更便于实际应用）。b_j 为常数，对加权平均原则来说意味着权相同，此时用加权平均原则与用简单平均原则结果相同，故简单平均原则（中位数原则）不过是加权平均原则的一个特例。还值得明确的一点是：最大隶属原则也被包含在加权平均原则之中，兹证明如下：不妨设 $\max\limits_{1<j<n}b_j=b_i$，$j=1,2,\cdots,n$，则有

$$(b_j/b_i)<1$$

$$\lim_{k\to\infty}\left(\frac{b_j}{b_i}\right)^k=0$$

$$\lim_{k\to\infty}A=\lim_{k\to\infty}\sum_{j=1}^{n}\frac{b_j^k}{\sum\limits_{j=1}^{n}b_j^k}a_j$$

$$=\lim_{k\to\infty}\left[\sum_{j\neq i}\frac{(b_j/b_i)^k}{\sum\limits_{j\neq i}(b_j/b_i)^k+(b_i/b_i)^k}a_j+\frac{(b_j/b_i)^k}{\sum\limits_{j\neq i}(b_j/b_i)^k+(b_i/b_i)^k}a_i\right]$$

$$=\lim_{k\to\infty}\sum_{j\neq i}\frac{(b_j/b_i)^k}{\sum\limits_{j\neq i}(b_j/b_i)^k+1}a_j+\lim_{k\to\infty}\frac{(b_j/b_i)^k}{\sum\limits_{j\neq i}(b_j/b_i)^k+1}a_i$$

$$=\sum_{j\neq 1}\frac{\lim\limits_{k\to\infty}(b_j/b_i)^k}{\sum\limits_{j\neq i}\lim\limits_{k\to\infty}(b_j/b_i)^k+1}a_j+\frac{1}{\sum\limits_{j\neq i}\lim\limits_{k\to\infty}(b_j/b_i)^k+1}a_i$$

$$=\sum_{j\neq i}\frac{0}{\sum\limits_{j\neq i}0+1}a_j+\frac{1}{\sum\limits_{j\neq i}0+1}a_i=a_i$$

由于前设 $\max\limits_{1<j<n} b_j = b_i$，而 a_i 为与 b_i 相对应的评判等级，所以上述说明，在加权平均原则中 k 取 ∞ 时，其结果与施行最大隶属原则相一致，得证。

在实际计算中，并不要求 $k\to\infty$，只要 k 充分大后，加权平均原则的结果就与最大隶属原则相一致。此时 k 的取值受 b_j 分布的影响，当 α 值较大时，k 较小些就与最大隶属原则相一致，当 α 值较小时，k 要较大些才与最大隶属原则相一致。例如，当 $b_j=(0.9,0.1,0.1,0.1,0.1)$ 时，$\alpha=4$，$k\geqslant 3$，两个原则的判定结果就一致了。而当 $b_j=(0.094,0.41,0.331,0.075,0)$ 时，$\alpha=0.43$，$k>30$，两个原则的判定结果才一致。

综上所述，在诸个 b_j 判别原则中，加权平均原则是对模糊统计综合评判结果判别的基本原则，简单平均原则（中位数原则）和最大隶属原则是加权平均原则两个方向相反的特例。

最后，我们把对 b_j 判别的基本步骤用框图表示，如图 2 所示。

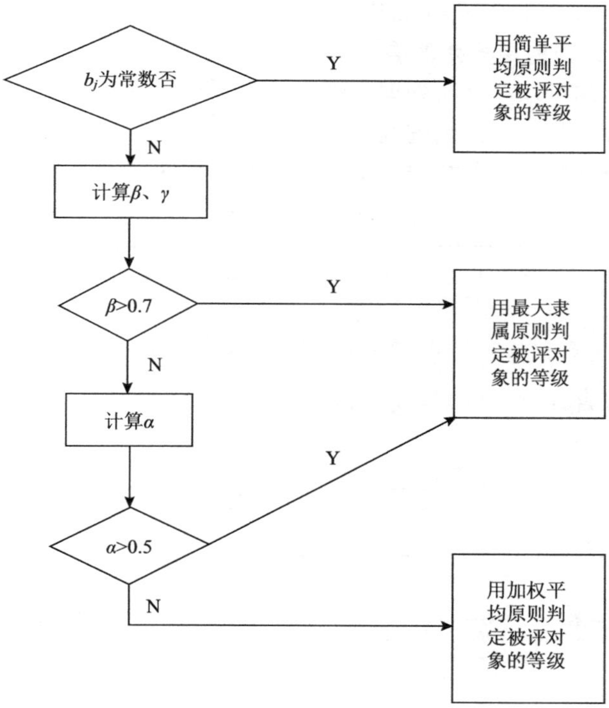

图 2　对 b_j 判别的基本步骤

3.5 模糊综合评判方法的评价

3.5.1 模糊综合评判方法的特点

与常规多指标综合评价方法、多元统计分析方法等用于综合评价的方法相比，模糊综合评判方法有它自身的一些特点。掌握这些特点，便于我们在实际应用中根据研究目的和对象来适当地选择方法。概括起来，模糊综合评判方法的主要特点如下。

3.5.1.1 从评判结果看

模糊综合评判结果是一个向量，而不是一个点值。这是模糊综合评判不同于其他任何多指标综合评价方法的地方。这是由模糊综合评判本身的性质所决定的，因为模糊综合评判的对象是具有中介过渡性或亦此亦彼性的事物，所以它的评判结果也就不应该是断然的，而只能用各个等级的隶属度来表示。由此我们才得到被评价事物某方面属性模糊状况的客观描述。

3.5.1.2 从评判的层次处理看

模糊综合评判可以多层次处理，满足了对较复杂事物的评价要求。

在模糊综合评判中，评判过程是可以循环的。前一过程综合评判结果可以作为后一过程综合评判的投入数据。单过程模糊综合评判可表示为图 3。

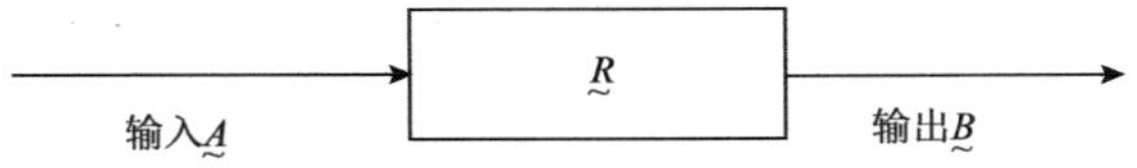

图 3　单过程模糊综合评判图示

两次模糊综合评判过程则可表示为图 4。

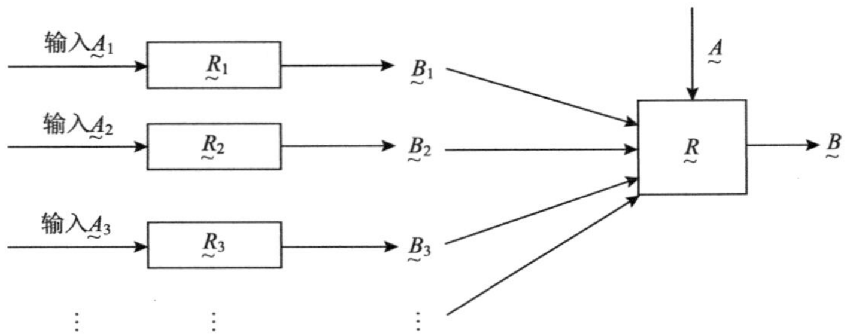

图 4　两次模糊综合评判过程图示

这样，对于一个较为复杂的事物，我们可以进行多层次的模糊综合评判。比如，经济效益状况可以分为活劳动消耗的经济效益、物化劳动的经济效益、资金占用的经济效益和技术进步的经济效益等几个方面来评判，而其中的每一方面又可以进一步划分，比如资金占用的经济效益又可分为固定资产占用和流动资金占用两个基本方面。我们先对某一方面的经济效益做出综合评判，然后再评判总的经济效益状况，采用多层次处理，就会得到更好的评价效果。

相比之下，常规多指标综合评价方法从方法原理上也可以这么做，但目前在实践中，层次处理的案例尚不多见。而多元统计分析方法则不是从层次角度来解决复杂事物评价的，在多元统计分析方法中，主分量分析和因子分析主要是从评判因素的相关角度来考虑复杂事物的综合评判的。因而，多层次评判是模糊综合评判的一个特点。

3.5.1.3 从指标的无量纲化处理看

指标（这里表现为因素）的可综合性问题是在模糊综合评判过程中自然解决的，不需要专门的指标无量纲化处理。在模糊综合评判中，由 $\underset{\sim}{B}=\underset{\sim}{A}\circ\underset{\sim}{R}$ 得到一组综合评判解，所综合的是 $\underset{\sim}{R}$ 阵元素。而 $\underset{\sim}{R}$ 阵元素代表了从某个评判因素（指标）着眼被评判对象隶属于某等级的程度，r_{ij} 本身是一个没有量纲的相对数，不需要专门的指标无量纲化处理。这一点与其他综合评价方法不同。因子分析和主分量分析出于综合评判与方法数学性质的双重需要，在过程一开始就得着手将指标标准化。而常规多指标综合评价方法则根据综合评判的要求，也内含着一个指标无量纲化的过程，否则不同量纲的指标间不能综合。

3.5.1.4 从评价的权处理看

模糊综合评判中的权系数向量 $\underset{\sim}{A}$，不是模糊综合评判过程中伴随生成的，而是人为估价，这一点与主分量分析、因子分析中伴随生成的信息量权不同。这里权系数向量 $\underset{\sim}{A}$ 是一个模糊向量，它是评判因素 u_i 对被评价事物的隶属关系，即单因素 u_i 在综合评判中所起作用大小的度量。

3.5.1.5 从评价指标的相关影响看

在模糊综合评判的合成中，对评判指标间的相关性影响是没有能力消除的，这一点与常规多指标综合评价相同，而与多元统计分析中的主分量分析、因子分析不同，因而可能产生评价指标间的信息重复问题。

3.5.1.6 从评价结果对样本的唯一性看

模糊综合评判结果对被评对象通常具有唯一性。模糊综合评判一般都是对被评对象逐个进行的，每个被评对象都可确定一个 $\underset{\sim}{R}$ 阵，最终得到一个 $\underset{\sim}{B}$ 向量，所以模糊综合评判结果对同一被评对象而言，只要评价指标权数相同，合成算子相同，就具有唯一性。不论被评对象处于什么样的被评对象集合中（空间或时间）都不会改变。比如将甲企业放在某 10 个企业中评判，与放在另 10 个企业中评判结果是相同的。这一点与多元统计分析中主分量分析、因子分析等相比，有很大的区别。

3.5.1.7 从评价的等级论域设立看

在模糊综合评判中，总是有一个评语等级论域，各等级含义的明确是十分重要的。无论是主观指标评判中等级判断，还是客观指标中隶属函数公式的选择，都需要了解各等级的内涵。在多元统计分析的主分量分析和因子分析中没有这种困难。一些常规多指标综合评价方法，需要确定较少的临界值（如满意值、不允许值等），但是也比等级及其内涵的确定容易些。

3.5.2 模糊综合评判方法的优点

从模糊综合评判方法的特点可以看出，它具有其他综合评价方法所不具备的优点，这主要表现在如下方面。

（1）模糊综合评判结果以向量的形式出现，提供的评判信息比其他方法丰富。

首先，模糊综合评判结果本身是一个向量，而不是一个单点值，并且这个向量是一个模糊子集，较为准确地刻画了事物本身的模糊状况。所以 $\underset{\sim}{B}$ 本身在信息的质和量上都具有优越性。

其次，模糊综合评判结果 $\underset{\sim}{B}$ 进一步加工又可提供一系列的综合参考信息。如前所述，按某判断原则可确定被评对象的对应等级，可计算模糊向量对应的单值，还可计算隶属度对比系数等。这种综合评判结果再加工，是其他方法所不能比的。

（2）模糊综合评判从层次性角度分析复杂事物，一方面，符合复杂事物的状况，有利于最大限度地客观描述被评判对象；另一方面，有利于尽可能准确地确定权数。在从指标本身重要程度出发确定权数时，通常把整个评价指标体系的权数看作一个整体，即要求 $\sum a_i = 1$，这样在事物比较复杂，所包含指标较多时，必然使每个指标的权数很小，指标间的重要程度差异不易体现出来。如果分开层次，每个层次内指标较少，而且重要程度差异也比较容易确定。因而，越是内容复杂，结构层次多的事物，应用多层次模糊综合评判方法的效果就越理想。

（3）模糊综合评判方法的适用性较强，弥补了其他方法的不足。模糊综合评判方法既可用于主观指标的综合评判，又可用于客观指标的综合评判，由于现实世界中亦此亦彼的中介过渡现象大量存在，因此模糊综合评判方法的应用范围较广，特别是在主观指标的综合评判中，模糊综合评判方法可以发挥模糊方法的独特作用，评价效果要优于其他方法。

（4）模糊综合评判中的权数属于估价权数，因而是可调整的，根据评判者的着眼点不同，可以改变评价指标的权数。比如当强调扭亏增盈时，盈利指标要给予高权，当强调资金占用效益时，资金周转速度要给予高权。这种定权方法适应性较强。另外，可以同时用几种不同的权数分配对同一被评对象进行综合评判，以进行比较研究。不过需要注意的是，权数的调整往往容易破坏同一被评对象不同评判结果间的可比性，不同被评对象用不同权数进行综合评判，彼此是不可比的。

3.5.3 模糊综合评判方法需要注意的问题

任何方法都有自身的局限性，模糊综合评判方法也不例外。

首先，模糊综合评判过程本身，不能解决评价指标间相关造成的评价信息重复问题。这是模糊综合评判不如多元统计分析中主分量分析和因子分析的地方。因而在进行模糊综合评判前，指标的预选处理特别重要。只有这样，才能把相关程度较大的指标删去，以保证评判结果的准确性。

其次，在模糊综合评判中，指标权数不是评判过程中伴随生成的（如同主分量分析那样），这样人为定权具有较大的灵活性，也注重了指标本身的重要程度，但人的主观作用比较大，能否充分反映客观实际，需要很好地把握。另外，对各被评对象的指标信息量考虑不够，有可能影响评判结果的区分度，这也是值得注意的。

4 多元统计分析方法用于多指标综合评价的系统分析

多元统计分析方法是近几十年在数理统计中迅猛发展的一个分支。它所包括的具体方法比较多，应用范围也比较广泛。在多指标综合评价上，提出应用的主要多元统计分析方法有主分量分析和因子分析，另外也有学者提出用聚类分析和判别分析。

本节的分析主要从多元方法与常规方法、模糊方法的对比，从多元方法中几种具体方法的对比来展开，分析侧重于这些多元统计分析方法何以能够应用于多指标综合评价的内在机理。

4.1 主分量法进行多指标综合评价的机理分析

4.1.1 主分量法进行多指标综合评价的基本思想

4.1.1.1 问题的提起

我们对样本（被评价对象）的评价是通过一定的指标进行的，多个指标构成一个多维空间，被评对象成为多维空间中的样本点。两个样本在某项指标上变差越大，说明样本在这一指标维度上的距离越大。由多项指标进行综合评价时，则要以各项指标的总变差来说明样本在多维空间的相对地位。然而在将单项变差综合为总变差时产生了以下问题：①评价指标量纲往往不同，变差不能直接综合；②指标间往往存在一定的相关关系，由此即使消除量纲影响后再综合，也会有信息重复；③在综合时如何确定各指标的权重。此外，如果评价指标较多，应该在变差信息损失较少的前提下减少工作量，也就是降维的问题，即用较少的新变量代替较多的原变量。主分量法正是在这些方面显示了其特点。

主分量分析是分量分析的一种，也叫主成分分析、主轴分析。它是一种应用范围较广的多元统计分析方法，进行多指标综合评价是主分量法的主要应用场合之一。

4.1.1.2　主分量分析的基本思想

我们先在二维空间中说明主分量法的基本思想。在二维空间（即用两个指标来衡量 n 个样本点）中，n 个样本点之间的变量信息若用离差平方和表示，则综合评价时的总变差为

$$\sum_{i=1}^{n}(x_{i1}-\overline{x}_1)^2+\sum_{i=1}^{n}(x_{i2}-\overline{x}_2)^2$$

如果 $\sum_{i=1}^{n}(x_{i1}-\overline{x}_1)^2$ 与 $\sum_{i=1}^{n}(x_{i2}-\overline{x}_2)^2$ 两个数值差不多，说明两个指标在变差总信息量中的比重相当，综合评价时，两个指标都不可舍弃。

如果找到 x_1、x_2 的一个适当的数学变换 F_1 和 F_2，满足：

$$\begin{aligned}&\sum_{i=1}^{n}(x_{i1}-\overline{x}_1)^2+\sum_{i=1}^{n}(x_{i2}-\overline{x}_2)^2\\&=\sum_{i=1}^{n}(F_{i1}-\overline{F}_1)^2+\sum_{i=1}^{n}(F_{i2}-\overline{F}_2)^2\end{aligned}$$

其中，$\overline{F}_1$ 为新变量 F_1 的均值；$\overline{F}_2$ 为新变量 F_2 的均值。上式说明这种变换使新变量 F 代表了原变量 X 的信息。

如果 $\sum_{i=1}^{n}(F_{i1}-\overline{F}_1)^2$ 与 $\sum_{i=1}^{n}(F_{i2}-\overline{F}_2)^2$ 的比例为4:1，这说明只用新变量 F_1 就可以反映原样本信息的 80%，这时仅用 F_1 来分析原问题就可以了。总之，$\sum_{i=1}^{n}(F_{i1}-\overline{F}_1)^2$ 在变差总信息量中的比例越大，新变量 F_1 在综合评价中的作用越大。可以把 F_1 与 F_2 称为原变量（观测指标）线性组合后的分量，显然 F_1 就成了主分量。

主分量分析恰是通过适当的数学变换，使新变量——分量成为原变量的线性组合，并寻求主分量来分析事物的一种方法。

4.1.1.3　主分量分析用于多指标综合评价的基本内容

设：F 代表分量，X 代表原变量，Z 代表标准化后的变量，i 代表各被评价样本，j 代表各评价指标，g 代表各分量，x_{ij} 代表第 i 个样本的第 j 个指标数值，Z_{ij} 代表第 i 个样本的第 j 个标准化指标的数值，L_{ij} 表示第 i 个样本的第 j 个标准化指标的分量系数，F_{ig} 表示第 i 个样本的第 g 个分量，即有

$$F_{ig}=\sum_{j=1}^{p}L_{ij}Z_{ij}$$
$$i=1,2,\cdots,n$$
$$j=1,2,\cdots,p$$
$$g=1,2,\cdots,p$$

其中，$\mathrm{cov}(F_g,F_{g+k})=0$，$k\neq 0$，$g+k\leqslant p$，也就是说各个分量间是相互独立的。

实施变换前后的总方差（与离差平方和一样说明变差信息量）是相等的，这说明原指标代表的变差信息已由各分量来表示。

数学上已经证明①，x_{ij} 的协方差矩阵（Σ）的特征根 λ_g 即是主分量分析中第 g 个分量的方差，而 λ_g 对应的特征向量即是第 g 个分量 F_g 中 Z_{ij} 的各个系数 L_{ij}（要求 $\sum_{i=1}^{n}L_{ij}^2=1$）。

然而在分析实际问题时，我们通常不直接将 X 变换成分量，而是将之标准化后再进行主分量分析。由于标准化变量的协方差矩阵等于其相关矩阵，于是，求协方差矩阵的特征根及特征向量可以转化为对相关矩阵 R 求解，有了特征向量作为系数，就完成了由 $X\to Z\to F$ 的变换。

再将各个分量 F_{ig} 用适当形式综合起来，我们就可以得到对每个样本点的一个综合评价值，依据它就可以对各样本排序，满足多指标综合评价的要求。

数学上还证明，主分量分析中各分量是按照方差大小依次排列的，即 $\lambda_g>\lambda_{g+1}$。这说明，第一分量代表的原变量变差信息最多，第二分量次之，最后一个分量代表原变量的信息最少，往往近乎于零。由此，我们在分析实际问题时，可以舍弃一部分分量，只取前 K 个分量来代表原变量，在满足分析问题的精度要求的前提下，减少工作量。

我们看到，对原变量实施适当的变量代换后，原来相关的 X 可变成互相独立的 Z，这样就有助于消除变量间相关关系对综合评价的信息重复影响。而且，在变换过程中，还为分量的综合提供了自身的权重系数（L_{ij} 和 λ_g），这些都有助于更科学地对事物进行多指标综合评价。

4.1.1.4 主分量法应用于多指标综合评价时的适用范围

并不是任何多指标综合评价问题都可以用主分量法解决。我们从指标数据间关系来分析其应用场合。一般来说，变量按相关程度有以下几种情况。

一般情况是 n 个变量完全相关。此时将 $n-1$ 个变量删除，也可以对被评价对象做出排序，无须那么多变量，也就谈不上用主分量法了。比如两个变量 x_1 与 x_2

① 有关证明请参阅多元统计分析的有关教材。

完全线性相关，即有 $x_1 = a + bx_2$，这时，x_2 有一个值，x_1 就有一个确定值，x_2 与 x_1 提供的信息是完全重复的。只有其中一个就可以对被评价对象做出说明了。

另一种情况是 n 个变量完全不相关。此时不可能将它们压缩为更少的变量，主分量分析的出发点通常是变量的相关矩阵，如果变量间完全不相关，相关矩阵为对角阵，主分量分析的去相关作用也就无从谈起了。

还有一种情况是 n 个变量间有一定的相关关系（即不完全相关）。此时可以实施主分量分析，然而，可以实施不等于实施效果理想，一般来说，变量间相关程度越高，主分量分析效果越好，即主分量分析的效果与变量间相关程度高低成正比。

以上三种情况可以归结为图 1。

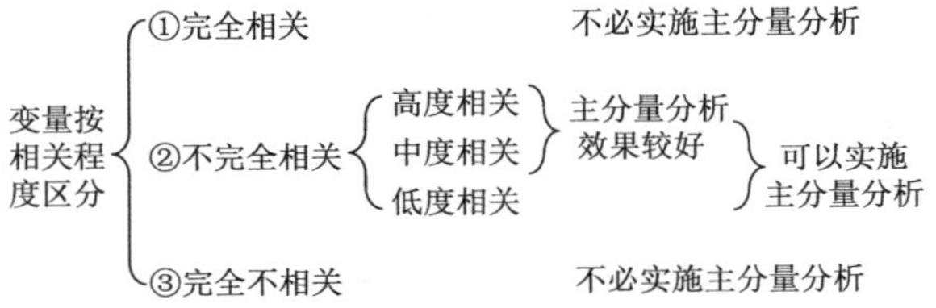

图 1　变量按相关程度区分的三种情况

应当说明的是，在现实社会经济生活中，多数指标还是处于不完全相关这一层次，因而主分量分析在多指标综合评价中还是大有用武之地的。

另外，主分量分析还可用于定性数据的多指标综合评价。日本的户田先生所做的“食品嗜好程度”调查，就是对定性数据成功地进行主分量分析的一个例证。

4.1.2 用主分量分析进行多指标综合评价的基本步骤

用主分量分析进行多指标综合评价的基本步骤包括：①原始指标数据的标准化；②求指标数据间的相关系数矩阵 R；③求 R 阵的特征根、特征向量和方差贡献率等；④确定主分量的个数 K；⑤对主分量的社会经济含义做出解释；⑥合成各主分量得到综合评价值。

上述步骤大致可用框图表示，如图 2 所示。

下面以某造纸公司下属 20 个企业的经济效益综合评价为例对以上列出的各步骤依次做出说明。

这里所用的分析指标有：x_1 为百元固定资产的产值，x_2 为净产值的劳动生产率，x_3 为百元产值的流动资金占用额，x_4 为产值利润率，x_5 为资金利润率。

表 1 是 20 个企业这五项指标的原始数据 x_{ij} 表。这里 i 代表样本（企业），$i = 1, 2, \cdots, 19, 20$；j 代表评价指标，$j = 1, 2, 3, 4, 5$。

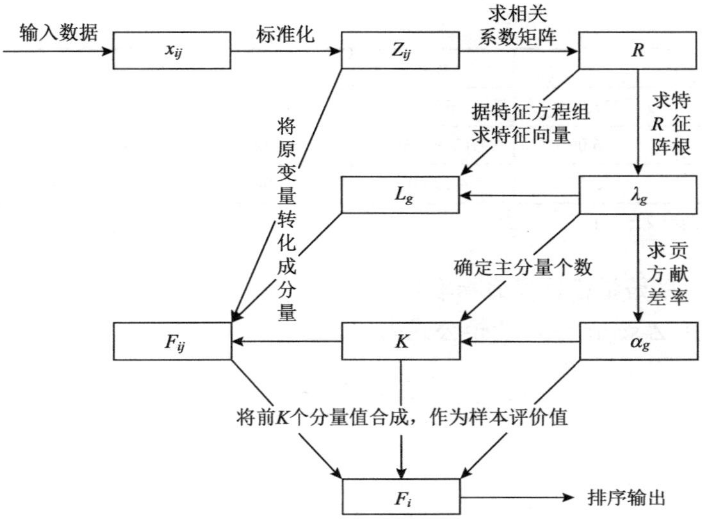

图 2　主分量分析的基本步骤

表 1　20 个造纸企业经济效益数据表

样本	x_{i1}	x_{i2}	x_{i3}	x_{i4}	x_{i5}
1	243.87	16 521	6.46	34.57	149.85
2	240.31	8 210	8.89	10.92	55.89
3	211.15	15 349	10.09	29.77	80.13
4	413.18	16 760	7.67	24.14	105.35
5	349.60	7 721	6.47	16.27	99.41
6	205.47	8 123	12.33	18.48	46.18
7	298.11	13 308	5.05	27.35	138.76
8	414.94	13 781	4.10	16.65	98.20
9	287.25	14 043	4.29	17.67	58.35
10	303.93	11 126	7.63	18.39	74.23
11	608.40	22 392	2.94	24.56	233.37
12	433.92	12 508	0.69	20.06	118.70
13	572.63	12 102	2.76	12.08	110.43
14	533.78	11 990	3.80	11.59	75.55
15	545.70	9 678	3.55	9.46	64.19
16	284.61	6 513	6.41	12.86	48.15
17	572.07	18 664	2.31	17.76	162.11
18	409.86	7 329	5.89	12.23	70.68
19	564.02	14 911	4.93	28.50	233.58

续表

样本	x_{i1}	x_{i2}	x_{i3}	x_{i4}	x_{i5}
20	221.20	6 743	14.08	30.25	60.84
$\overline{x}_j$	386.09	12 403.66	6.32	19.98	105.33
s_j	135.57	4 195.03	3.06	7.19	54.65

资料来源：参考文献（18），第 151 页

4.1.2.1 原始指标数据的标准化

这里采用 Z-score 法，变换公式为

$$Z_{ij} = \frac{x_{ij} - \overline{x}_j}{s_j}$$

其中：

$$\overline{x}_j = \frac{1}{n}\sum_{i=1}^{n} x_{ij}$$

$$s_j = \left[\frac{1}{n-1}\sum_{i=1}^{n}(x_{ij} - \overline{x}_j)^2\right]$$

$$i = 1,2,3,\cdots,n$$

$$j = 1,2,3,\cdots,p$$

经过变换后的数据，均值为 0，方差为 1。

为什么要将原始数据标准化呢？主分量分析在通过相关系数矩阵 R（协方差矩阵 Σ ）求主分量时，往往优先顾及方差 σ_j^2 较大的变量，即受变量的计量尺度影响较大，有时这会造成很不合理的结果。比如流动资金周转天数和净产值利税率两个指标，前者是两位数乃至三位数，而后者是百分数，由于数量级的差别，同样的变异程度，在前者数值上就显得比较大，通过相关系数矩阵 R（协方差矩阵 Σ ）求主分量时，前面的主分量往往倾向于容纳流动资金周转天数这个指标的变异信息，而实际上二者的变异程度却可能是相同的。这样求得的主分量可能是对原始变量信息的扭曲反映。为了更客观地说明主分量的内涵，就必须将原始变量数据标准化，去掉计量单位和数量级的影响。在 4.1.3 节中我们还将看到，将变量标准化，还是多指标综合评价的基本要求。

4.1.2.2 求指标数据间的相关系数矩阵 R

变量（指标）的相关系数矩阵 R 是主分量分析的出发点，其计算公式为

$$r_{jk} = \frac{1}{n-1}\sum_{i=1}^{n}\frac{(x_{ij} - \overline{x}_j)}{s_j}\frac{(x_{ik} - \overline{x}_k)}{s_k}$$

或

$$r_{jk} = \frac{1}{n-1}\sum_{i=1}^{n} Z_{ij} Z_{ik}$$

且有：$R_{ii} = 1$，$r_{ik} = r_{kj}$。

本例的计算结果如表 2 所示。

表 2　20 个企业五项经济指标的相关矩阵表

指标	x_1	x_2	x_3	x_4	x_5
x_1	1.0000	0.4523	−0.7762	−0.3495	0.5612
x_2		1.0000	−0.4818	0.4298	0.7346
x_3			1.0000	0.3959	−0.4240
x_4				1.0000	0.4951
x_5					1.0000

4.1.2.3　求 R 阵的特征根、特征向量和方差贡献率

R 的特征方程式为 $|\lambda I_p - R| = 0$，$\lambda_g(g = 1,2,\cdots,p)$ 为对该方程求解得到的特征根，它是主分量 F 的方差，它的大小描述了各个主分量在描述被评价对象上所起作用的大小。用 L 表示一个 p 维实向量，由方程组 $[\lambda_g I_p - R]L_g = 0$ 求得的向量 L_g 为特征根 λ_g 对应的特征向量，即标准化向量 $Z_j = \begin{pmatrix} Z_{1j} \\ \vdots \\ Z_{ij} \end{pmatrix}$ 在新坐标系下各分量上的系数。$\alpha_g = \lambda_g \Big/ \sum_{g=1}^{p} \lambda_g$ 表明每个分量说明原始变量的信息量，即方差贡献率。

表 3 为本例中 R 阵的各项指标。

表 3　R 阵的特征根、特征向量和方差贡献率

特征根 λ_g	对应的特征向量 L_{ij}					说明的信息量
	L_{i1}	L_{i2}	L_{i3}	L_{i4}	L_{i5}	$\lambda_g \Big/ \sum_{g=1}^{p} \lambda_g$
2.721	0.503	0.500	−0.479	0.060	0.513	54.42
1.738	−0.337	−0.292	0.382	0.746	0.315	34.76
0.332	0.460	−0.626	0.375	0.047	0.504	6.63
0.167	0.466	0.483	0.654	−0.190	−0.293	3.34
0.042	−0.454	0.199	0.236	−0.634	0.545	0.84

4.1.2.4　确定主分量个数 *K*

一般来说，分量个数等于原始变量的个数，如果原始变量个数较多，进行综合评价时就比较麻烦。所以，利用主分量分析对样本排序时，总是希望选取个数较少的主分量，同时还要使损失的信息量尽可能地少。通常对每个样本只就前 k 个主分量进行分析，而忽略后面 $(p-k)$ 个分量，这 k 个主分量保留原观测变量信息的比重为

$$\alpha(k)=\left(\sum_{g=1}^{k}\lambda_g\right)\left(\sum_{g=1}^{p}\lambda_g\right)^{-1}$$

这样，确定主分量个数的实质就是要在 k 和 $\alpha(k)$ 之间进行平衡，一方面要使 k 尽可能地小，另一方面要使 $\alpha(k)$ 足够大，即以较少的分量来取得原始变量的足够多的信息。

确定主分量个数的方法原则较多，在实践中比较通行的有以下几种。

1） $\alpha(k)\geqslant 85\%$ 准则

$\alpha(k)$ 多大才算足够大？这是一个有争议的问题，有的人提出 60%，有的人则提出 70%、75%或 80%。我们认为，确定 $\alpha(k)$ 足够大的依据应该是：由阈值 $\alpha(k)$ 对应的 k 对被评价样本的排序，若与 $(k+j)$ 个主分量对被评价样本的排序基本相同，则 $\alpha(k)$ 足够大。

比如在一个四样本 A、B、C、D 的综合评价中，当选取 k 个主分量排序为 $ACBD$，而选取 $k+1$ 个以上主分量排序仍为 $ACBD$ 时，就不必增加主分量个数，选用 k 个主分量就可以了。反之若用 $k+1$ 个主分量排序有了变动，就要考虑是否增加主分量个数。

根据国内用主分量分析进行多指标综合评价的实践来看，$\alpha(k)\geqslant 85\%$ 通常可以保证样本排序的稳定。所以这里把阈值定在 85%，$\alpha(k)\geqslant 85\%$ 是从实践中总结出来的，与其他原则相比，它通常有选取较多主分量的倾向。在本例中，$k=2$ 时，有 $\alpha(k)=89.18\%>85\%$，故取两个主分量足矣，参见表 3。

2） $\lambda_g>\bar{\lambda}$ 准则

先计算特征根 λ_g 的均值 $\bar{\lambda}$，然后将其与 λ_g 比较，选取 $\lambda_g>\bar{\lambda}$ 的前 k 个分量作为主分量。

若 λ_g 是由标准化数据的相关系数矩阵 R 求得的，则 $\bar{\lambda}=1$，此时不必作任何计算，选取 $\lambda_g>1$ 的前 k 个分量作为主分量即可（但由协方差矩阵求得 λ_g 仍要计算 $\bar{\lambda}$）。

在本例中，$\lambda_1>\lambda_2>\bar{\lambda}=1$（参见表 3 的数据），故选取前 2 个分量为主分量，这与 $\alpha(k)\geqslant 85\%$ 准则的选择结果一致，但通常这一准则容易选较少的主分量。

3）斯格里检验准则

在主分量分析中有一个斯格里检验（Scree test），可以作为确定主分量个数的参考准则。

斯格里检验的做法是：计算特征根差数（$\Delta\lambda = \lambda_{g+1} - \lambda_g$），如果 m 个 $\Delta\lambda$ 较接近，出现了较为稳定的差数值，则后 m 个分量可以确定不是主分量，这是从相反方向来确定主分量的一种做法。

在本例中，由表 3 计算得到，$\Delta\lambda$ 依次为 0.983，1.406，0.165，0.125。由此可以明确后两个分量不是主分量。这个准则也倾向选择较多的主分量，而且往往不是独立应用的。

4）巴特利特检验准则

在主分量分析中还有巴特利特检验（Bartlett test），也可以作为确定主分量个数的准则。

检验的零假设是最后 $(p-k)$ 个分量均等于或不显著地大于零。检验统计量是一个近似的 χ^2 变量，即

$$\chi^2 = c\ln Q$$

其中：

$$Q = \left(\prod_{g=k+1}^{p} \lambda_g\right)\left(\frac{1}{p-k}\prod_{g=k+1}^{p} \lambda_g\right)^{-(p-k)}$$

$$c = -(n-1) + \frac{1}{6}(2p+5) + \frac{2}{3}k$$

自由度 $df = (p-k-1)(p-k+2)/2$。

巴特利特检验是一个系列检验，从 $k=1$ 开始，一直检验到最后 $(p-k)$ 个分量不显著为止。

由于 F_{k+1} 是不显著第一分量，所以应选择较高的显著性水平，通常是 $\alpha = 0.20$ 或 $\alpha = 0.10$。

巴特利特检验的精确性受到观测样本数 n 的影响，当 n 较小时，有可能低估突出分量的数目；当 n 较大时，有可能高估突出分量的数目。

用巴特利特检验确定 k，比前几种准则工作量大，在实际中运用较少。

4.1.2.5　对主分量的社会经济含义做出解释

我们知道，主分量是原始变量的线性组合，它包括了比原始变量更复杂的内容，因而对主分量的社会经济含义做出合乎客观实际的解释说明是多指标综合评价中比较重要的一环。有了主分量的合理解释，才有利于进一步对被评价对象做出定性分析。

主分量的含义解释通常只能结合被评价对象的具体指标内容及其分量系数的

大小做出。但从国内外十几个主分量分析应用的具体案例，我们归纳出以下几条经验作为解释说明的参考思路。

（1）从 L_{ij} 系数值的大小入手。L_{ij} 表明了原始变量与主分量之间的关系，一个主分量在某个变量上的系数较大，则说明了该主分量主要代表了该变量的信息。而一个变量在该分量上的系数近乎为零，则说明该分量没有包含该变量的什么信息。以表 3 为例，第二主分量在 x_4 上的系数较大（为 0.746），说明该主分量主要表示该评价对象的产品盈利能力；而第一主分量在 x_4 上的系数几乎为零（为 0.060），则说明该分量对产值利润率的信息没有什么标示。

（2）从 L_{ij} 系数值的符号入手进行判断。系数的符号表明了原始变量与主分量之间的作用关系，一般地，正号表示变量与主分量作用同方向，而负号则表示变量与主分量作用是逆向动作关系。在本例中，第一主分量在 x_3 上系数 $L_{13}=-0.479$，为负数。而在 x_1、x_2、x_5 上均近乎于 0.500。这表示，除了百元产值的流动资金占用额下降外，百元固定资金的产值、资金利润率上升，可见第一主分量主要是反映资金占用方面经济效益的综合因素。

（3）如果变量分组较有规则，则应注意从 L_{ij} 系数值做出组内、组间对比分析。

我们看表 4。

表 4　体检综合评价相关矩阵的特征向量

变量分组		L_{i1}	L_{i2}	L_{i3}
教工	青年	0.3360	0.2995	−0.3721
	中年	0.3723	−0.0485	0.4638
	老年	0.4032	−0.2148	−0.0163
干部	青年	0.0007	0.6131	0.4880
	中年	0.3778	−0.0036	0.4038
	老年	0.3884	−0.2567	0.0415
工人	青年	0.2152	0.5444	−0.3969
	中年	0.3936	0.1949	−0.1056
	老年	0.3019	−0.2927	−0.2731

表 4 是用主分量分析进行体检资料综合评价实例的部分数据，从表 4 可知，变量分组是一个较为规则的一个复合分组，教工、干部和工人三组中又各分为青年、中年、老年三个小组。注意到第二主分量中，无论什么职业，青年组的系数（L_{12}、L_{42}、L_{72}）都较大；而老年组的系数（L_{32}、L_{62}、L_{92}）皆为负值，中年组的系数（L_{22}、L_{52}、L_{82}）属于二者之间，可见这个主分量表明了年龄因素的影响。我们再看第三主分量对应的 L_{i3} 值，干部组系数（L_{43}、L_{53}、L_{63}）皆为正数，工人

组系数（L_{73}、L_{83}、L_{93}）皆为负数，教工组系数（L_{13}、L_{23}、L_{33}）属于二者之间，这说明第三主分量表示工作因素的影响。

我们再来看表 5。

表 5　食品嗜好程度综合评价相关矩阵的特征向量

性别	年龄/岁	L_{i1}	L_{i2}	L_{i3}
男性	15 以下	0.286	0.443	0.194
	15～20	0.331	0.235	0.336
	20～30	0.323	−0.172	0.442
	30～40	0.299	−0.364	0.375
	40 以上	0.261	−0.509	0.123
女性	15 以下	0.309	0.409	−0.034
	15～20	0.344	0.256	−0.171
	20～30	0.348	0.036	−0.290
	30～40	0.346	−0.160	−0.332
	40 以上	0.303	−0.260	−0.522

表 5 是用主分量分析对食品嗜好程度综合评价实例中的部分数据。这个变量分组也是较为规则的，先按性别划分为两大组，再按年龄区分，注意到第二主分量对应的系数 L_{i2} 中年龄较小的组系数都为正值，而年龄较大的组系数都为负值，且随着年龄的增大，系数 L_{i2} 呈单调下降，因此第二主分量在这个事例中反映了年龄因素的作用。再看第三主分量对应的系数 L_{i3} 中，由于男性组系数皆为正数，女性组系数皆为负值，故而第三主分量这里表明了性别对嗜好的影响作用。

（4）如果主分量中各变量的系数都大致相同，要注意是否存在一个一般性的影响因素。

我们再来看表 4 和表 5 中的第一主分量，它们的系数 L_{i1} 都大致相同，对表 4 而言，这种情况可归结为各组人群身体产生异常的共同原因——环境因素。对表 5 而言，可以归结为该地区各组人员都无差异的公共嗜好倾向。

4.1.2.6　合成各主分量得到综合评价值

1）只用一个主分量排序

如何根据所求得的主分量对样本做出综合评价以得到一个样本的序呢？一种观点是利用第一主分量。

英国统计学家莫里斯 · 肯德尔（Maurice Kendall）认为："如果第一主分量可以看作要研究那个复杂事物的一个概括，那么可以根据第一分量 F_{i1} 提供的数值按

一定的顺序将 n 个个体排列。”[①]并认为第一主分量是概括变量变异程度的最佳线性函数，而且第一主分量“提供了它自身的权重系数”。

按照上述观点，多指标综合评价值是标准化变量值与对应的特征向量值的乘积和，即

$$F_{i1} = \sum_{g=1}^{p} \lambda_{ig} Z_{ig}$$

在本例中按表 3 数据有

$$F_{i1} = 0.503Z_{i1} + 0.500Z_{i2} - 0.479Z_{i3} + 0.060Z_{i4} + 0.513Z_{i5}$$

由此式即可得到 20 个企业各自的综合评价值，从而对其经济效益状况进行排序。

采用第一主分量对样本排序的理由是：①这样得到的加权合成分数的方差是最大的，因而可以最大限度地反映个体之间的差异；②这种加权合成分数的范围效度是最高的。范围效度（domain validity）是指加权合成分数与全部变量分数的一种综合特性之间的相关程度。

尽管如此，我们也认为，仅用第一主分量对样本作综合评价还是不够的。其理由在于那样做无视其他主分量在综合评价时应有的作用，损失的信息太多，有可能歪曲样本间的实际序关系。因为有时第一主分量仅能反映原样本变量信息的 50%～60%。

2）用 k 个主分量排序

改进的做法是：分别求每个主分量的线性加权和值 $F_{i1} - F_{ik}$，然后用每个主分量的贡献率 $\lambda_g \Big/ \sum_{g=1}^{p} \lambda_g$ 做权数，求 F_{ig} 的加权和，即

$$F_{ig} = \sum_{g=1}^{p} L_i Z_{ig}$$

$$F_i = \sum_{g=1}^{p} d_g F_{ig}$$

其中，$d_g = \lambda_g \Big/ \sum_{g=1}^{p} \lambda_g$； F_i 为多指标综合评价值。

按照我们试算的情况看，这种做法与仅用第一主分量进行排序有时相差较大，以本例数据我们可计算得到表 6。

① 参阅参考文献（14），第 31 页。

表 6　造纸企业的经济效益综合评价结果

代号	F_{i1}	F_{i1} 秩	F_i	F_i 秩	d	F_{i2}	F_{i2} 秩
1	0.481	7	1.106	4	−3	2.429	1
2	−1.868	18	−1.088	18	0	−0.212	10
3	−1.021	16	0.141	7	−9	2.003	2
4	0.433	8	0.526	6	−2	0.836	7
5	−0.786	14	−0.649	14	0	−0.636	12
6	−2.636	20	−1.294	19	−1	0.404	8
7	0.356	9	0.569	5	−4	1.081	5
8	0.508	6	0.054	8	2	−0.639	13
9	−0.318	12	−0.313	11	−1	−0.403	11
10	−0.951	15	−0.540	13	−2	−0.066	9
11	0.785	1	2.340	1	0	0.933	6
12	0.254	10	−0.116	10	0	−0.730	15
13	0.164	4	0.036	9	5	−1.720	18
14	0.521	5	−0.326	12	7	−1.754	19
15	0.179	11	−0.695	15	4	−2.279	20
16	−1.662	17	−1.328	20	3	−1.218	16
17	2.506	2	1.124	3	1	−0.722	14
18	−0.737	13	−0.859	17	4	−1.317	17
19	2.422	3	1.715	2	1	1.141	4
20	−2.585	19	−0.711	16	3	1.884	3

从表 6 可算得 $\sum d^2 = 246$，两种秩的等级相关系数为

$$R = 1 - \frac{6\sum d^2}{n(n^2-1)} = 1 - \frac{6 \times 246}{20(20^2-1)} = 0.8150$$

可见两种秩在整体上并不是十分吻合的，就具体企业而言更是如此。分析具体企业的情况，一般来说 x_4（第二主分量系数较高）数值在平均水平以上的企业，计算两个主分量的加权和与只用第一主分量相比，秩都有所提前，相反 x_4 数值在平均水平以下者秩多有所下降。因为在本例中，仅用第一主分量排序实质上无视 x_4 的作用；而将全部主分量都用来排序，才综合了各方面的信息，而且保持了用第一主分量作综合评价所具有的那些优点。

3）综合评价值出现负数的说明

在用主分量分析进行多指标综合评价时，如表 6 所示，综合评价值 F_i 中有一部分为负值，这里的负值并不代表被评价对象的社会经济行为的真切含义（如本

例并不代表企业的经济效益为负)，而是说明该样本在被评价的样本集合中的地位处在平均水平之下，因为 F_i 值是用标准化数据计算的，所以它是一组关于平均数为零的 n 个离差分数，正负只表示与平均水平的相对位置关系。总之，出现负值是数据的标准化传递效应的结果。当然，如果需要的话，经过恰当的变换处理（比如我们在讲述直线型无量纲化方法时，引入 K 和 Q 的办法），F_i 值也可以很方便地用人们通常所习惯的百分数来表示。

4）综合评价的几何表示

计算出 F_{ig} 的值后，还可以作图，将各样本之间的关系从几何角度直观地再现出来。作图时，通常以第一主分量 F_{i1} 和第二主分量 F_{i2} 为横轴与纵轴，且按数据横、纵轴等距离地作图。

我们认为，为了便于明确样本间的相对地位，并便于对它客观分类，F_{ig} 分值图不应横轴、纵轴等距离地画出，而应该考虑第一主分量与第二主分量的不同信息含量，也就是说 F_{i1} 轴（即横轴）的一个单位应该比 F_{i2} 轴（即纵轴）的一个单位更长些。具体做法可以是以下三种中的任何一种：① F_{i1} 轴以 $\lambda_1\Big/\sum_{g=1}^{p}\lambda_g$ 为一个单位量，F_{i2} 轴以 $\lambda_2\Big/\sum_{g=1}^{p}\lambda_g$ 为一个单位量；② F_{i2} 轴以 1 为单位量时，F_{i1} 轴以 λ_1/λ_2 为单位量；③ F_{i1} 轴以 1 为单位量时，F_{i2} 轴以 λ_2/λ_1 为单位量。按上述方法做出的 F_i 值图可以画出综合评价值 F_i 的无差异线，从而取得与 F 值相一致的几何表示。

图 3 是我们根据本例数据(参见表 6)画出的 20 个企业经济效益综合值 F_{ij} 图。

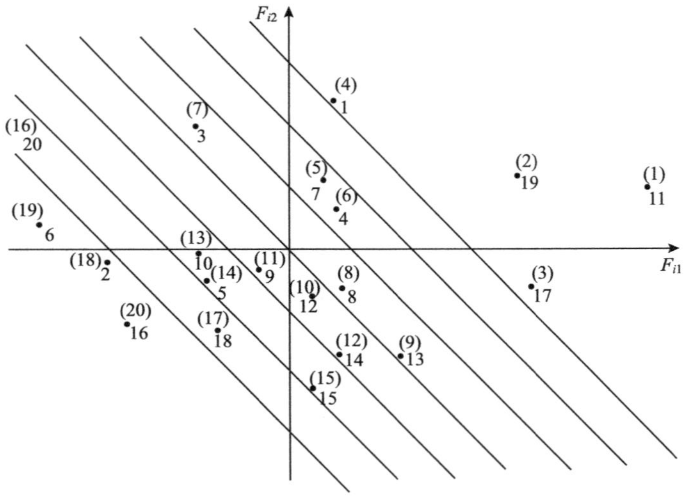

图 3　造纸企业经济效益综合值的几何表示（一）

横、纵轴采用相等单位量

横、纵轴采用不等单位量图中阿拉伯数字为样本代号，括号内的阿拉伯数字为样本的 F_i 秩。

在图 3 中，F_{i2} 以 1 为单位量时，F_i 以 $\lambda_1/\lambda_2=1.5656$ 为单位量。将图 3 与横、纵轴采用不等单位量做出的图 4 相比，就可以看出横、纵轴取不同单位量的长处。在图 4 中，第 17 号企业经济效益总值在第 3 位，但从图 3 中看却在第 1 号企业之后（1 号企业排第 4 位）。第 20 号企业排在第 16 位，但从图 4 中看，它却与排在 9、10、11 位的第 13 号、12 号和 9 号企业处于同等位置线上，这说明横轴 F_{i1} 与纵轴 F_{i2} 采用相等单位量做出的图与综合值 F_i 的秩不一致，这就不利于对样本的图上分类和排序。

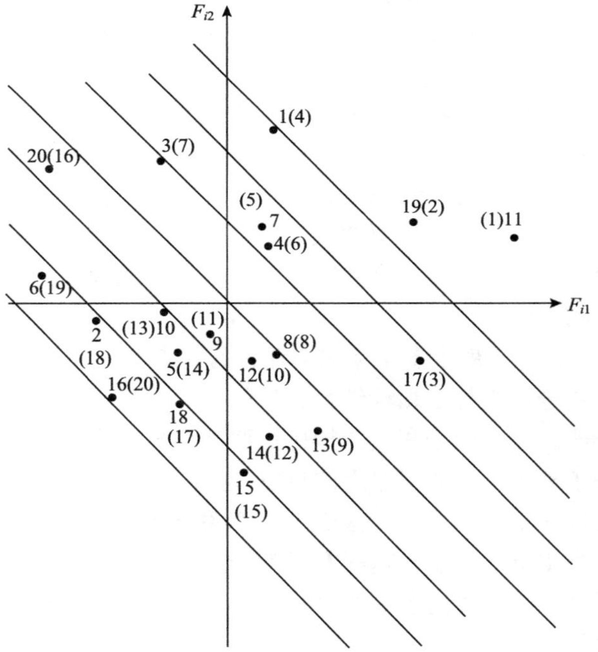

图 4 造纸企业经济效益综合值的几何表示（二）

横、纵轴采用不等单位量

改为不等单位量做出的图（图 4），样本点（各企业）的图上位置与 F_i 秩是一致的，图上对样本分类和排序就更准确了。

4.1.3 用主分量分析进行多指标综合评价的机理探索

这里我们研究主分量分析怎样解决评价的可综合性问题，它用于多指标综合评价具有哪些特点，以及由这些特点产生的优点和不足之处。

4.1.3.1　主分量分析怎样解决评价的可综合性问题

多指标综合评价的实质就是强使 p 维指数转化为一维指数的过程。综合评价值往往是由各加权成分组合而成的。对任何一种多指标综合评价方法，将各评价指标无量纲化以解决可综合性问题，都是首先要处理好的，否则综合评价就无从谈起。由此来看，可综合性问题是涉及多指标综合评价能不能进行的问题，而综合评价中的其他问题，比如权数确定等，则是评价结果理想与否的问题，是相对次要的问题。

在主分量分析进行多指标综合评价的步骤中，我们可以看出：可综合性问题实际上是在第一步——原始指标数据的标准化中解决的。数据经过标准化处理后，就变成了无量纲的相对数，不受计量单位影响，数量级也相同，就可以综合了。这种处理在思想上是与其他多指标综合评价方法相同的。

完成了数据的标准化，就满足了多指标综合评价中合成的要求，就可以计算综合评价价值了。其他多指标综合评价方法正是这么做的。

在数据标准化以后计算 R 及其特征根、特征向量、方差贡献率，确定主分量的个数等步骤中，主分量分析实质是在完成其他三项工作——消除原始变量间相关的影响；确定评价综合时所需要的权数；减少综合评价的指标维数。而正是在这些方面，主分量分析与模糊综合评判、常规多指标综合评价方法等有所不同，形成了一种独特的方法。

4.1.3.2　主分量分析用于多指标综合评价的特点

（1）用主分量分析进行多指标综合评价的第一个突出特点是消除了评价指标间相关关系的影响。当用两个相关的指标说明某个被评价对象时，指标间的相关性表明它们反映了被评价对象信息上的重复。当 $y=f(x_1,x_2)$ 且与 X_1 与 X_2 相关程度较大时，y 可以只用 x_1（或 x_2）来表示。相关指标不作转换处理直接合成，合成结果必定要包含重复的信息，这样有时就会歪曲被评价对象间的相对位置。

主分量分析将原来相关的各原始变量作数学变换，使其成为相互独立的分量，然后对分量计算综合评价值。与其他直接综合各指标评价值的方法相比，这就消除了指标相关对被评价对象的重复信息，这是主分量分析进行多指标综合评价的最大特点，也是它的最主要优点。

（2）用主分量分析进行多指标综合评价的第二个突出特点是综合评价值对同一样本的不唯一性。这里的不唯一性是说，同一样本在不同样本集合中的综合评价值，可能是不同的。假设有企业 A，与 10 个企业一起计算综合经济效益评价值时，得到一个数值 F_A，而与另外 10 个企业一起计算综合经济效益评价值时，可能得到另一个数值 F'_A。

就主分量分析而言，样本含量对 F 值计算结果是有影响的，这就意味着综合评价值对样本的不唯一性。从前面主分量分析进行多指标综合评价的基本步骤来看，样本综合评价值是在某一个样本集合中产生的，它表示了该样本在这个样本集合中的位置。相对于这个样本集合而言，该样本的位置是这样，它的样本综合评价值是这些；但加进新的样本或去掉某些样本，样本集合的平均水平和离差程度就可能有所变化，从而改变各样本的综合评价值。

主分量分析进行多指标综合评价的这一特点，使得这种方法在进行横向和纵向比较时，需要把被比较的样本放在一个样本集合中计算。不同样本集合中计算的综合评价值是不可比的。

这一点与功效系数法、综合指数法等常规多指标综合评价方法以及模糊综合评判方法相比就显不足了。那些方法中，某一个样本无论放在怎样的样本集合中，只要阈值不变，综合评价值总是相同的，从而便于横向、纵向比较。由此可见，主分量分析更适用于一次性的综合评价比较。

同时我们也要注意到，随着样本容量的扩大，无量纲化公式中的两个参数 $\bar{x}$ 和 s 将会趋于稳定，这样同一样本的评价结果也会趋于稳定，不唯一性就趋于消失。而且，用主分量分析进行多指标综合评价又要求样本容量较大，这对减少不唯一性是有利的。

（3）用主分量分析进行多指标综合评价的第三个突出特点在于它的权处理。由于主分量分析消除了评价指标间的相关影响，各分量是独立的，因而合成时采用加法合成最适宜。这里权数的确定对综合评价值有重要影响。

主分量分析进行多指标综合评价时的权处理与其他方法相比有很大的区别，这表现在以下三个方面。

第一，主分量分析进行多指标综合评价时，权数是从信息量和系统效应角度来确定的。

在数理统计中，信息量通常是用离差平方和或方差来表示的。主分量分析计算综合评价值时，用的权数 L_{ig} 和 $\dfrac{\lambda_g}{\sum\limits_{g=1}^{p}\lambda_g}$，都是与方差有关的统计量，因而这里使用的是信息量权数。

信息量权数与平均数和指数中通常使用的权数不同，也与功效系数法等常规多指标综合评价方法中使用的估价权数不同。信息量权数是从指标所含区分样本的信息量多少来确定指标重要程度的。试比较两个指标：资金利润率和百元固定资产利润额。通常认为资金利润率在反映经济效益上更为重要些，如果两个指标都用于经济效益的综合评价，那么资金利润率就要给予高值权数，而百元固定资产利润额的权数相对小些，这是从评价者角度估价的指标重要程度。但从信息量角度确定权值就不一定是这种结果。我们假定被评价样本的资金利润率都近乎相等，这说明这个指标区分这些样本经济效益好坏的信息量很小。反之，若百元固定资产利润额在各样本间相差较大，则按照主分量分析过程，实际计算综合评价值时，百元固定资产利润额的权数要大于资金利润率的权数。

在所举的造纸企业经济效益综合评价实例中（表 3），资金利润率在主分量上的系数（0.513 和 0.315）都高于净产值的劳动生产率在主分量上的系数（0.500 和−0.292），这说明在这 20 个造纸企业的经济效益评价中，资金利润率的权数高于净产值的劳动生产率。为什么会这样呢？我们计算这两个指标在 20 个造纸企业中的离差变异系数：

$$v_2 = \frac{s_2}{x_2} = \frac{4195.03}{12\,403.66} = 0.3382$$

$$v_5 = \frac{s_5}{x_5} = \frac{54.65}{105.33} = 0.5188$$

由 $v_5 > v_2$ 可知，资金利润率的离散程度高于净产值的劳动生产率，对区分 20 个企业经济效益好坏有更多的信息量，因而权数要高于净产值的劳动生产率。

由此我们可以看出，信息量权数与估价权数是从不同角度来确定指标重要程度的。估价权数是根据评价者对指标自身重要程度的估价而确定的，而信息量权数则是根据样本指标数值在该评价中分辨信息来确定的。估价权数是专门生成的，可以人为调整，而信息量权数在这里是伴随数学变换过程生成的，不能人为调整，但这种信息量权数是随着样本集合的变化而变化的。

第二，在主分量分析用于多指标综合评价时，可能产生负权数。例如，列举的造纸企业经济效益综合评价的实例中，L_{13} 和 L_{21} 分别为−0.479 与−0.337。英国统计学家肯德尔说过："在主分量中，某些系数可以是负的，对外行人来说，这些负的系数表示相应的变量是不利的并且应该省略掉。"①

如何解释负权数的出现呢？我们认为，其原因有二：一是数据标准化处理的传递效应所致。这和综合评价值 F 出现负数一样，负是相对于平均水平的零点而言的，带有负权数使得综合评价值 F 下降，相对低一些。二是现实社会经济生活中，确实存在着单个指标与综合评价值的逆向动作关系。某个指标的上升（或下降）意味着综合评价值的下降（或上升）。

如果就逆指标（即越小越好的指标，如前面的百元产值的流动资金占用额）而言，这一点是容易被人接受的，即 L_{13} 为负是合乎常理的。

但如果正指标（既越大越好的指标，如前面的百元固定资产的产值 x_1）出现了负权数，即 L_{21} 为负值，又如何解释？

我们认为，从单项指标孤立地看，的确存在正指标、逆指标的分野；但如果从指标联系的角度来看，着眼于指标变动代价与获益的对比，则无法肯定哪个指

① 参阅参考文献（14），第 31 页。

标是正指标或逆指标，指标本身都应是适度指标。就 4.1.2 节所举实例而言，造纸企业在提高设备效益时，所花费投资的增加，超过了由效率提高而引起的成本降低，设备产出率提高了，产值利润率却降低了，因而并非“正指标”间一定存在正相关关系。本例中百元固定资产的产值 x_1 与产值利润率 x_4 两个正指标间就存在负相关关系（表 2），这种负相关是现实经济现象的客观反映。

由此我们得知，“正指标”不是越大越好，而要看其变化后面的成本是否小于其变化的得益。由此我们也可以理解，如果综合计算总经济效益值时，某项“正指标”的权数为负值，那么很可能该指标在这个样本集合中，与总经济效益是逆向关系。

进一步地，主分量法进行多指标综合评价中出现的负权数可以用系统论中的系统性能、功效不守恒定律来解释。这个定律告诉我们：当子系统构成大系统（部分组成总体）后，子系统原有性能与功效不仅会增强、减弱或消失，而且会产生新性能、新功效。“正指标”在综合评价中权系数为负，说明它在这个样本资料中，对局部（即从单个指标看）是正功，但对全局（从所有指标看）是负功。可以把这种从子系统变动对大系统效应角度产生的权系数叫作系统效应权数①，这里，系统效应权数也是伴随“指标→分量转换”过程生成的，它往往和信息量权数结合在一起出现。

基于上面的认识，我们认为，正指标的权系数必定为正（通常综合评价值均是越大越好）的信条应该被打破。另外在用主分量分析进行多指标综合评价时，没有必要对原始指标作同向化处理，即不必把所有评价指标都变成正指标或逆指标。

第三，主分量分析进行多指标综合评价时，计算评价值的权数之和不等于 1。用主分量分析进行多指标综合评价包括两次合成，第一次是用 Z_{ij}（ X_{ij} 的标准化变量）的线性加权和计算 F_{ig}，$F_{ig}=\sum_{i=1}^{p}L_{ij}Z_{ij}$。在主分量分析中 F_{ig} 必须满足 $\sum_{i=1}^{p}L_{ij}^2=1$ 的条件，这样 $\sum_{i=1}^{p}L_{ij}$ 一般就不等于 1 了。

综合评价的第二次合成是将 F_{ig} 合成为 F_i，$F_i=\sum_{g=1}^{k}\left(\lambda_g\Big/\sum_{g=1}^{p}\lambda_g\right)F_{ig}$，由于我们通常只合成前 k 个主分量，有 $\alpha(k)=\sum_{g=1}^{k}\left(\lambda_g\Big/\sum_{g=1}^{p}\lambda_g\right)<1$，也有权数和不等于 1。

当然这两种情况都可以采用归一化的方法处理，使其达到权和为 1 的古典标

① 《多指标综合评价方法综论》中的 5.3 节内容将专门讨论权数问题。

准，但是否归一化，对综合评价而言，并没有实质性的改变。

（4）降维在多指标综合评价中的简化作用。这里我们还想指出的是，虽然主分量分析是以降维作为其主要特性的，但就多指标综合评价而言，并不很注重主分量分析的降维作用。在现代计算技术条件下，即使不确定主分量，而将所有分量的合成评价值 F_{ig} 都计算出来，再综合成 F_i 值，也未尝不可，而且此时得到的将是 F_i 的精确值。

不过由于 F_i 值只反映了被评价样本间的相对地位，一般选择 $\alpha(k) \geqslant 85\%$ 以后，各被评价对象 F 值的序就大致确定了。因而出于减少计算工作量的想法，还是确定主分量来作综合评价。

总之，主分量分析的降维在多指标综合评价中仅仅起到简化工作的作用，对综合评价的实质过程并没有什么影响。

（5）主分量分析进行多指标综合评价比较模式化。从主分量分析进行多指标综合评价的基本步骤中可以看出，各步骤方法都比较单一，不像其他多指标综合评价方法那样，选择余地比较大，比如无量纲化只能用 Z-score 法，求综合评价值只宜用加法合成，求解相关系数矩阵 R 及其特征根、特征向量、方差贡献率等的方法也较规范，所以用主分量分析进行多指标综合评价比较模式化，可以将计算过程用电子计算机进行程序处理。

4.1.3.3 主分量分析进行多指标综合评价的优点

用主分量分析进行多指标综合评价具有以下几个优点。

（1）消除了评价指标间的相关影响。在多指标综合评价中，各评价指标彼此间往往存在一定程度的相关关系，这表现出它们对被评价对象反映的信息有所重复，消除了这种重复信息对综合评价值的影响，就有助于正确认识被评价对象的相对地位。另外，主分量分析用于多指标综合评价是对彼此独立的分量进行合成，正适于采用加法合成的合成方法，不必在合成方法选择上多做工作。

（2）减少了指标选择的工作量。在其他多指标综合评价方法中，由于难以消除评价指标间的相关影响，选择评价指标时要花费不少精力，尽量避免选择相关程度高的指标，以减少评价信息的重复。在主分量分析中由于可以消除这种重复的影响，因而在指标选择上相对容易些。

但这里应该注意，主分量分析确定评价指标的原则是宁多勿少，尽可能地全面。从前面的分析我们知道，主分量分析可以保留原始评价指标的大部分信息，但不能以此误认为主分量分析一定可以保留被评价对象的大部分信息。如果指标选择不够全面，就会先天不足，再好的分析方法也会失去效用①。

（3）在主分量分析将原始变量变换为分量的过程中，同时形成了反映分量和

① 参阅参考文献（44）。

指标包含信息量的权数，以计算综合评价值，这比人为地确定权数工作量少些，也有助于保证客观地反映样本间的现实关系。

另外，采用信息量权数，可以最大限度地区分样本，这就提高了综合评价的效度。

4.1.3.4 主分量分析的不足之处

主分量分析也不是一个尽善尽美的分析方法，对多指标综合评价而言，它的不足之处主要有以下五个方面。

（1）在计算综合评价值时，没有充分考虑指标本身的相对重要程度，权数对评价指标而言，在不同样本集合中是变化的。

（2）转换结果受样本指标间关系的影响，如果指标间数据相关程度不高，不一定能得到理想的主分量，这可能导致较多主分量的存在，降维的作用不明显。

（3）主分量分析对原始变量与分量的关系都是由线性关系处理的，然而有的时候二者之间也可能是非线性关系，只进行线性处理可能导致对现实关系反映上的偏差。

（4）综合评价值对不同样本集合中的同一样本可能不唯一，这相对于其他一些多指标综合评价方法而言，不便于横向和纵向比较，不便于统计资料的系列累积。

（5）主分量分析进行多指标综合评价时，无量纲化处理必须用 Z-score 法，而 Z-score 法又要求在数据个数较多时才能应用，或者说应用效果才比较合理，所以主分量进行多指标综合评价，不仅要求评价指标存在相关关系的条件，而且要求被评价对象（样本）个数较多的条件。这个“较多”一般最好要超过大样本数目。有的学者提出，当样本大于指标数两倍时（指标数在多指标综合评价中不应过少），评价效果比较理想，其理由恐怕就在于此。总之，这些限制条件就表现为主分量分析应用于多指标综合评价的局限性。

对上述问题，实践中也提出一些补救办法。有的学者提出加权主分量分析的处理手法；有的学者提出用因子分析中的旋转方法来处理分量，以期得到较为明显的主分量；还有的学者提出对成分向量实行非线性的“对数—中心化变换”等。随着主分量分析应用研究的进一步深入，这些问题大多可以逐步得到解决。

同时我们还应该看到，上述不足中的第二、四条，对多指标综合评价来说，并没有多大影响。因为前面我们说过，用主分量分析进行多指标综合评价，并不很注重它的降维作用。而第二个不足，主要影响到主分量的取得，即降维效果。就第四个不足而言，在现代计算机技术和多元统计软件包应用越来越普及的情况下，主分量分析进行多指标综合评价的横向、纵向对比，现场操作也不算麻烦，只要将被比样本数据放在一个合宜的样本集合中输入电脑，按专用软件操作很容易就可得到综合评价值，进而对比排序。

4.2 因子分析进行多指标综合评价的机理探索

4.2.1 因子分析的基本思想

4.2.1.1 因子分析模型及其指标含义

因子分析（factor analysis）也是一种较为实用的多元统计分析方法，它是在主分量分析的基础上发展起来的。

因子分析的数学模型是把 p 个观测变量分别表示为 $m < p$ 个公共因子和一个独特因子的加法合成，即

$$Z_i = a_{i1}F_1 + a_{i2}F_2 + \cdots + a_{im}F_m + a_i\varepsilon_i = \sum_{j=1}^{m} a_{ij}F_j + a_i\varepsilon_i \quad (i = 1, 2, \cdots, p)$$

其中，i 为各评价指标序号；x_i 为原变量（观测变量）；Z_i 为原变量的标准化变量；$F_1, F_2, \cdots, F_m$ 为公共因子，它是在各个变量中共同出现的因子，因子之间通常是彼此独立的；j 代表因子序号，$j = 1, 2, \cdots, m$（$m \leqslant p$）；ε_i 为独特因子，它们分别是各个对应变量 X_i 所特有的因子，比如 ε_1 为 x_1 所独有的因子；系数 a_i 为独特因子负荷，在实际应用中 a_i 常常取零，即忽略不计随机项 ε_i；a_{ij} 为第 i 个变量在第 j 个公共因子上的系数，叫作因子负荷。$A = [a_{ij}]$叫因子负荷矩阵。实质上，因子负荷就是变量 Z_{ij} 与公共因子 F_j 之间的相关系数，它反映了第 i 个变量在第 j 个公共因子上的相对重要性。反过来说，它也是某一因子在某一变量信息的概括表示中所作贡献大小的指标。

因子负荷矩阵中各行元素平方之和 $h_i^2 = a_{i1}^2 + a_{i2}^2 + \cdots + a_{im}^2$ 称为变量 Z_i 的公共因子方差，也叫共同度（communality）。

每一个变量 Z_i 的方差可用下式表示：

$$D_{Z_i} = a_{i1}^2 DF_1 + a_{i2}^2 DF_2 + \cdots + a_{im}^2 DF_m + a_i^2 D\varepsilon_i$$

由于对原变量、公共因子和独特因子进行了标准化处理，所以有

$$1 = h_i^2 + a_i^2$$

上式表明，变量 Z_i 的方差由两部分组成：一部分是公共因子方差，它表明全部公共因子对变量总方差的贡献。h_i^2 越接近 1，说明变量的原始信息被公共因子概括表示的程度越高，因子分析越有效。另一部分则是独特因子的方差。

因子负荷矩阵各列元素的平方和 s_j 为单个公共因子 F_i 的方差贡献。

$$s_j = a_{1j}^2 + a_{2j}^2 + \cdots + a_{pj}^2$$

它是衡量某个公共因子相对重要性的指标，即在 x_i 的总方差中，公共因子 F_i

说明了其中若干方差。它等于公共因子 F_i 所对应的特征值，即

$$s_j = \sum_{i=1}^{p} a_{ij}^2 = \lambda_j$$

因此，在确定公共因子个数时，就往往以特征根 λ_j 的累计百分数达到某一阈值（85%）为依据。

4.2.1.2 因子分析的作用及其在多指标综合评价中的应用

因子分析的核心就是要从有关变量交互相关的数据中，找出其中潜藏着起决定作用的若干基本因子，从而得到对事物更深刻的认识。因而因子分析的主要内容就是要把相关矩阵通过一系列数学处理，得出一个较易揭示事物内部联系的因子负荷矩阵，从而确定具体的因子模型。

确定了因子模型，就可以确定公共因子在全部的变量变差中所起作用的大小，以及各个变量变差的公共性大小，同时还可以由负荷系数的大小判断公共因子的性质，并用少数几个公共因子有效地代替原来多个变量来说明样本。例如，我们求得一个因子模型如表 7 所示。

表 7 因子模型

变量	F_1	F_2	h_i^2
x_1	0.9772	0.1237	0.9702
x_2	0.9707	0.1096	0.9543
x_3	0.9765	0.1338	0.9715
x_4	−0.3887	0.9213	0.9999
s_j	3.0018	0.8940	3.8958

从表 7 中可以看到：①两个公共因子 F_1 和 F_2 说明了原来 4 个变量的变差信息的绝大部分（高达 $\frac{3.8958}{4}=97.40\%$），其中第一公共因子 F_1 说明了 3.0018/4 = 75.05%。②原变量 x_i 的大部分变差信息由公共因子来说明，比如变量 x_4 的变差信息只有 1−99.99% = 0.01%为独特因素说明，可见变量变差的公共性相当大。③从变量的因子负荷看，前三个变量在第一公共因子上负荷较高，第四个变量在第二公共因子上负荷较高。可见原变量可以分成两类，由两个公共因子可以有效地替代原来 4 个变量对样本做出说明。

抽取公共因子的过程实际上是对 p 维原变量 x_i 的协方差矩阵 Σ 进行一种分解，把具有公共变因的变差由大到小地一部分一部分地分解出来。对标准化变量而言，协方差矩阵与相关矩阵是一致的，所以对协方差矩阵的分解变成了对相关矩阵的分解，因而因子分析也是从相关矩阵开始的。

就在多指标综合评价上的应用而言，因子分析与主分量分析的基本思想是大致相同的，也是要计算出一个综合评价值，不过这里的综合评价值应是对公共因子的合成。在综合评价过程中，也要完成主分量分析进行多指标综合评价所做的四项基本工作：解决变量的可综合性问题、消除变量间相关对被评价结果的影响、确定合成所用权数、减少评价指标维数。

4.2.2　因子分析进行多指标综合评价的基本步骤

用因子分析进行多指标综合评价，一般包括以下九个步骤。

（1）将原始变量数据标准化。

（2）求解标准化变量的相关系数矩阵。

（3）求解相关矩阵 R 的特征根、特征向量和方差贡献率。

（4）确定公共因子个数。

以上四个步骤与主分量分析中的前四个步骤做法是完全相同的。

（5）求解初始因子负荷矩阵。这一步也就是求解因子模型，即

$$Z = AF$$

$$Z = \begin{bmatrix} Z_1 \\ \vdots \\ Z_p \end{bmatrix}$$

$$F = \begin{bmatrix} F_1 \\ \vdots \\ F_m \end{bmatrix}$$

中因子系数 A 的初始解。将由 R 阵解得的特征向量 U_{ij} 正规化，即求解：

$$\Gamma_{ij} = \frac{1}{|u_{ij}|} u_{ij}$$

再将正规化特征向量与 $\sqrt{\lambda_j}\,(j = 1, 2, \cdots, n, m \leqslant p)$ 相乘，就得到了初始因子负荷矩阵 A，即

$$\left(A_{ij}\right) = \left(\Gamma_{ij}\sqrt{\lambda_j}\right)$$

（6）对初始因子负荷矩阵作旋转处理。为什么要实施旋转处理。有的时候，求得的初始因子负荷矩阵往往难以对公共因子的性质做出适当说明，难以解释实际问题。例如，表 8 中变量与因子之间的关系不甚明确，这时就需要对初始因子负荷矩阵实施因子旋转。

表 8　初始因子负荷表

变量	因子Ⅰ	因子Ⅱ
1	0.762	0
2	0.827	−0.355
3	0.604	0.394
4	0.670	0.039
5	0.460	0.197
6	0.236	0.552
7	0.591	0.617
8	0.315	0.736

因子旋转的目的是使各个因子的负荷值尽可能地向 1 或 0 两个极值转化，这样就易于说明某个公共因子集中代表了哪些变量的变差信息，从而也就易于了解公共因子的性质了。对表 8 作因子旋转的结果如表 9 所示。

表 9　旋转后的因子负荷表

变量	因子Ⅰ	因子Ⅱ
1	0.70	0.30
2	0.90	0
3	0.40	0.60
4	0.60	0.30
5	0.50	0
6	0	0.60
7	0.30	0.80
8	0	0.80

从表 9 中可以看出，第Ⅰ公共因子主要由变量 1、2、4、5 决定；第Ⅱ公共因子主要由变量 3、6、7、8 决定，根据这些不同变量的性质就可以判断出公共因子的性质。

因子旋转处理的方法。方差最大正交旋转法（varimax rotation）是因子旋转的主要方法之一，它是以各因子负荷值的总方差达到最大作为因子负荷矩阵简化的原则。

$$V=\sum_{j=1}^{m}\left\{p\cdot\sum_{i=1}^{p}\left(b_{ij}^{2}/h_{i}^{2}\right)^{2}-\left[\sum_{i=1}^{p}\left(b_{ij}^{2}/h_{i}^{2}\right)\right]^{2}\right\}\Big/p^{2}$$

方差极大旋转的意义是求一个正交变换矩阵 C，使得 $B = A \cdot C$，$B = (b_{ij})$，且满足 V 最大，对 A 旋转若干次，直到 V 收敛于某一个极大值，即完成了 A 的简化。

有时，正交旋转后公共因子仍然没有明显的实际意义，这时需要做斜交旋转。在正交旋转中始终保持了初始解中因子间不相关的特点，然而在现实经济社会生活中，各种事物变化的各种内在因子之间也可能存在着错综复杂的联系，因子之间有时是存在相关关系的，这时为了使因子模型最大程度地拟合自然状况，需要采用斜交旋转，即用相关因子对变量进行线性描述。

为什么可以对因子实施旋转处理呢？在因子分析中，因子负荷的解并不是唯一的，从几何意义上看，两个变量之间的相关系数就是这两个变量的矢量之长及其间夹角余弦的乘积，即 $r_{ij} = Q_i Q_j \cos\alpha$，这表明每一个 α 都规定了（或决定于）两个矢量的长度和夹角的大小，见图 5。

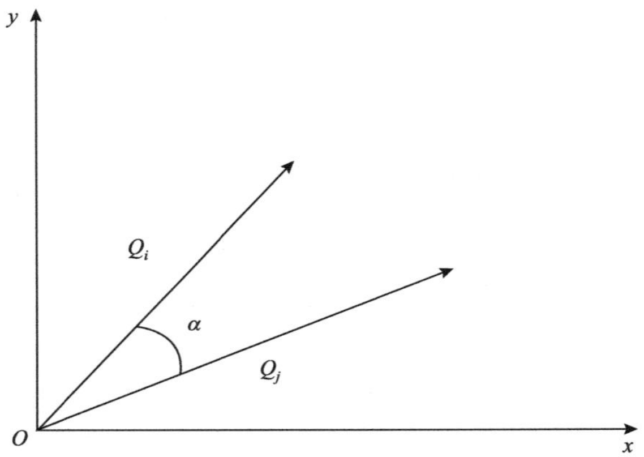

图 5　旋转处理的几何意义

就一组变量而言，整个相关矩阵所有 r 值彼此之间的关系规定了（或决定于）这一群矢量的长度及彼此分隔角的总形态，或称“完形”（configuration），每一个给定的相关矩阵都有这种确定的“完形”，二者是完全等价的，这个“完形”对给定的相关矩阵是独一无二的，但它却可以借助于无限多个不同的参考轴标架（the frame of reference axes）来加以表达。采用任何一种参考轴标架都不会使这种确定的“完形”走样，更不会使原来确定的交互相关关系的信息受到任何损失，因而由不同参考轴标架得出的因子负荷量也同样可以使原来给定的交互相关系数获得解释。正是由于上述原因，我们才能在因子分析中，先求解一个初始因子矩阵，通过参考轴的旋转，把最符合实际的因子负荷阵确定下来。

（7）因子的社会经济含义说明。这一步与主分量分析中的做法基本相同，就是根据其因子在若干变量上负荷值高低、正负及这些变量的共性，来说明该因子的社会经济含义。

（8）估计因子得分。为什么是“估计”？在主分量分析中，由于将分量表现为原变量的线性组合，所以计算分量综合评价值的公式是现成的；在因子分析中恰好相反，是变量表现为各公共因子的线性组合，而计算因子得分却要求将因子表现为原变量的线性组合，由于 $m\times p$ 阶矩阵 A 是不可逆的，即因子与原变量之间不存在可逆关系，所以不能把因子精确地表现为变量的线性组合，就是说因子得分在理论上是不可测的。

然而在实际问题的应用中，人们一旦获得了公共因子和因子负荷后，总希望根据这些信息反过来考察每个样本的状况，这就要采用一定的方法来估计因子得分。

估计因子得分的方法不止一种，比较常用的是汤姆森（Thomson）因子得分估计法。

Thomson①假设因子可以对 p 个变量作回归，即建立回归方程：

$$F_j = b_{j0} + b_{j1}x_1 + b_{j2}x_2 + \cdots + b_{jp}x_p$$

由于变量和因子均已标准化，所以有 $b_{j0}=0$，由最小二乘估计求得因子得分系数矩阵 $B = A'R^{-1}$，式中 R 为原变量的相关系数矩阵，当因子正交时，A' 为旋转后因子负荷矩阵 A 的转置；当因子斜交时，A' 为因子结构矩阵的转置。

由因子得分系数矩阵 B 和原变量标准化后的矩阵 Z，可以求得因子得分的估计值，即

$$\hat{F}_j = BZ$$

（9）求综合评价值 F ——总因子分数估计值 $\hat{F}$。对每一个样本来说，有若干个因子得分，要对样本排序，做出综合评价，还得计算因子得分估计值的合成分数，也就是计算这些因子得分估计值的线性加权和。其权数自然是采用每个因子的方差贡献率 $\lambda_j \Big/ \sum_{j=1}^{m}\lambda_j$，即有

$$\hat{F} = \sum_{j=1}^{m}\hat{F}_j w_j$$

其中，$w_j = \lambda_j \Big/ \sum_{j=1}^{m}\lambda_j$。

到此就完成了对单个样本综合评价所需的工作，每个样本都进行这样的过程，

① 参阅参考文献（45）。

就分别得到各个样本的 F 值。最后可依 F 的大小对样本排序。归结上述过程，表示如图 6 所示。

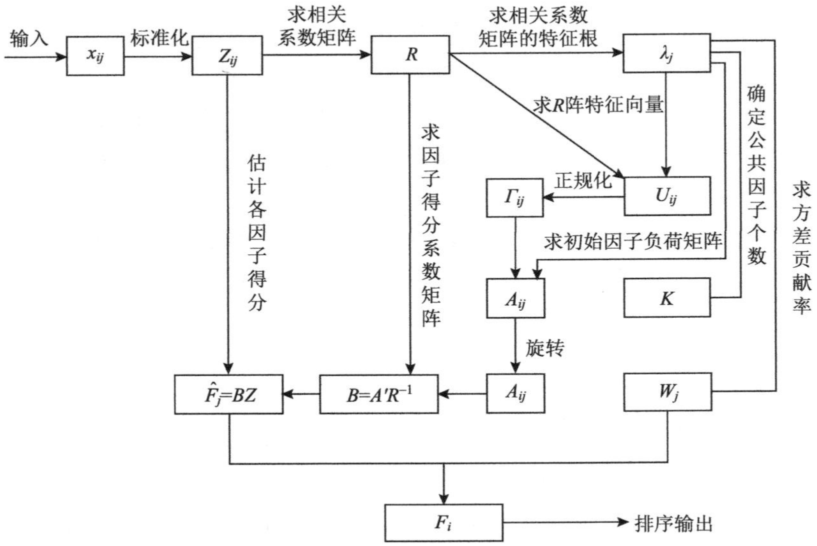

图 6　因子分析的基本步骤

4.2.3　因子分析与主分量分析在多指标综合评价上的异同比较

4.2.3.1　因子分析与主分量分析在多指标综合评价上的相同之处

从前面的分析中我们看到，因子分析与主分量分析在多指标综合评价的应用中有很多相似之处，这主要表现在以下八个方面。

（1）因子分析进行多指标综合评价的基本思想与主分量分析一致。因子分析也是要合成一个综合评价值对样本进行排序，整个过程中也完成了去量纲、去相关、定权数、降维这四项基本工作。

（2）因子模型的建立也需要对原变量数据进行标准化处理，从而同样在处理中解决了综合评价中的可综合性问题。

（3）在正交因子解中，因子分析同样将原来相关的变量分解为互不相关的公共因子，再对公共因子合成，就消除了变量相关对综合评价的影响。

（4）在因子分析中，合成因子分数的权数也是在变换中伴随产生的，不是人为确定的；而且也是从信息量角度确定的。其中，合成总因子分数的权与主分量分析中计算总评价值的权相同，都是特征根累计方差比重$\left(\lambda_j\Big/\sum_{j=1}^{m}\lambda_j\right)$；合成因子分数的权是因子得分系数矩阵 B，由 $B = A'R^{-1}$，可知，因子得分系数也是与变量变差信息有关的一种统计量，因而也是从信息量角度确定权数的。

（5）因子分析也是从众多原变量来分解出少数几个公共因子，从而减少了评价指标维数，同样是在信息损失不大的前提下，减少了评价工作量，这与主分量分析抽取 k 个主分量的思想是一致的（表 10）。

表 10　主分量分析和因子分析的相同点

主分量分析	因子分析
1 变量数据标准化	1 变量数据标准化
2 求 R 阵	2 求 R 阵
3 求 R 阵的特征根、特征向量、方差贡献率	3 求 R 阵的特征根、特征向量、方差贡献率
4 确定主分量个数	4 确定公共因子个数
5 解释主分量含义	5 求解初始因子负荷矩阵
6 求各主分量的合成分数	6 对初始因子负荷作旋转处理
	7 说明因子含义
	8 估计因子得分
	9 求总因子分数估计值

（6）因子分析进行多指标综合评价的过程与主分量分析的过程是基本一致的。

（7）因子分析通常也是从变量相关矩阵出发着手分解的，因而它的应用场合也与主分量分析相同，即当变量不完全相关时方可使用因子分析进行多指标综合评价，而变量间相关程度较高时因子分析的效果较为理想。

（8）因子分析中因子与变量也是线性函数关系，这与主分量分析中分量与变量的关系相同。

由于因子分析与主分量分析在多指标综合评价中有很多相同之处，因此，因子分析进行多指标综合评价也就具有了主分量分析具备的那些特点、优点和不足之处①。

因子分析在正交因子解中也可以消除变量间相关对综合评价的影响，因子得分对不同样本集合中的同一样本也是不唯一的；因子得分的权也是从信息量角度设计的，也可能出现负权数，权数之和也可能不等于 1。

因子分析在正交因子解中与主分量分析一样可消除重复信息的影响；同样可以减少指标选取上的工作量；合成中产生的信息权同样对综合评价结果有积极的影响。

① 参见 4.1.3 节的论述。

另外，因子分析与主分量分析相同，也没有充分考虑指标本身重要程度在合成中的作用；也是用线性关系来处理原变量和因子间关系的；分析结果也受到原变量间相关程度影响；因子分数对样本的不唯一性也对横向、纵向对比有所影响。

4.2.3.2　因子分析与主分量分析在多指标综合评价上的差异点分析

正是由于因子分析与主分量分析在多指标综合评价中有这么多相同之处，以至有的学者将二者混为一谈，明明应用的是主分量法，却冠以因子分析的名称。然而我们认为，因子分析与主分量分析毕竟是两种不同的多元统计分析方法，它们之间存在着差异，而这些差异导致了因子分析在多指标综合评价上不同于主分量分析的一些特点。

我们先将因子分析与主分量分析方法本身的主要不同点列示出来，见表 11。

表 11　主分量分析和因子分析的不同点

序号	主分量分析	因子分析
1	将分量表示为原变量的线性组合	将原变量表示为因子的线性组合
2	分量是比原变量更复杂的函数	因子比原变量单一
3	从原变量来分解出各分量	将变量分解为公共因子和独特因子
4	分量数与原变量数相同	因子数与原变量数不相同
5	分量与原变量之间存在可逆关系	理论上因子与原变量之间是不可逆的
6	取 $k=p$ 时可精确计算合成分数，$k<p$ 时合成分数值也比因子分析的估计准确	须用回归方法估计因子得分，故合成因子分数不如主分量分析准确

由于因子分析与主分量分析存在着以上方法论上的一般性差别，所以在多指标综合评价问题的应用上，因子分析与主分量分析相比，具有如下特点。

（1）因子的性质比主分量更容易明确，容易解释。如前所述，一方面因子比分量单纯（分量是原变量的线性组合，而原变量是因子的线性组合），另一方面对因子可实施旋转处理，所以因子的性质比较容易明确，容易解释。

这一点对综合评价的数值计算并没有什么影响，但对定量数据的定性分析却很有益处，由于因子的社会经济含义较容易明确，因而更有助于样本的评价和评价指标的分类，这是因子分析进行多指标综合评价优越于主分量分析的地方。

（2）因子得分和总因子得分都是估计值，不如主分量综合评价值准确。在因子分析中，综合评价值都是估计值，这是由两个方面原因造成的。一方面，在确定因子模型时，将 $Z=AF+\varepsilon$ 近似地表示为 $Z=AF$，即忽略不计独特因子的影响，这种处理已经使因子得分带有估计的成分。因为在因子负荷的求解中，是以 $Z=AF$ 为基础的。另一方面，由于因子与原变量之间的不可逆关系，只能用回归方法对因子得分做出估计，这些估计值的线性加权和——总因子得分，自然也属于估计值。这一点因子分析就比不上主分量分析。在主分量分析中，如果合成分数时包括所有分量，则可以得到精确的结果，100%地保留原变量提供的变差信息。即使舍弃若干分量，也可以保证将85%以上的变差信息体现在综合评价值中（这相当于因子分析中忽略不计独特因子的影响）。相比之下，这一点是因子分析在多指标综合评价应用中的不足之处。

（3）因子分析的综合评价值有可能包含重复信息。主分量分析进行多指标综合评价之所以消除了指标数据间相关的影响，是由于它所合成的分量是彼此独立的。在因子分析中，由于可以使用斜交因子旋转，即允许因子之间相关，所以因子之间所提供的变异信息就有可能重复，这样再对因子得分求线性加权和，也就有可能包含重复的变量信息，这对多指标综合评价客观反映样本间相对地位是不利的。

（4）因子分析进行多指标综合评价工作量比较大。因子分析进行多指标综合评价包括9个基本步骤，比主分量分析多3个步骤，因子分析中求解初始因子负荷矩阵、对因子进行旋转、求解因子得分系数矩阵的计算工作量都相当大。相比而言，主分量分析就简单得多，且理解上也更容易些。当然在现代计算机技术和多元统计软件包日益普及的条件下，这也不算什么大缺点。

总之，与主分量分析相比，因子分析的优点是所求因子比主分量更易于与客观社会经济现象挂钩，从而将定量分析与定性分析更好地结合起来，对事物做出综合评价。存在的问题是综合评价值的质量有可能下降，计算工作量增大，因而我们认为，如果一般性地进行多指标综合评价，采用相对简易的主分量分析法就可以了；如果还要结合对样本和指标的分类、预测等其他工作，还有其他方面的要求或主分量分析效果不大理想，则可以考虑采用因子分析方法。

4.3 其他多元统计分析方法用于多指标综合评价的比较分析

4.3.1 对聚类分析用于多指标综合评价的几点认识

4.3.1.1 聚类分析的基本思想

聚类分析（cluster analysis）是多元统计分析中的一种定量分类方法。它是在事先对样本类别状况（如何进行分类、分成几类等）不掌握什么信息的情况下进行的分类。

聚类是要把“性质相近”或“相似”或“相互关系密切”的观察对象聚在一起，因而聚类分析的基本工作有两大项：一是解决相近或相似的变量问题（即分类的统计量）；二是选用某种方式作为规则归类。

聚类分析的统计量大致可以概括为图7。

- 聚类统计量
  - 距离类（越小越相似）
    - 明氏距离
    - 切氏距离
    - 马氏距离
    - 兰氏距离
    - ⋮
  - 相关类（越大越相似）
    - 夹角余弦
    - 相关系数
    - 指数相似系数
    - 非参数相似系数
    - ⋮

图 7　聚类分析的统计量分类

聚类方式可以概括为图 8。

- 聚类方式
  - 系统聚类法（谱系聚类法）
    - 最长距离法
    - 最短距离法
    - 中间距离法
    - 重心法
    - 类平均法
    - 可变类平均法
    - 可变法
    - 离差平方和法
  - 动态聚类法
  - 模糊聚类法
  - 有序样品聚类法

图 8　聚类方式分类

聚类分析根据分类对象不同分为 Q 型和 R 型两大类，Q 型是对样本进行分类处理，R 型是对变量进行分类处理，R 型聚类通常采用相关类统计量。

4.3.1.2　用聚类分析进行多指标综合评价的一个案例

国内文献关于应用聚类分析进行多指标综合评价的实例不多。比较规范[①]的是张立民先生在《用聚类分析求解经济效益总指数》[②]一文中提出的做法。

张文中求解经济效益总指数仍用加法合成的方法，并认为权数确定是综合评价中的难点，张文提出，将各单项指标按亲疏程度分组，利用相关系数确定数据，建立起排除相关因素的综合经济效益指标。

张文的具体步骤是：①将指标（变量）同向化，即将逆指标取其倒数，使评价指标都变成正指标（都变成逆指标也可以）；②将变量数据无量纲化，去掉量纲

① 刘晓和于清文两位先生在《关于提高国民经济系统宏观经济效益途径的探讨》（参见《系统工程理论与实践》1984 年第 3 期）中提出了根据聚类分析构造一种多目标分类排序的方法，但刘、于文中只是借用了聚类分析中的距离处理方法，并没有把聚类本身作为多指标综合评价的工具。

② 参阅参考文献（24）。

的方法较多，张文选用极大值法；③求指标间的相似系数矩阵，这里属于R型聚类，聚类统计量选用了相似系数；④选取一定的聚类方式将指标聚类；⑤建立经济效益指数公式。

张文选取了六项评价指标，聚类结果如图 9 所示。

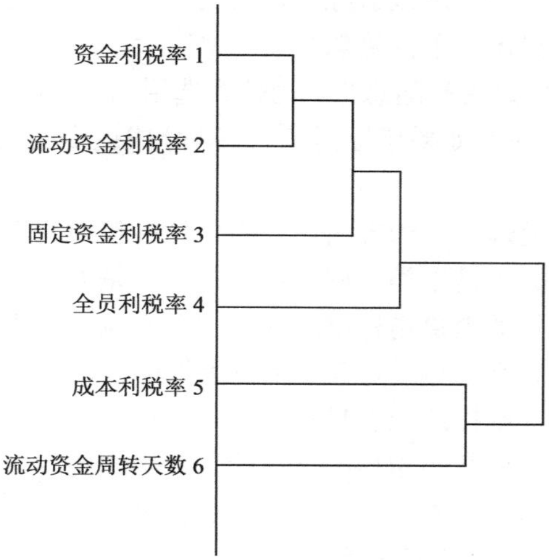

图 9　张文示例的聚类结果

按上面划分的两个组，以第一组为主指标，记为

$$f_{i1}=0.25(z_{i1}+z_{i2}+z_{i3}+z_{i4})$$

以第二组为辅助指标，记为

$$f_{i2}=0.5(z_{i5}+z_{i6})$$

经济效益总指数记为

$$F_i=f_{i1}+af_{i2}$$

给f_{i2}加上权数a，是由于经过组合后的数据可视为两个指标，这两个指标即两组之间有一定的相关性。第一组指标的四项与z_{i5}的相关程度平均为 0.94，即$[0.94=0.25(R_{15}+R_{25}+R_{35}+R_{45})]=0.25(0.948+0.948+0.948+0.926)$；而与$z_{i6}$的相关程度平均为 0.867，即$[0.867=0.25(R_{16}+R_{26}+R_{36}+R_{46})]=0.25(0.866+0.859+0.865+0.880)$，所以两组间的平均相关程度为 0.90，即$0.90=0.5(0.94+0.867)$。

这表明，第一组指标已经将第二组指标的经济内容表达了 90%，只有 10%没有被表达，因此可以将a定义 0.10。于是可得

$$F_i=0.25(z_{i1}+z_{i2}+z_{i3}+z_{i4})+0.5(z_{i5}+z_{i6})$$

再将这个公式转换为以 x 为自变量的表达式：

$$F_i = 0.37x_{i1} + 0.09x_{i2} + 0.28x_{i3} + 0.003x_{i4} + 0.002x_{i5} + 4.2x_{i6} - 1$$

就得到了经济效益总指数的求解公式。

4.3.1.3 对张文所用方法的商榷意见

张文用聚类分析进行经济效益综合评价的思想出发点是正确的。但对张文所用的处理方法，我们提出如下商榷意见。

（1）主指标组的确定带有随意性，为什么选用第 1～4 个指标为主指标，而不是选用第 5、6 个指标呢？如果指标再多一些，分成更多的组，怎么选用主指标组呢？

（2）在指标权数处理上，一方面，各组内指标权数相等，与实际情况不一定相符；另一方面，权数不是聚类过程中生成的，而是人为确定的。

（3）张文的办法只能消除指标组之间的相关影响，并没有消除组内各指标间的相关影响。举一个极端的例子，倘若有 n 个指标，聚成两类，$n-1$ 个为一类，余下的 1 个为另一类，则按此处理只能消除一个指标的重复信息影响。

（4）聚类分析方法进行多指标综合评价，对样本的综合评价值可能有更大的不唯一性。这不仅是由于样本集合变动对综合评价值的影响（如同主分量分析和因子分析），而且所采用聚类统计量和聚类方式的变动，也会让综合评价值改变。如前所示，聚类统计量不止一种，聚类方式更是五花八门，何者为优，要视具体情况而定，不能统一规定。由此，对同一样本集合的同一样本，由于聚类统计量或聚类方式的改变，综合评价结果就会不一致。

（5）张文用极大值法对指标作无量纲化处理，使指标样本的极大值对综合评价的权数影响相当大，因为将标准化变量的加总式转化成原变量加总式时，需乘上系数 $100/\max y_j$ $(1<j<n)$，若 $\max y_j$ $(1<j<n)$ 很大，则等于权数变小；若 $\max y_j$ $(1<j<n)$ 很小，则等于权数加大。

总之，我们认为：①张文提出的用聚类分析进行多指标综合评价的方法，不具备主分量分析和因子分析的优点，还有待改进。②聚类分析更适于进行多指标综合评价中的指标预处理（指标分类和选取）工作，而作为一种独立的多指标综合评价方法则有待进一步探索。

4.3.2 对判别分析进行多指标综合评价

4.3.2.1 判别分析的基本思想

判别分析（discriminant analysis）是多元统计分析中用来判别样本所属类型的一种方法。它所要解决的问题是这样的：设有 k 个已知样本类 $G_1, G_2, \cdots, G_k$，它们之间是可以用某种方法彼此区分的，现在有一个新样本，且知它必定属于其中某个样本类 G_i，将它划归哪一类呢？

解决这种问题的途径不止一个，多元统计分析是以多元总体为对象的，即每个样本，都由 p 个指标来描述。判别分析就是要把这 p 个指标所蕴含的样本信息综合为一个判别函数，即一个衡量新样本与各已知类别接近程度的综合描述值，同时也指定一种判别规则，借以判定新样本的归属。

与聚类分析不同，判别分析事先已经掌握了研究对象类别的有关信息，属于有师分类，而聚类分析则是无师分类。

判别分析按判别函数所用数学模型不同可分为线性判别和非线性判别，但实践中应用较多的还是线性判别。判别分析包括两组判别分析和多组判别分析，还有逐步判别、序惯判别等，判别分析可以从不同角度来确定样本与已知类别的接近程度，因此有不同的判别准则，包括距离判别、费希尔（Fisher）判别和贝叶斯（Bayes）判别。

4.3.2.2 用判别分析进行多指标综合评价的一个案例

国内文献关于用判别分析进行多指标综合评价的案例较少。高元源、毕凤英两位先生曾用二级判别法（即前述两组判别）对 20 个医药企业的综合经济效益做过分析①，孙书安、郑国清两位先生又对此提出了修改意见②。下面将此案例的做法作一概述。

（1）高、毕文的做法。高、毕两位先生认为对企业综合经济效益评价只需二级判别就可以了，即认为将企业按综合经济效益好与差分为两类。并且，高、毕文中假定此两类企业的指标协方差相同。

高、毕文采用距离判别公式：

$$D(x)=\left[\overline{x}-\frac{1}{2}(\mu_1+\mu_2)\right]^{\mathrm{T}}\sum^{-1}(\mu_1-\mu_2)$$

其中，$\overline{x}$ 为样本总体的指标均值；μ_1 为第一类样本群的指标均值；μ_2 为第二类样本群的指标均值；$\sum$ 为样本总体指标的协方差。

高、毕两先生将 20 个企业以资金利润率 = 80%作为阈值划分了两类企业，分别计算了总产值/消耗（x_1）、净产值/工资（x_2）、盈利/资金占用（x_3）、销售收入/成本（x_4）四项指标在两类企业中的 μ_1、μ_2 和 Σ，代入 $D(x)$ 式得到：

$$D(x)=-77.1227+12.5037x_1+0.1066x_2+22.1426x_3+21.4188x_4$$

将各企业的 x_i 代入 $D(x)$，就可以得到其综合经济效益的判别函数值，根据其值大小可以对 20 个企业分类和排序。

（2）孙、郑两位先生认为，高、毕文对 20 个企业按资金利润率一个指标划分

① 参阅参考文献（25）。

② 参阅参考文献（26）。

为两类，不尽合理。在综合评价前并不了解这 20 个企业的明确分类，因而应该先用聚类分析的方法将这 20 个企业恰当地分为两类，也就是说应该将聚类分析与判别分析结合起来，在聚类基础上再作判别评价。

孙、郑两先生用费希尔准则确定判别函数：

$$D(x) = (\overline{x}_1 - \overline{x}_2)\hat{v}^{-1}x$$

其中，$\hat{v}$ 为两类样本协方差之和，即

$$\hat{v} = \hat{v}_1 + \hat{v}_2$$

孙、郑文认为，判别分析的分类结果与聚类分析相比，两者基本一致，结果稳定说明结论可靠，并且聚类分析将样本分成若干类，在此基础上选用多组判别，可以使评价更准确。

4.3.2.3 对判别分析进行多指标综合评价的几点认识

（1）之所以可以用判别分析进行多指标综合评价，是因为判别函数本身具有综合作用。我们以判别分析中使用最多的线性判别函数为例，无论采用哪一种判别准则，判别函数都表现了各原评价指标的线性加权和，这里判别函数实际上是在把样本 x_i 的 p 个指标所提供的变量信息压缩为一维的数值 $D(x)$，所以就可以用判别函数值进行样本排序了。

（2）判别函数中的权系数属于判别过程中伴随生成的信息量权。在距离判别和费希尔判别中，权数就是判别系数 a。以两组判别为例，$a = v^{-1}(\overline{x}_1 - \overline{x}_2)$，这里 v^{-1} 是样本指标协方差的逆阵，而因子 $(\overline{x}_1 - \overline{x}_2)$ 表现了两个样本群平均水平的差异。

在贝叶斯判别中，判别函数为

$$f_l(x_1, x_2, \cdots, x_p) = \ln q_l + c_{l0} + \sum_{i=1}^{p} c_{li} x_i$$

其中，$c_{li} = \sum_{i=1}^{p} D^{-1} \overline{x}_i^{(l)}$；$\ln q_l$ 为第 l 个类别的先验概率的对数；q_l 为在没有观察到任何特征值之前，样本属于第 l 个类别的概率。

对一个样本来说，有 m 个判别值。判别值取 $f_l(x_1, x_2, \cdots, x_p) = \max\{f_l(x_1, x_2, \cdots, x_p)\}$ $(1 \leqslant l \leqslant m)$ 作为样本归属的标志值（归属 g 类），在多指标综合评价时，自然取 $f_l\{x_1, x_2, \cdots, x_p\}$ 作为综合评价值，从判别函数的第三项看（前两项与单个评价指标数值 x_i 无关），也是评判指标 x_i 的线性加权和，权数 c_{li} 也是与方差有关的统计量。

可见，无论哪一种判别准则，判别函数的权数都表现了样本间的差异信息，都是从信息量角度来确定的；而且权数是根据判别分析的准则在确定判别函数时伴随生成的，不是人为专门确定的。

（3）原评价指标值的标准化问题。从表面上看，判别函数是代入原变量求判别函数值的，似乎未对原变量 x_{ij} 作标准化处理转化成 z_{ij}，但在判别函数中原变量的权系数里，都包含了一个有关方差的量，这里实质上隐含了一个原变量的标准化过程。若先作标准化处理，再建立判别函数，实际上是分步进行的：

$$z_{ij} = g(x_{ij})$$

$$D(x) = f(z_{ij})$$

而这里是直接给出判别函数：

$$D(x) = f[g(x_{ij})]$$

所以，判别分析进行多指标综合评价，也对原始指标作了标准化处理，去掉了量纲影响。

（4）判别分析与聚类分析一样，对同一被评价样本而言，评价值具有更大的不唯一性。这不仅是由样本群变化造成的，而且是由判别分析方法本身造成的。在主分量分析和因子分析中，进行多指标综合评价的基本方法和步骤都是比较单一的；而判别分析有多种准则，又有多种做法。何种样本总体应用哪种准则、哪种做法，也难以统一。所以同一群体中的同一样本，由于判别准则、方法不同，就完全可能得到不同的综合评价值。特别是在聚类分析基础上再用判别分析进行多指标综合评价时，这种不唯一性将可能更加严重。

（5）费希尔准则的基本思想有与多指标综合评价不一致的一面。费希尔准则的基本思想是要使样本组间的方差尽量大，而样本组内的方差尽量小。由此建立起来的判别函数对区分样本属于哪个组特别有意义，但对组内各样本间的区分能力就比较差。多指标综合评价是要确定所有样本的相对地位，而满足费希尔准则的判别函数，对这种地位的描述倾向于夸大不同组样本间的距离，而缩小同一组内样本间的距离。特别是在两组判别中这种情况尤为严重，这是值得注意的。

（6）用判别分析进行多指标综合评价时，组数的选择也值得研究，究竟是用两组判别，还是多组判别？多组又分多少组？其原因何在？组数太少，若用费希尔准则，会产生组内方差与组间方差不均衡的问题；组数太多，各级间均值差异变小，又会使判别失去意义，且工作量也增加不少。

我们认为，在用判别分析进行多指标综合评价前，先对样本聚类是对的，因为此时对样本分类状况如何并不明了。而且，先进行聚类对组数选择也会有所帮助，组数选择就转换成聚类中的阈值选择问题了。

（7）判别函数是对原评价指标的综合，这一点与主分量分析、因子分析不同，因而如果指标间相关程度高，重复信息对综合评价的结果影响可能就比较大，这就要求：精心选取用来作判别的指标、减少高度相关的指标同时入选。

总之，我们既要明确判别分析有与多指标综合评价共同的一面，也要清楚判别分析与多指标综合评价差异性的一面。要明确，多指标综合评价的重心在于综合，它关心能否合成综合评价值，将 P 维化为一维，又为何合成；而判别分析关心的是样本的归类。我们要明确思想重心不同对方法应用的影响。

5　多指标综合评价方法综论

5.1 节从横的角度，把前面论述各种方法的共同点、差异点作一归结。5.2 节则从纵的角度，分析各种统计指标评价方法间的关系，以勾画出多指标综合评价方法的历史地位。5.3 节对多指标综合评价中的准备性工作预处理和权数处理做出分析，其中侧重对权数性质、产生方式作了扩展分析。5.4 节是一个结语。

5.1　多指标综合评价诸方法的归结

5.1.1　多指标综合评价方法的基本原理

把前面各部分所述方法的共同之处加以归结，我们可以概括出多指标综合评价方法的基本原理如下。

5.1.1.1　多指标综合评价方法的概念

多指标综合评价方法是把多个描述被评价事物不同方面且量纲不同的统计指标，转化成无量纲的相对评价值，并综合这些评价值以得出对该事物一个整体评价的方法系统。

上述概念包括六个要点：①多指标综合评价方法包括多个统计评价指标；②多指标综合评价方法中的多个指标分别描述被评价事物各个不同方面，它们应该包含被评价对象的全面信息；③各评价指标的量纲可能是各不相同的；④多指标综合评价的前提是必须把异量纲的指标实际值转化成无量纲的相对评价值；⑤多指标综合评价方法要把各指标评价值合成在一起，得出一个整体性的评价；⑥多指标综合评价方法不只是一个方法，而是一个方法系统。

从目前的发展来看，多指标综合评价的应用涉及了三大类方法。①常规多指标综合评价方法；②模糊综合评判方法；③多元统计分析方法。这三类方法的应用中，具体处理又各不相同，从而形成了各种具体方法。概括起来，这个方法系统可以表示为图 1。

5.1.1.2　多指标综合评价的基本步骤

多指标综合评价过程包括以下基本步骤：①选取评价指标，建立评价指标体系；②根据被评价事物的实际情况，选定所用的无量纲化和合成公式；③确定指标的有关阈值和参数，如适度值、不允许值、满意值等，确定哪些阈值、参数要随无量纲化方法的不同而不同；④确定每个指标在评价指标体系中的权数；⑤将指标实际值转化为指标评价值，即无量纲化；⑥将各指标评价值合成，即加权平均，以得出综合评价值；⑦依综合评价值的大小，对各被评价对象进行排序。

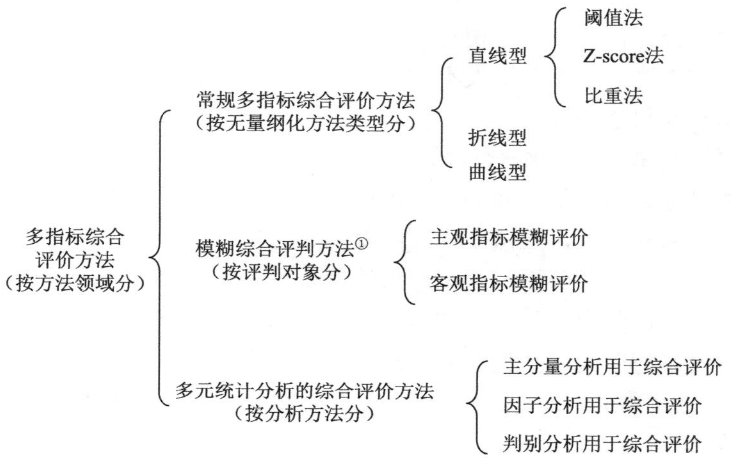

图 1　按方法领域划分的多指标综合评价方法

上述 7 个步骤中，前 4 步是多指标综合评价的准备工作，第 5 步和第 6 步是多指标综合评价的核心所在，第 7 步实际是对综合评判结果的运用，体现了多指标综合评价的基本作用。

5.1.1.3　多指标综合评价中的基本变量和关键问题

多指标综合评价中涉及两个基本变量：一是各评价指标的实际值，二是各指标的评价值。多指标综合评价问题的关键在于：如何把指标实际值转化为指标评价值，即两个基本变量间的转化。因为各指标实际值的量纲是不相同的，它们不能直接综合在一起，这种异量纲性严重影响了对事物的整体评价，但指标评价值却是消去了量纲的，是可综合的。由此可见，指标无量纲化处理在多指标综合评价中的地位是举足轻重的。指标的无量纲化可以有很多方法：有直线型的、折线型的、曲线型的，各种方法各具特点，我们进行多指标综合评价，就是要根据被评价事物的具体情况来选取合宜的无量纲化公式，以建立较为客观的评价函数。

5.1.1.4　多指标综合评价方法的计算性质

多指标综合评价方法的计算性质，用一句话来概括就是“统计相对数的加权平均”。统计相对数是指对指标实际值的无量纲化处理，其结果总是得到一个统计相对数。这个相对数形式可以是不同的。比如，功效系数法中 $[x_i - x_i^{(s)}]/[x_i^{(h)} - x_i^{(s)}]$ 是一个结构相对数，综合经济效益指数中 n_1/n_0 是一个动态

① 笔者对聚类分析作为独立的多指标综合评价方法持怀疑态度（参见 4.3 节的说明），故这里没列出聚类分析。

相对数，采用 Z-score 法去量纲，$(x_i - \bar{x})/s$ 则是一个比例相对数。种种相对数都从该评价指标出发，表明了被评价对象的相对地位。把各指标对应的相对数综合起来，就反映出从整体出发被评价对象的相对地位。

多指标综合评价方法是用相对方法来解决指标的可综合性问题的，与价值综合指标相比，在这一点上有很大不同。价值综合指标是用引入同度量因素的方式来解决可综合性问题的。

“加权平均”指多指标综合评价中，对各指标评价值——统计相对数采用平均数的方法加以综合的。从前面的分析可以看到：常规多指标综合评价中，加法合成可归结为算术平均数，乘法合成可归结为几何平均数。多元统计分析方法应用于综合评价时，主分量分析、因子分析等都是采用加权算术平均数来综合各评价值的。模糊综合评判中，除了加法合成（有界和算子）外，还有取大运算。从计算上看，也可以把取大归结为算术平均数。取大实际上就是把最大值的权数定为1，而其余值的权数都定为零。所以，多指标综合评价是用平均数方法来解决指标合成问题的。

我们知道，统计平均数是用来反映事物的一般趋势和综合水平的。多指标综合评价的任务正是要反映被评价事物的一般趋势和综合水平。所以采用平均数方法来合成各指标评价值恰是用得其所。

由于简单平均法不过是加权平均法的一个特例，即权数皆定为$1/n_0$，所以尽管有时综合评价采用简单平均法来合成，这里也用加权平均来概括它们。

5.1.1.5 多指标综合评价的结果

多指标综合评价的结果是对被评价事物一般水平或趋势的抽象程度较高的数量描述，这种描述具有整体性和全面性。

这里我们应该明确四个要点。

（1）多指标综合评价结果是具有实际社会经济含义的，这个含义就是以被评价对象相对地位表示的被评价事物的一般水平或趋势。比如，当我们从各个方面评价经济效益时，评价结果就代表着“经济效益一般”；当我们从各个方面来衡量经济发展水平时，评价结果就代表着“社会经济发展水平一般”；当我们从各个方面来分析一个国家的国力时，评价结果就代表着“综合国力一般”，如此等等。

（2）多指标综合评价结果的实际社会经济含义又是抽象程度较高的、不易把握的。在目前的指标评价方法中，多指标综合评价方法结果的抽象程度是最高的。由于评价结果的高度抽象性，产生了如下几个问题。①有的学者误以为这种方法的结果并没有实际的社会经济含义。事实上，客观性与抽象性并不矛盾。水果是一个抽象，但它却是客观存在的；“价值”更是一个抽象，但作为人类的一般劳动，它也是客观存在的。所以，我们应注意，不能因为综合评判结果的抽象程度较高，而忽略了其社会经济含义的存在。②有的学者以其抽象性否定这种综合评判方法的科学性。实际上，抽象性与科学性也并不矛盾。这一点在 5.2 节中还要谈到。③当评判方法使用失误时，从评判结果中不易得到反馈信息，结论的检验工作较难开展。这些问题都是我们在应用这种方法时需要注意的。

（3）多指标综合评价结果具有整体性。由于多指标综合评价中，采用平均数方法将各指标的评价值综合在一起，因此，所得结果就可以在整体上反映被评价事物。

（4）多指标综合评价结果虽然是一个实数（在模糊综合评判中是一个向量，但如要将被评对象排序，还须将评价向量进一步化成实数)，但仍具有全面性，因为这个实数（综合评价值）是在各个评价指标实际值的基础上产生的，而评价指标分别说明了被评价事物的各个方面，是具有全面性的。

5.1.1.6 多指标综合评价方法的基本作用

多指标综合评价方法的基本作用在于：弥补统计指标体系方法的不足，便于被评价对象在不同时（空）间的整体性比较和排序。

多指标综合评价处理的是一个多维空间，被评价对象相当于多维空间的若干个点，各个评价指标相当于用来衡量、刻画被评价事物的不同维度。从单个指标（某个角度）来看，被评价对象是可以比较排序的，但多指标综合评价处理的并不是实数排序问题，而是多个向量的排序问题。

从数学原理来看，多指标综合评价方法实际上是进行了两次“映射”。

假设用 m 个指标来作综合评价，那么，这 m 个指标就构成了一个空间 A。空间 A 是 m 维的，每一维都有具体的量纲，而且各维的量纲各不相同，那么，第 i 个被评对象 m 个指标的实际值就决定了空间 A 中的一个点 a_i。

多指标综合评价中的无量纲化处理，把指标实际值转化为指标评价值，事实上这是作了一次映射 $f=(f_i,i=1,2,\cdots,m)$，把空间 A 映射到空间 B 上，即 $f:A\to B$，空间 B 仍是 m 维的，但各维间的量纲已经一致了。通过映射 f，空间 A 中的 a_i 就映射到空间 B 中的 b_i 点，即 $f(a_i)=b_i$。

多指标综合评价中的合成处理，事实上是作了第二次映射 ϕ，把空间 B 再映射到空间 C（空间 C 实际上是一个一维直线）上，即 $\phi:B\to C$。通过映射 ϕ，空间 B 上的 b_i 又映射到直线 C 上的 c_i 点，即 $\phi(b_i)=c_i$。

把两个映射连起来看，有 $\phi f:A\to B\to C$ 和 $\phi f(a_i)=\phi f(b_i)=c_i$。空间 A 是 m 维的，且各维单位不一定相同，它是无序的，即空间 A 中的各点（各被评价对象）不能比较大小。空间 B 仍是 m 维的，仍是无序的，但量纲不同的问题不存在了。空间 C 是一维的，是有序的，直线 C 上的任意两点都可以比较其大小。多指标综合评价方法就是通过无量纲化和合成这样两次映射，把无序空间中的点映射为有序直线上的点，从而解决了被评价对象在不同时（空）间的整体性比较问题，也就满足了综合排序选优的要求。

5.1.2 多指标综合评价诸方法间的差异及其选择

5.1.2.1 多指标综合评价诸方法间的差异比较

归结前面论述三大类多指标综合评价方法的特点，可以概括出它们之间的差异，我们用表 1 来说明。

表 1 三大类多指标综合评价方法的差异比较

比较项目	常规多指标综合评价方法	模糊综合评判方法	多元统计分析方法
1. 方法消除指标间相关影响的作用	不具备	不具备	具备
2. 指标选择	剔除相关程度高的指标，注重代表性	剔除相关程度高的指标，注重代表性	注重全面性
3. 无量纲化处理	需专门处理，方法选择面较广	无须专门处理，体现在 $\underset{\sim}{R}$ 确定中	只能使用 Z-score 法专门处理
4. 阈值和参数确定	根据无量纲化要求需专门确定	根据 $\underset{\sim}{R}$ 要求确定	不需专门确定
5. 权数处理	①通常是估价权数和信息量权数；②专门生成权；③属可调整权	①通常是估价权数和信息量权数；②专门生成权；③属可调整权	①通常是系统效应权数和信息量权数；②伴随生成权；③不可调整
6. 层次处理	可以搞、通常未搞	案例较多	一般不搞
7. 评价结果对被评价对象的唯一性	有的具有	具有	不保证
8. 评价等级论域	不具有	具有	不具有
9. 评价结果表现	实数（点值）	向量	实数（点值）
10. 合成方式	多种，可选用	可选用	通常用加法合成
11. 应用领域	确定性现象	模糊性现象	评价指标间相关程度较高且被评价对象个数较多

从表 1 可以看出，各类方法在综合评价步骤、结果、应用等方面都存在种种差异。明了这些差异，有利于我们在实际应用中选择。

5.1.2.2 多指标综合评价方法的选择

多指标综合评价方法的选择要注意两个基本问题：一是被评价事物的现象类型；二是被评价事物的内部结构关系。

我们知道社会经济现象如图 2 所示。

- 社会经济现象
  - 确定性现象
  - 不确定性现象
    - 模糊不确定性现象
    - 随机不确定性现象

图 2　社会经济现象分类

其中，随机不确定性现象涉及事物发生与否。但多指标综合评价是针对已发生事件的，所以，我们对被评价事物的现象类型主要是从确定性和模糊性角度来考虑的。一般来说，主观指标和定性变量的综合评判中往往有更多的模糊性，因而此时采用模糊综合评判方法更为适宜。对客观指标而言，应用模糊综合评判比较困难（难度在于要确定评语各等级的隶属函数关系），此时应用常规多指标综合评价方法或多元统计分析方法比较适宜。

对客观社会经济现象来说，确定性和模糊性的分界也不是那么明确的，特别是多指标综合评价本身的复杂性，使得问题本身总是带有一定程度的模糊性，区别在于模糊程度的高低。比如现在我们碰到的实际综合评价问题、经济效益好与坏、社会经济发展水平高与低、经济发展状况是否正常、人的素质好与差，以及商品、工作质量等，都是带有模糊性的。我们知道，常规方法的无量纲化处理带有隶属度的思想，所以带有一定模糊性的问题用常规方法处理也还是可以的。但是，模糊性较大的问题还是采用模糊综合评判方法为好。

从被评价事物的内部结构关系看，主要是分析事物各评价指标间的关系，一般来说，各评价指标分别描述了事物的不同侧面，评价指标间的关系也就表示着事物的内部结构。

事物内部结构有不同的结构形式，比较典型的有：①序列分解式。这种结构类型比较整齐，它由总体分解为若干方面，若干方面又各自分解为更小的方面。②分层交错式。这种结构类型中各方面关系较为松散，彼此之间是互相交错关联的。我们应注意分析被评价事物的内部结构，以选择适当的评价方法。

当评价指标间彼此相关程度不大时，我们可以假定它们之间彼此独立，此时可考虑不用多元统计分析方法，而采用常规方法或模糊方法。但当各评价指标间彼此相关程度较大时，就要采用多元统计分析中的方法。多元统计分析方法用于多指标综合评价，主要是从事物内部结构或者说指标间相关关系考虑的。但是，还要注意多元统计分析方法的要求，只有被评价对象个数较多时，其评价结果才会比较准确。

多指标综合评价方法的选择本身是一个实践性很强的问题，我们应注意在大量应用案例中总结经验，以得出一般性的认识。

5.2 统计指标评价方法的纵向剖析

5.2.1 统计指标评价方法的演进

社会经济统计评价客观事物总是通过统计指标的方法。统计指标是反映社会经济现象总体的某种特征的数量概念。统计指标是经过漫长而复杂的过程逐渐形成发展的。相应地，统计指标评价方法的形成和发展也经历了一个漫长的演进过程。

5.2.1.1 社会经济统计的四种主要指标评价方法

回溯社会经济统计的起始阶段，最先登上统计评价历史舞台的是实物指标，即用自然单位或实物特征单位来计量的统计指标。从作用上看，实物指标可以代表性地反映一个社会的物质基础和社会经济实力，因而可以满足当时社会经济管理对社会经济统计的要求。从性质上看，实物指标对客观事物的描述是具体的，实实在在的，人们比较容易辨明实物指标统计数字的真实性，它可以告诉人们，一个国家或地区的人口有多少，男性人口有多少，土地有多少，粮食有多少，猎物有多少等。实物指标是客观事物在统计上的直接反映，是一个最基本、最简单的指标评价方法。

在社会经济统计中，实物指标也是一种综合指标，然而它的综合，仅仅意味着“计数加总”。随着人类社会的进化，实物指标的局限性日益明显。①实物指标只能用于同种同类事物总体的计量和描述，它对日益增多的不同种类经济产品的统计来说，显然是无能为力的。实物指标回答不了一个部落、一个地区、一个城邦乃至一个国家的总产品产量是多少。实物指标的计量和描述，从更高层次来看，是比较片面的，综合性也较差。②实物指标作为一种计数加总的方法，要对诸多种类产品分别计算总量，随着统计总体的扩大，计算也日益困难。但随着人类社会的发展，人们的视野越来越宽广，统计总体也必然随之扩大。实物指标越来越难以满足社会经济管理的要求了。

事物的问题往往是与解决问题的条件同在的。实物指标的局限性主要体现在对经济发展规模的计量上。随着社会经济的发展，产生了从实物经济到商品经济的飞跃。货币产生的经济社会意义，这里不作赘述。然而货币产生后对统计的意义却孕育着一种新的指标评价方法。既然存在一个“一般等价物”可以交换各种经济产品，那么为何不用“一般等价物”的数量来表明一个社会的经济产品总量呢？于是，人们在统计实践中又发展了价值综合指标，即以价格为同度量因素的综合指标，以弥补实物指标的不足。

与实物指标相比，价值综合指标具有较为全面、更加综合的优点。价值综合指标可以解决不同种类产品的加总计量问题，是对异质使用价值的综合，而不是简单的计数加总。因而价值综合指标可以对社会经济发展的基本方面做出综合的、较为全面的反映。

在相当长的时间内，价值综合指标作为一种指标评价方法，满足了社会经济管理的需要。而经济和统计工作者的注意力集中于：在肯定价值指标方法的前提下，寻找一个最理想的、全能的价值综合指标。在价值综合指标产生发展的初期，人们推崇总产值指标，它可以反映社会一定时期的产品总量，反映生产总规模、总水平。随着经济管理的深入，人们又希望价值综合指标能反映生产的净产出量、生产过程中追加价值量等。于是又发展了净产值和增加值这些新的价值综合指标。然而，人们企图用新综合指标取代旧综合指标时，发现新综合指标在功能上也并非那么全面，旧综合指标的一些作用是独特的，是不可取代的。最终，人们回过头来思考：理想的、全能的价值综合指标存在吗？

事实上，没有一个理想的、万能的价值综合指标。与实物指标相比，价值综合指标是全面、综合的。然而，与社会经济现象本身相比，价值综合指标的反映远非全面。价值综合指标遇到的最严重挑战就是如何综合反映社会生活中非价值因素的状况。随着社会经济发展的深化和拓展，现代管理对统计指标评价的要求越来越高，价值综合指标也不够用了。这方面最典型的例子就是西方学者对GNP这个权威指标的批判。这个指标曾被推崇为最综合、最概括、最重要的指标，然而，曾几何时不也暴露出它的局限性了吗？

人们弥补价值综合指标不足的努力导致了统计指标体系的自觉建立，即用系统的方法来处理统计评价问题。列宁曾经说过："单个的存在（对象、现象等）（仅仅）是观念（真理）的一个方面。真理还需要现实的其他方面，这些方面也只是表现为独立的和单个的（独立存在着的）。真理只是在它们的总和（Zusammen）中以及在它们的关系（Beziehung）中才会实现。"[①]从指标评价方法来说，单个统计指标只能反映复杂的社会现象的某一个侧面，即便是最综合的价值指标，也只能反映社会现象的某一基本方面。社会经济现象还存在互相联系着的其他侧面和其他特征。反映它们就不能只是一两个综合指标，而需要一个较为完整的指标体系。

20世纪五六十年代以后，统计指标体系作为一种自觉方法应用于统计评价中得到了世界各国的重视，联合国的SNA、苏联等的MPS（system of material product balances，物质产品平衡表体系），以及由20世纪60年代社会指标运动推动的社会人口统计体系的制定和推行就是这种自觉方法形成的突出例证。

指标体系方法在认识的全面性上大大优于单个综合指标，然而在评价的整体性上却大大退步了，就是说它对被评对象的评价，不是一个点值，因而不能用来对被评价对象作时间和空间的对比。假设一个最简单的例子，用包含A、B两个

① 《列宁哲学笔记》，人民出版社，1993年7月第2版，第165～166页。

正指标的指标体系来评价甲、乙两企业的优劣。若 A 指标，甲企业高于乙企业；B 指标，乙企业高于甲企业。我们就无法判定哪个企业状况更好些。正是指标体系方法的这一局限，促使人们做出探索，发展了多种多指标综合评价方法，把说明被评判事物主要指标的信息综合起来，变换成为一个综合评价值，从而解决了评价的整体性问题。

5.2.1.2　对四大指标评价方法间关系的认识

（1）统计内容的深度和广度，决定了指标评价方法的发展。统计是社会经济管理的重要工具，它为管理的实施提供了信息依据。随着社会经济管理的发展，统计的内容也日益深化和拓展，原始的管理只需要社会和经济的基本实物统计：人口、土地、实物产量和拥有量等。人们注重经济发展和振兴，决定了价值综合指标的独尊地位。而现代社会，人们把管理的触点从经济方面伸向了社会、科技、环境，这就势必打破价值综合指标一统天下的局面，客观上要求指标体系的建立和发展。现代管理决策的要求，又决定着多指标综合评价方法的产生。

（2）统计指标评价方法是从不同角度对客观总体加以综合反映的。实物指标的综合，体现在计数加总上，价值综合指标力图在经济活动量上对客观现象作具有一定全面性和整体性的反映，指标体系方法侧重于反映的全面性，而多指标综合评价方法则侧重于反映整体性。

（3）从统计指标方法的发展过程来看，统计描述有一个由具体到抽象，由比较片面到比较全面，由非整体性到整体性的过程。实物指标的描述是具体的而且具有整体性。价值综合指标比实物指标抽象，具有一定的全面性，也不失整体性。指标体系方法在评价的全面性上大大进步，而评价的非整体性特别明显。多指标综合评价在全面性、整体性和抽象性上都是很强的。我们把上述过程概略表示为图 3。

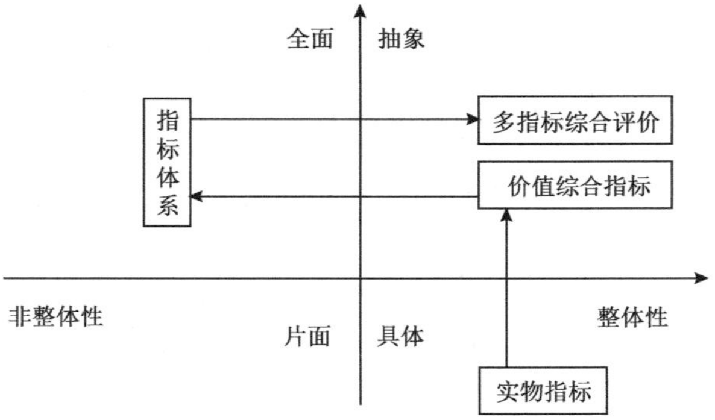

图 3　统计指标方法的发展过程图式

随着统计总体规模的扩展，统计内容的异质性也逐渐增强，这就必然使得统计指标评价方法从具体转向抽象，从片面转向全面。用价值指标来统计异质的不同类产品，这需要将产品的使用价值属性抽象，评价也更为全面，用多指标综合评价方法把说明一个事物不同方面的指标，变换成一个值，异质性更强，抽象程度也就越高。

（4）四大指标评价方法间存在基础与发展、包含与被包含的关系。价值综合指标以实物指标为基础。没有实物指标，价值综合指标就是无本之木、无源之水。指标体系往往是由主要的实物指标和价值综合指标组成的，而多指标综合评价方法则往往是对同一指标体系内的基本指标加以综合变换，是在前三种方法基础上产生的。

（5）四大指标评价方法应该结合运用，而不是互相取代的关系。价值综合指标的产生并没有导致实物指标的消失。指标体系方法的应用，并不排斥一些场合用单个综合指标来描述事物。多指标综合评价方法的评价结果也只有在与指标的具体分析相结合时，才能更丰富地描述客观事物，不存在一个理想的价值综合指标，同样，也不存在一个理想的指标评价方法。只有将各种评价方法综合起来，才能满足社会经济管理对统计指标的要求。

5.2.1.3 补充说明的几点

这里，对统计指标评价方法的分析补充说明几点。

（1）我们列出的四大指标评价方法并不是指标方法的全面内容，这里只是择其要者勾画出一个方法轮廓。事实上，劳动量指标就是一种独特的指标评价方法。还有经济净福利，从方法论角度看，也是较为独特的。经济净福利是对 GNP 的一个修正，它以 GNP 为基础，把闲暇、安全感、污染等非价值因素转换成价值当量，用 GNP 加减这些指标价值当量得到经济的净福利量。从指标评价方法来看，它兼有价值综合指标、指标体系和多指标综合评价三方面的性质，完全划归哪一类都不大合适。

（2）作四大指标评价方法的归纳，并不是要创造什么，而是出于分析多指标综合评价方法历史地位的需要。多指标综合评价的结果也是某种指标，但这种指标既不是实物指标、劳动量指标，也不是价值综合指标，而是指标的综合。之所以产生这种特殊的指标，是与统计评价的全面性要求和整体性要求相关的。随着统计评价综合程度的提高，客观上存在着从实物指标到价值综合指标，再到指标体系，最后到多指标综合评价这样一个过程，本文的归纳只是这一逻辑过程的反映。

（3）当我们把价值综合指标作为一个指标评价方法来论述时，它不仅包括那些总量指标，如诸产值指标，还包括相对指标和平均指标，如价值动态指标、综合经济效益指标等。

（4）四个指标评价方法间的界限也不一定是泾渭分明的，有的时候是模糊的。比如综合经济效益系数$\left(综合经济效益系数=\dfrac{纯收入总额}{年均占用资金\times折算费率+成本总额}\right)$，从指标形成方法上看，是“加乘法”，属于多指标综合评价方法；从指标性质看，是产出与投入之比，一个典型的综合经济效益指标。究竟属于价值综合指标，还是属于多指标综合评价方法，难下定论。上面提到的经济净福利也存在这个问题。

（5）这里分析四个指标评价方法的顺序，只是一个逻辑的顺序，而不一定是严格的历史顺序。事实上，在实物指标应用时期，不可能只有一两个实物指标，指标体系作为一个客观存在，已经产生了。战国时期商鞅的“十三数”就是一个反映国力的实物指标体系。但那不是一种自在的东西，只有到了社会经济管理深化，系统思想深入人心时，指标体系才作为一种自觉的方法使用。另外，对多指标综合评价方法的探索，早在凯特勒时代，就作为非价值因素统计评价方法开始了，只是当现代管理提出更迫切的要求，现代数学方法又提供更便利的工具时，它才作为一种新的评价方法引起人们的普遍重视。

5.2.2　价值综合指标方法与多指标综合评价方法的对比分析

前面提出，各种指标评价方法间的界限可能是模糊的。价值综合指标方法与多指标综合评价方法之间在这一点上就更加突出了。另外，有的学者从价值综合指标方法的角度，针对多指标综合评价方法是否科学，提出了一些疑问。这里所做的对比分析，希望能起到一些解释和说明的作用。

5.2.2.1　两种方法的区别①

第一，价值综合指标方法是引入同度量因素来解决指标可综合性问题的。本来不同产品数量是异质的：不能相加，但它们都是人类劳动的产品，撇开其使用价值属性，就只有价值这一共同属性，因而引入价格作为同度量因素将物量乘上价格，得到价值量。价值量是同质的，就可以相加了。

多指标综合评价方法是用无量纲化的方法来解决指标的可综合性问题的。本来，被综合的各指标间量纲不同，也不能综合。但将其量纲去掉，变成无名数的相对指标后，就得到了对评价事物效益程度的共性度量，这样就可以综合了。

第二，价值综合指标比实物指标抽象。实物指标的数量往往是现实的直接映射，而价值综合指标引入价格因素后，只能是现实的二次映射了，至于多指标综合评价方法，要在价值综合指标和实物指标的基础上再作变换。所以抽象程度更高了，是现实的间接映射，见图 4。

---

① 我们注意到，苏联学者曾探讨“如何解决某一过程、某一事物或某些事物总体的质（我们称为功能质），与对价值形式的分类质进行综合的任务加以区分”。这实际上已经涉及了两种指标评价方法的区分问题。具体参阅参考文献（2），第 90 页。

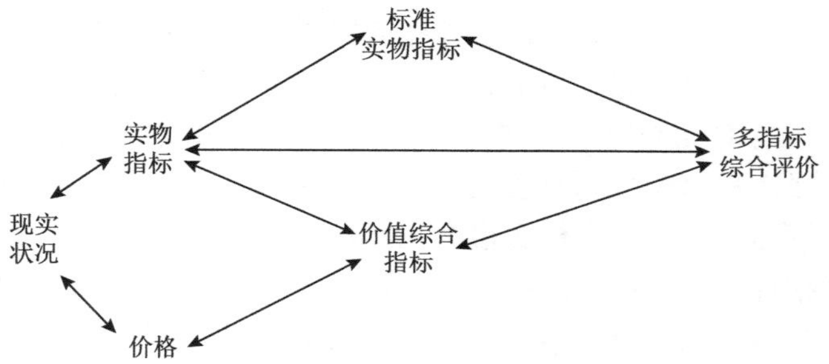

图 4　价值综合指标方法和多指标综合评价方法的区别

第三，价值综合指标可以有较为确切的社会经济含义。比如，某时期某地区，现价工业总产值为 1000 亿元，说明该时期该地区的工业产品且现行价格计算值为 1000 亿元，有一个与之相应的现实工业产品存在。而多指标综合评价方法中的应用结果，具有相对的意义，说明社会经济现象的一个概略趋向或水平，而且这种说明往往与评价人的效益偏好联系在一起。

第四，价值综合指标可以是绝对数，可以有计量单位，而多指标综合评价方法的结果不会是绝对数，不能有计量单位。

第五，价值综合指标往往由个体指标直接组成，而多指标综合评价往往由综合指标组成。

第六，价值综合指标相对数往往可以与绝对数分析相结合，而多指标综合评价中的相对数往往没有像经济指数中的那种绝对数分析。以上几方面的差别，可以概括为表 2。

表 2　价值综合指标与多指标综合评价方法差异

比较方面	价值综合指标方法	多指标综合评价方法
可综合性	引入同度量因素解决	用无量纲化方法解决
抽象程度	比实物指标抽象	比价值综合指标更抽象
指标含义	社会经济含义较明确	社会经济含义不易明确
表现形式	可以是绝对数	不能是绝对数
计量单位	可以有计量单位	不能有计量单位
组成情况	往往由个体指标组成	往往由综合指标组成
相对数与绝对数分析	可以结合	没有经济指数中的那种绝对数分析

5.2.2.2　如何看待指标的同质性问题

多指标综合评价方法是一种综合方法，它要把被评价事物的信息综合起来，先决条件是解决可综合性问题。实物指标计数加总，由于是同类产品，因而是可综合的。价值综合指标由于具有人类抽象劳动这一共性，因而也是可综合的。可见解决了可综合性问题，也就保证了指标的同质性。多指标综合评价方法的结果是否也保证了指标同质性呢？由于它所综合的是事物不同方面的指标，且指标量纲不同，有的学者对此提出了疑问[①]。比如，几个经济效益指标：资金税率、资金周转次数、成本税率等之间有质的差别，不能同度量，将它们综合在一起表明总经济效益的好坏，计算上有什么根据呢？

另外，多指标综合评价方法中指标综合往往采用平均数方法。平均数应用的重要前提条件是指标的同质性。可见，指标同质性问题是关系到多指标综合评价方法是否科学可用的大问题。那么，多指标综合评价方法应用中是否证明了指标的同质性呢？我们的看法如下。

（1）任何事物的质都是有层次的，从而指标的同质性也只能是相对的。问题的关键在于我们从实际管理和统计分析的需要确定：从哪一层次来保证指标的同质性。

以下面大米和猪肉等为例对事物不同层次的质作一剖析。

猪肉和羊肉在产品种类上是不同的，但从肉类这一层看则是同质的；粮食和肉类也是异质的，但从生活消费品这个层次看，却又是同质的（图 5）。类似的情况生活中处处可见，中国人在国内听汉语，并没有什么特殊感觉，但若在异国听到却容易产生亲近感。事物本身没有变化，问题在于我们评价异和同的层次选择变了。当我们用实物指标评价事物时，对同质性要求较严格，大米和猪肉是绝不能相加的。改用价值指标后，评价总体由具体品种产品扩展为整个劳动产品，同质性要求只能在事物更高层次上得到满足，如果仍从实物指标的角度看，被评价事物间具有异质性。而价值指标的采用，意味着我们要注重事物一般性的质了。于是，大米和猪肉、羊肉就可以综合在一块了。

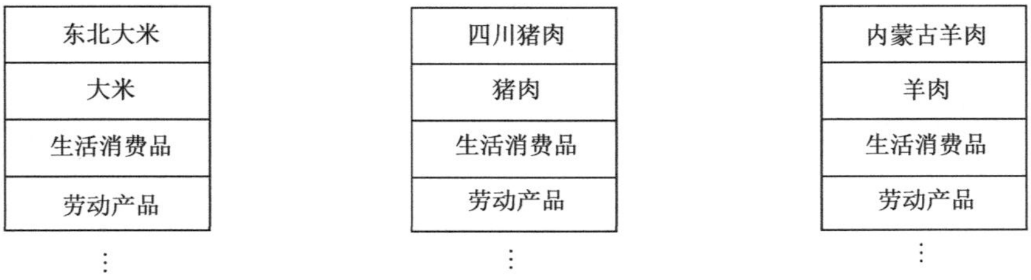

图 5　大米、猪肉和羊肉的层次选择

（2）同一指标体系内的指标是具有同质性的，可以综合起来得到一个综合评价值。比如，前面所说的几个经济效益指标，它们都是用来反映经济效益状况的，从功能这一点看是具有同质性的。评价功能这一点就是各指标间的内在联系，也

① 参见《工业统计学参考资料》下卷第 367 页，《福建统计学刊》1989 年，第 2 期，第 4 页。

正是由于这一点，它们才能置于同一指标体系内。但这些指标与其他指标，如劳动消耗指标相比，就具有异质性。有的学者认为，用这样几个不同的经济效益指标来求经济效益总指数，无异于把人口出生率、母鸡下蛋率、牲口繁殖率再来个主观权数求和计算综合生殖率。综合生殖率的计算当然是荒唐无稽的，但它的荒唐在于社会经济统计管理根本不要求把这几个指标放于一个指标体系内综合。它们不属于同一体系，综合起来自然是不行的。这是外延问题，是指标体系范围确定的问题。在多指标综合评价方法中，第一步就是确定评价指标体系。也正是这一步，保证了各入选评价指标在所评价问题上具有同质性。也就是说，在多指标综合评价方法中，我们是从指标功能这一层次来认定它的同质性的。

（3）评价指标的无量纲化可以化异质为同质。尽管同一指标体系内的指标在评价功能上有同质性，我们也不能直接将它们综合，那样结果仍会是荒唐的。但保证指标同质性，并不是仅有引入同度量因素一种方法，如果指标间不能同度量，那么干脆就消去其量纲。消去量纲的结果，是一个无名的相对数，它表明该指标对被评对象相对地位的贡献程度，比如某单位资金利税率为20%，而成本利税率为28%，化成贡献度后，前者为11分，后者为16分，说明该单位资金利税率使得其总效益增加11分，而成本利税率使得总效益增加16分。

苏联统计学家苏斯洛夫说过："假如不能找出共同实体，那么，就得用对各种现象质的比例的比较分析来求得。如果各种事物能从比例方面进行比较，那么它们就变得可比了。"①

5.2.2.3 如何看待指标的抽象性问题

我们说过，多指标综合评价方法的结果是较为抽象的，往往难以把握其确切含义。其社会经济意义的抽象性，往往也成为否定这种方法的理由。

我们认为：第一，任何综合指标都具有抽象性②，差别仅在于抽象程度的高低，因而，不能以是否抽象来否定一种指标评价方法。即便是实物指标，也是具有抽象性的。比如说生产一千头猪，看来再具体不过了，但猪有肉猪、种猪之分，肉猪又有瘦肉型和一般型之分，其生长期、品种、产地等，含有诸多不同。把这一千头猪作为一个生产量指标来统计时，就必须把上述差异抽象掉，所以也具有抽象性。我们并不因为实物指标的这种抽象性而否定实物指标的应用。

第二，多指标综合评价的结果是对被评价事物更一般质的定量描述。当评价经济效益时，我们把经济效益的不同方面特性，如劳动消耗与劳动占用，活劳动消耗与物化劳动消耗，生产过程效益与流通过程效益等抽象掉，只从其共性——经济

① 参阅参考文献（2），第91页。

② 苏斯洛夫指出：统计指标"是在把各种附加情况抽象化的条件下研究社会过程的特殊方法。"参阅参考文献（2），第289页。

效益一般来计量、考虑。当我们综合评价一个国家社会经济发展水平时，也是把经济发展与社会发展的具体差别，把环境治理与技术进步的具体差别，把人的文化素质与身体素质的具体差别等都抽象掉。而只从若干个反映社会经济发展不同侧面的指标的共性——“发展水平一般”来计量、考虑。

第三，随着指标综合事物范围的扩大，指标本身的抽象程度也不断增加，这是正常的。我们不能因为抽象程度高了，就否定这种综合。

5.2.2.4 如何看待指标的假定性问题

在多指标综合评价方法中是包含一些假定的，比如，在采用线性无量纲化方法时，就假定指标值与贡献度是成比例变化的，但实际上指标值的后期单位增量，都需比前期同样单位增量更多的投入。从理论上看，指标相同的增量所对应的贡献度就是不同的，应是非线性关系的。做出线性的假定，就是一种近似的做法。能否由于这种假定而否定多指标综合评价方法呢？不能，因为任何统计指标评价方法总是包含着假定。价值综合指标是我们在统计评价中用得最多的方法，然而价值指标计算本身就包含了很多假定，要计算价值指标，从理论上说，要求划分生产劳动和非生产劳动，要求计算产品的社会需求量，要求计算产品的平均必要劳动消耗量。问题的复杂性决定了只能近似地满足这些要求。无论是不变价格制定，还是价格缩减法等，都包含了一系列假定。我们并不因为价值指标的假定性而拒绝使用价值指标评价方法。同样，我们不能因为多指标综合评价方法中的假定而否定这种方法。

5.2.2.5 如何看待指标的相对性问题

在各种多指标综合评价方法的分析中，我们说过，有的方法评判结果对被评价对象可能是不唯一的，可能会随着被评价对象所处对象群体的不同而变动，因而影响到评判结果的直接对比。有的学者也许会提出这样的问题：同一被评价对象，这里评价得到一个评价值，那里评价又可能得到另一个不同的评价值。那么到底以哪个评价值作为该对象被评价事物的一般水平呢？评价结果有没有客观性呢？

我们认为，这实际上是指标评价的相对性问题。某企业经济效益总分数在这10个企业中是150分，在另外10个企业中是110分，两个评价结果都是有客观依据的（只要方法适当）。之所以出现两个结果，只是由于评价的参照系变了，结论也就变了。当把该企业放在这10个企业参照对比时，150分代表了它在这个参照系中的相对地位和经济效益一般水平，而放在另外10个企业中时，110分则代表了它在另一个参照系中的相对地位和一般水平。正所谓“横看成岭侧成峰，远近高低各不同”。

实际上，价值综合指标也存在这种相对性。比如我们通常所说产值多少万元，这若干产值也是有其参照系的。同一个企业用现价计算的产值和用不变价计算的产值是不同的。到底以哪个作为企业生产成果的总量呢？这取决于我们分析问题时需要以哪个参照系为准。如果需要分析生产动态，那么不变价格就是客观的。如果要分析本期实际生产结构，那么现价产值就更客观点。

任何统计指标在反映客观事物时，总是具有相对性的。区分在于相对性程度的大小。我们不能因为指标的相对性而否定其客观性和科学性。恩格斯说过："真理和谬误，正如一切在两极对立中运动的逻辑范畴一样，只是在非常有限的领域内才具有绝对的意义。"①多指标综合评价的结果也只是在其评价的参照系内，才是客观的。

总之，统计指标在对客观事物的评价中，总是具有抽象性、假定性和相对性的，并不因为存在这些性质，就失掉了统计指标的客观性和科学性，就不能发挥其应有作用了。

另外，我们认为，不能从某种方法的角度来要求另一种方法。不能从价值综合指标的角度来批评多指标综合评价方法。因为这是两种不同层次的方法，一定要多指标综合评价方法符合价值综合指标的某些原则（比如具有较具体的社会经济含义；相对数可以联系绝对数分析；权数为客观存在因素等），从方法论上看，是不合适的。

5.3 多指标综合评价中指标预处理和权数处理

5.3.1 多指标综合评价中的评价指标选取

多指标综合评价是对各评价指标的信息综合，评价结果是否客观、准确，首先依赖于被综合的对象——各评价指标的信息是否准确、全面，因而选取什么指标来刻画被评价事物，是多指标综合评价时首先要考虑到的。

评价指标选取的方法，无非有定性和定量两大类。

5.3.1.1 定性分析选取评价指标

定性分析选取评价指标要注意以下几点。

一是评价的目的性。选取指标首先要注意从综合评价的目的出发。当我们要评价某单位的经济效益状况时，就应选取经济效益指标，而不能把其他一些经济指标也作为评价指标。因为有许多经济指标虽然与经济效益状况有关，但并不是真正的经济效益指标。1982 年国家经济委员会等部门在《定期公布主要经济效果指标的实施细则》中，就出现了评价指标选取不当的疏漏，细则中将一些经济指标甚至非经济指标都列为经济效益指标了。另外，当我们要反映被评价事物的综合实际水平时，就应该选取总量指标，而不是动态指标。而当我们要反映被评价

① 《马克思恩格斯选集》第三卷，人民出版社，1972 年，第 130 页。

综合动态水平时，才应选取动态指标。总之，指标的选取要与评价的目的相一致，要经得起推敲。

二是评价的全面性。多指标综合评价是一种全面性的评价。为了保证这一点，选取指标就应该具有代表性。选取时应从被评价事物的各个方面着眼，尽管最后确定的评价指标不一定很多，但选择初始时，备选指标一定要多一些、全一些，以保证有选取余地。

三是评价的可行性。选取的评价指标不仅应是具有代表性的，还应是可用于评价的，指标的数据应容易取得，而且可以保证数据的质量，真实可靠。

四是评价的稳定性。选取的评价指标应是变化比较有规律的，有些受偶然因素影响较大的指标就不能入选。

五是注意选取指标与所用评价方法的协调。我们知道，多元统计分析中的主分量分析、因子分析本身具有消除评价指标间相关影响的功能，用这些方法进行综合评价时，就需要多注意指标的全面性。而常规多指标综合评价方法和模糊综合评判方法不具备这种功能，选取指标时就要多注意指标的代表性，尽量事先减少指标间的相关影响。

5.3.1.2　定量方法选取评价指标

定量方法就是选用某种数学方法从指标间的关系来选取评价指标。这类数学方法比较多。

我们可以根据条件广义方差极小原则来选取指标。其基本思想如下：假定要从 N 个指标中选取一个指标来评价某事物，则应选取其中最具有代表性的指标，但一个指标绝不可能把 N 个指标的评价信息都反映出来，反映不完全的部分就是这个指标作为代表而产生的误差。选取的指标越具有代表性，这个误差就越小，重复这一过程，就可以选出若干个代表性指标，并使代表性误差控制在最小范围内。

还可以用选择典型指标的方法。先对各备选指标作聚类分析，然后在聚合的每类指标中各选出一个代表性指标作为这类指标的典型指标。典型指标的选取办法是，计算每一个指标与其同类指标的决定系数 r^2（即相关系数的平方）的均值 $\overline{r}^2$。

$$\overline{r}^2 = \sum_{i=1}^{k} r_i^2 \Big/ (k-1)$$

其中，k 为该类指标个数。挑选 $\overline{r}^2$ 值最大的指标 x_i 作为该类典型指标。

假设某指标类内有 a、b、c、d 四个指标，$k=4$，则有

$$\overline{r_a}^2 = \frac{1}{(4-1)}(r_{ab}^2 + r_{ac}^2 + r_{ad}^2)$$

$$\overline{r_b}^2 = \frac{1}{(4-1)}(r_{ba}^2 + r_{bc}^2 + r_{bd}^2)$$

$$\overline{r_c}^2 = \frac{1}{(4-1)}(r_{ca}^2 + r_{cb}^2 + r_{cd}^2)$$

$$\overline{r_d}^2 = \frac{1}{(4-1)}(r_{da}^2 + r_{db}^2 + r_{dc}^2)$$

若

$$\overline{r_b}^2 = \max_{1<i<4} \overline{r_i}^2$$

则选取b作为这一指标类的典型指标。

每一类都进行这一过程，就可以挑选出有关被评价事物的代表性指标。在评价指标选取中还可以选取其他数学方法进行。

5.3.1.3 用主分量分析筛选指标中存在的问题

有的多元统计论著中提出了用主分量分析来筛选指标，或对指标进行排序的做法。我们认为这种做法是值得进一步探讨的。

用主分量分析筛选指标的思路和做法是：由主分量分析可以得到原指标的若干个分量，这些分量包含原指标的信息量是顺次降低的，最后一个分量的信息量很少，由此可把该分量线性式中权系数较大的指标剔除。因为该指标在该分量中起主要作用，而该分量对全部信息的贡献很少，说明该指标对全部信息的贡献也很少，所以剔除这个指标对综合评价没有什么大的影响。对剩余指标再重复主分量分析和指标剔除过程，最后就可以得到几个代表性指标。

用主分量分析对指标排序的做法是从筛除指标做法的相反思路展开的。区别在于排序时只作一次主分量分析，排序的具体做法是：在第一主分量中起较大作用的指标先于第二主分量中作用较大指标，第二主分量中作用较大指标又先于第三主分量中作用较大指标，依次类推。而在同一主分量中作用均较大者，按其权系数大小来决定先后次序。

我们认为：主分量分析中，主分量的序与各指标的序并不绝对相关。就是说，排序在先的主分量中作用较大的指标（权系数较大者），在说明被分析对象变异的重要性上，并不一定大于排序在后的主分量中作用较大的指标。这样，将排序在后的主分量中作用较大的指标剔除，或者排序在后就一定不符合现实情况。比如，假设十个分量中，第九个分量保留了原指标信息量的 1%，而第十个分量仅保留了 0.6%。但在第九个分量中作用较大的有两个指标a和b，在第十个分量中作用较大的只有一个指标c。此时将c剔除，显然不大合理，因为从平均角度看，指标a和b对被评价事物的信息量都不如c多，即使不作平均，a和b中也必定有一个指标信息量少于c，由此该剔除的应是a或b中的一个，而不是c。排序时也不能将c排在a和b二者之后。

另外，主分量分析中还会出现这种情况：有的指标在两个或几个主分量中权系数都比较大。假定说，某指标在第一主分量和最末一个主分量上的权系数都较大，此时将该指标剔除是不合理的，也无法对指标排序。

上面我们对主分量分析筛选指标（对指标排序）中存在的问题作了说明。由此可见，对于数学方法的应用，一定要认真地分析，数学方法本身没有错误，但就应用问题来看，是否合适，还要下功夫研究，而不应将数学方法到处套用。另外，在选取评价指标时，定性分析和定量分析应该结合起来，只强调定性分析，或只强调定量分析，都是不妥的。

5.3.2 指标阈值、参数的确定

5.3.2.1 阈值、参数确定的意义

在多指标综合评价中，大部分无量纲化公式都需要确定一些阈值和评价参数。这些阈值和参数的确定对多指标综合评价结果的影响也是至关重要的。比如，用阈值法无量纲化，若把阈值差定得太大，评价值对指标变化的反映就不灵敏，从而减少评价结果的区分效度；阈值差过小，又使得评价值分布不正常，超出常规范围，不大符合实际。曲线型无量纲化公式中都需要制定k、a、b等参数，这些参数如何，直接影响到评价值的质量。

5.3.2.2 阈值、参数确定应注意的问题

我们认为，阈值、参数的确定要把握以下几点。

（1）具体情况具体分析，阈值、参数的界定要以社会经济现象实际状况为依据，要根据与被评价对象有关的空间范围资料和历史资料为基础。比如，同行业某项经济效益的历史最高水平、一定条件下亏损平衡点的销售量等，就可以作为阈值或折点的参考依据。

（2）评价阈值和参数的确定还要注意看社会经济现象的发展变化趋向，把变化估计数值作为制定时的参考。比如，物质生活质量指数中，一岁期望寿命最高值（77 岁）就是在世界最高水平（瑞典 75 岁）的基础上再加上两岁得到的。这里考虑到 2000 年一岁期望寿命最高值的可能变化幅度为 75～77 岁。婴儿死亡率最低值（7‰）是在世界最低水平（瑞典 8‰）基础上再减去 1‰所得到的。这种考虑发展余地的处理，使评价阈值和参数相对稳定些，便于多指标综合评价结果的动态对比。

（3）阈值和参数的确定应具有一定的调节与管理作用。为此，可考虑把国家（地区、部门）社会经济管理中的规划值、计划值等标准数据作为阈值或参数，这样有助于被评价对象按国家、地区、部门的要求来努力。这样处理也符合多指标综合评价的根本要求，因为我们在进行多指标综合评价时，不能仅考虑被评价对

象自身，还要从更大系统的角度把它作为一个子系统来认定其综合水平，这时就需要以大系统的标准化数据作为参照系。

（4）阈值和参数的确定以满足多指标综合评价的基本要求为准。任何事物的发展都是不平衡的，都是有例外情况的。在一项多指标综合评价中，假如阈值和参数确定对多数被评价对象都是合宜的，那么确定工作就可以被认为是成功的。

（5）阈值和参数确定中要注意评价结果的反馈与调整。一般来说，事物发展大多呈正态分布，中等水平的居多，特别好的少，差的也少，如果阈值和参数确定后，评价结果可以达到这种分布，往往说明了确定的阈值和参数比较准确。反之，若是偏态分布，就要考虑，是实际情况如此，还是阈值、参数确定有问题，或者有其他问题。

总之，阈值和参数的确定可以是一个“错了再试”的摸索、调整、逐步优化的过程。先确定一个值进行试算，根据试算结果，可再进行调整，再试算调整，直至比较合乎实际为止。

5.3.3 权数及评价指标权数的确定

权数是社会经济统计中一个比较重要的范畴，在统计实践中也常常要用到。在多指标综合评价中，权数的确定是一个基本步骤，权数值的确定直接影响着综合评价的结果，权数值的变动可能引起被评价对象优劣顺序的改变。因而，科学地确定指标权数在多指标综合评价中是举足轻重的。

不过，我们这里对权数的讨论并不局限于多指标综合评价问题。

5.3.3.1 关于权数的定义

在有关社会经济统计的著述中，权数问题的专门讨论很少见到，在社会经济统计的教科书中，权数也往往只是在平均数和指标中涉及一些。然而人们对权数的认识并不那么一致，可以说，权数研究是社会经济统计学中的一个薄弱环节。

有的学者从平均数角度来定义权数，把权数看作被平均的标志值出现的次数；有的学者从指数的角度来定义权数，把权数等同于同度量因素；还有的学者指出，指数的权数就是同度量因素同它的构成相结合。……这些说法都只从某一个方面来定义权数，失之于过窄，也就难以概括权数的全部内涵。

我们注意到，有的学者在给权数下定义之前先作了某种限制，他们定义的是“指数的权数”“平均数的权数”……。也许这些学者已经意识到了权数概念扩展的必要性，这种限制的说法也就给权数概念的扩展留下了契机。

我们认为，权数是以某种数量形式对比、权衡被评价事物总体中诸因素相对重要程度的量值。这里要注意以下几点：①权数的数量形式可以是多种多样的，可以是绝对数，也可以是相对数；可以是结构相对数，也可以是比例相对数；可以取正数，甚至有时也可以取负数。②权数就实质而言，是一个结构相对数，尽管它可以以绝对数或比例相对数的形式出现。③权数是用来衡量诸内部因素在总体中重要程度的，但人们对重要程度是从不同方面来把握的，因而这个权数定义不仅限于频率和同度量因素。④被评价事物总体中诸内部因素可以用标志、变量、指标等来表现。

5.3.3.2　权数按性质分析

从广义的权数概念出发，权数按其性质不同，可分为以下几种。

（1）实质性权数。实质性权数包括平均数中的标志值频率权数（含频数权数）和指数中的同度量因素权数。标志值（被加权因素）与标志值出现次数（权数）的乘积可形成标志总量，指数化指标（被加权因素）与同度量因素（权数）的乘积可形成总量指标。这里，权数与被加权因素的乘积都形成了具有实质性社会经济意义的统计指标，而且权数总是构成这个统计指标的一个实质性因素，因而把这种权数称为实质性权数。

实质性权数不仅是构成统计指标的一个因素，而且起到了衡量被加权因素重要程度的作用。当某工资级别的职工人数较多时，该级别工资水平在工资总额和平均工资水平中起的作用就比较大；当某商品（如大米）的销售量比另一商品（如小米）的销售量多些时，大米价格变动在物价指数中就比小米价格变动重要些。

（2）估价权数。估价权数是从评价者的角度认定各评价因素重要程度如何而确定的权数。某评价因素权数的大小，往往取决于所有评价者对该指标的平均估价程度。若评价者中认定因素重要的人数较多，则该因素的权数就较大；反之，则较小。

（3）信息量权数。信息量权数是从评价指标包含被评价对象分辨信息多少来确定的一种权数。这种权数的设计思想是：评价指标是用来区分各被评价对象的，如果某指标数值能明确地区分开各被评价对象，则说明该指标数值在这项评价上分辨信息量比较丰富；反过来，若某指标数值在各被评价对象上都相同，那么，这项指标就无助于区分各被评价对象，就不具备分辨信息的功能，在评价中就该淘汰，也就应将这项指标权数定为零。比如，资金利润率是评价企业效益状况的重要指标，但若被评价的 5 个企业资金利润率都相同，就不能依据此指标来分析这 5 个企业的效益优劣状况，就该选用其他指标了。

根据上述思想，信息量权数的确定原则是：某项指标在各被评价对象间数值的离差越大，则该指标分辨信息越多，其权数也就应越大；反之，离差越小，信息就越少，指标权数也就应越小。

（4）可靠性权数。可靠性权数是从评价指标数值的可靠性大小来判定其重要程度而确定的权数。如果指标数据可靠性高，则应在评价中多起作用，权数大些；反之，权数小些。

（5）系统效应权数。系统效应权数是从某评价指标与被评价事物总水平的关系来制定权数的。从方向上看，若某指标变动（上升或下降）引起被评价事物总水平的同方向变动（上升或下降），则系统效应权数为正值；反之，若某指标变动（上升或下降）引起被评价事物的逆方向变动（下降或上升），则系统效应权数为负值。从幅度上看，若某指标变动引起被评价事物总水平的较大变动，则该指标的系统效应权数应较大；反之，则应较小。

系统效应权数往往在多指标综合评价中才出现。

5.3.3.3 权数概念的扩展

（1）权数概念为什么要扩展。以前对权数的理解，往往局限于实质性权数。然而实际上，权数问题是统计方法中一个带有普遍性的问题。社会经济统计的实践已经冲破了对权数的狭义理解。这突出表现在以下两个方面。

第一，统计预测中，为了提高预测结果的准确程度，需要将观察数列中近期数据与远期数据区别对待。近期数据应该对预测结果作用较直接，可靠性较高，所以，权数应大些；反之，远期数据对预测结果作用较间接，可靠性较低，故权数应小些。

统计工作者正是在长期预测实践中逐步发现了不同时期数据对预测结果的不同作用程度，发现了“简单”处理结果不如加权处理更切合实际，才在预测中使用了等差数列或等比数列权数。比如，求解移动平均数时，权数取$n, n-1, n-2, n-3, \cdots$，或取$a(1-a)^i$，$[i=0,1,2,\cdots,(t-1)]$等。

第二，统计预测中所加权的权数，并不是平均数和指数中的那种实质性权数，权数与被加权因素之积并不形成一个新的统计指标，权数本身也仅仅是一个相对数，不具有现实经济意义。如果承认统计预测中的这种加权处理，那么，意味着权数概念需要扩展，而统计预测中加权处理后与“简单”处理相比的良好效果，又迫使我们承认其正确性。

在多指标综合评价中，为了对被评价事物得出一个全面的、整体的评价，需要把反映该事物各方面的指标综合在一起。在综合时，由于事物本身发展的不平衡性，有的指标在综合水平形成中作用应该大些，有的则应该小些，这就需要加权处理。然而在多指标综合评价时，往往找不到一个统一的同度量因素作为权数，也没有一个现成的标志值出现频率作为权数。也就是说，实质性权数在多指标综合评价中难以发挥作用。为了满足多指标综合评价的要求，权数概念也需要扩展。

（2）关于权数的客观性。有的学者把权数分为客观权数和主观权数。按照这种分法，实质性权数自然是客观权数，而估价权数，则是主观的，因为估价权数是根据评价者对指标的认识来确定的。我们认为，只要确定方法科学，权数就其实质而言都应是客观的。即便是估价权数，也是客观的，尽管从表面上看，估价权数反映的是人们（评价者）的主观看法。其理由如下。

第一，人们对指标重要程度的估价看法来源于客观实际，主观看法的形成往往与评价者所处的客观环境有直接联系。比如，中国是受人口问题困扰最严重的国家之一，中国人在评价社会经济发展水平时，对人口生育指标所给的权数，肯定要大于那些人口问题不大的国家。《模糊综合评判方法应用的系统分析》的 3.2 节中曾讲到心理量与外界物理量的函数关系，就说明了这一点。客观现象反映到主观认识上，主观认识再表现为估价权数，所以，估价权数也是有其现实根据的。

第二，尽管每个评价者对各因素的重要程度认识不一，所给权数也有变异，但这种波动是有一定范围，有一定限度的，而且所给权数值往往围绕着一个中心波动，这个中心值就应该是该因素重要程度的客观权值。这一点正与我们在经济学中分析的价格与价值的关系类似。

第三，估价权数的产生是要根据科学方法来组织的，评价者往往要经过挑选，选取那些熟悉被评价事物的专家来担任。而且，不同评价者的权重认识还要经过科学方法来处理、过滤。采用一定的数学方法来处理，就是为了把由偶然因素决定的不同评价者的主观认识差异剔除，以保证所得结果的客观性。所以，我们不能把反映主观判断的方法与主观随意性混为一谈。

（3）不能用实质性权数的性质来评价和要求其他权数。由于以前我们心目中的权数都是实质性权数，所以，出现新的加权方式时，往往容易从实质性权数的角度来作判断，用实质性权数的性质来衡量和要求新的权数。但这样做，就限制了权数应用的发展。

我们知道，实质性权数值是大于零的，不能取负值，这一点，估价权数、信息量权数、可靠性权数也是满足的，但系统效应权数在有的指标数据情况下就不一定满足（参见《多元统计分析方法用于多指标综合评价的系统分析》的实例）。

实质性权数往往是实际现象组成的一个因素，它与被加权因素之积又总是形成一个新的统计指标，这一点是其他权数所不满足的。

如果我们以实质性权数的这些性质作为标准来判断权数的是与否，就会否定统计预测中多指标综合评价中权数的应用，就会影响这些统计工作的质量，这无异于削足适履、作茧自缚。

5.3.3.4　权数产生方式

由权数概念的扩展看，权数产生的方式也就不限于一种了。概括前面性质的权数，与其相应的产生方式分类如图 6 所示。

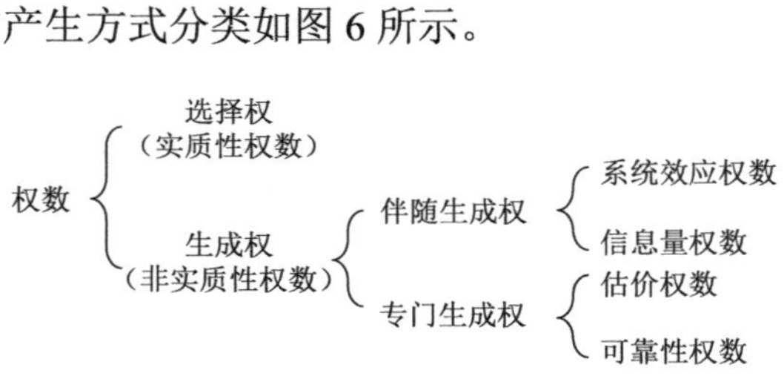

图 6　权数的产生方式的分类

选择权是实质性权数的产生方式，它先根据与被加权因素的现实经济关系来选择某个相关因素确定为权数，而权数值则是根据该相关因素的实际发生资料整理出来的。比如，综合物价指数中，根据价格与物量的关系，选择销售量作为权数，权数资料是根据商业统计调查的销售量资料加工整理得到的。

生成权是非实质性权数的生成方式。由于非实质性权数仅仅是从不同角度表明被加权因素相对重要程度的相对数，不像实质性权数那样是一个实体因素，并没有一个事前的实际发生值可供选择，所以，需要在确定权数时生成。

如果权数生成是伴随着其他过程同时进行的，可叫作伴随生成权。比如，主分量分析在将原始变量变换成各个分量时，形成了分量与原始变量间的线性关系式，各原始变量前面的线性系数自然就成了指标权数。这种权数就属于伴随生成权，因为权数产生过程与变量——分量转换过程是结合在一起的。《多元统计分析方法用于多指标综合评价的系统分析》的分析表明，多指标综合评价中专有的系统效应权数就是伴随生成的，信息量权数也可以是伴随生成的。

专门生成权是指评价组织者选用一定的数学方法专门设计一个权数生成过程而产生的权数。估价权数、可靠性权数往往是专门生成权，信息量权数也可以用这种方式产生。比如，用若干指标评价一些企业的经营状况，可以根据这些指标的具体数值，计算出每个指标在这些企业间的变异系数，将变异系数作归一处理，就得到了各指标的信息量权数。变异系数大的，说明这个指标在这些企业区分效度高，信息量充分，权数就高；反之权数就低。

目前，各有关学科关于专门生成权的问题已经提出了很多方法。比如，价值工程中的德尔菲法、强制打分法、环比法等；决策分析中的层次分析法、优序图法、二项系数法等；模糊数学中，模糊综合评判的逆问题就是关于生成权的。我们可以根据实际问题的需要和各种方法的特点，选取某种较合适的方法来生成权数。

这里需要说明的是，把权数分成各个类别是为了深入地认识权数的性质。现实问题中的权数可能是兼有几种权数性质的。比如，主分量分析中的指标权数，就是既有系统效应权数的成分，又有信息量权数的成分。

5.3.3.5 权数的归一处理

不论权数以什么数量形式出现，总是可以归结为结构相对数的形式。这种归一处理的结果比较符合人们的使用和认识习惯。

设 w_i 为各因素权数，归一后的权数 w' 可表示为

$$w_i' = w_i \Big/ \sum_{i=1}^{n} w_i$$

其中，n 为评价因素个数。

即便是伴随生成权时出现负值权数，也可以将其归结为结构相对数。其过程如下：选取 $k > \max\limits_{1\leqslant i\leqslant n}|w_i|$，则有 $w_i = \frac{1}{2k}(k + w_i)$。这种调整实际上做了两项工作：一是移轴，将原点由 0 点移到 $-k$ 点，以去掉负值；二是映射，把 $(k + w_i)$ 压缩到 0 到 1 区间内。

$$\because k > \max_{1\leqslant i\leqslant n}|w_i|$$

$$\therefore 0 < \left(k + w_i\right) < 2k$$

则 $0 < \frac{1}{2k}(k + w_i) < 1$。

用图来表示，如图 7 所示。

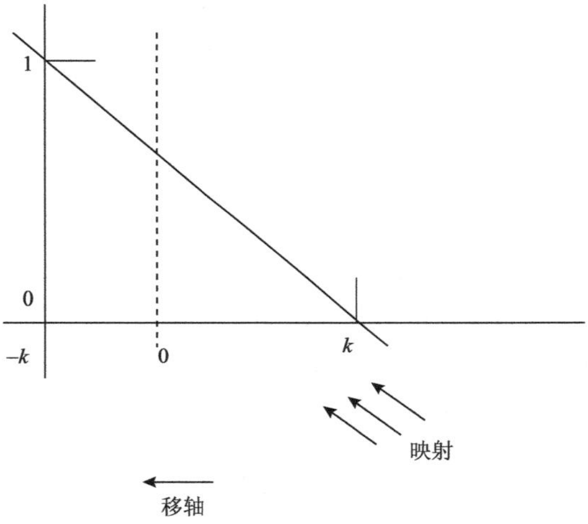

图 7　权数归一处理图形表示

上述归一处理，在数学上看就是进行线性变换。由于权数的实质是相对数，所以是否进行线性变换并不影响权数的作用后果。

5.4　结语

5.4.1　一个发展中的开放系统

我们以如下的观点作为本部分系统分析的结语：多指标综合评价方法是一个发展中的开放系统。

首先，多指标综合评价方法是一个系统。如前所述，多指标综合评价包含了不同学科中的多种方法，系统的组成是以“功能”为准则的，只要是能用于多指标综合评价的方法，都可以看作该系统的成员。

其次，多指标综合评价方法不是一个封闭系统，而是具有开放性的。从方法的所属学科来看，多指标综合评价方法是多学科交叉的。从功能来看，我们在系统分析中集中围绕着化多个指标单方面评价为整体性评价这一点来讨论，而较少涉及现代管理所要求的其他功能，诸如决策、预测等。但在现实生活中，管理方法的这些功能往往是结合在一起发挥作用的。所以，当我们从多指标综合评价角度来抽象，把各种方法作为一个系统时，我们应该意识到，这个系统又是现代管理方法更大系统中的一个子系统。因而我们还要研究这个子系统与大系统之间以及与外系统间的关系。

最后，多指标综合评价方法是一个发展中的系统，这是从过程角度表现出来的开放性。一方面，多指标综合评价方法还处于发展的初期，还在形成之中，我们注意到，国外 20 世纪 80 年代提出的一些方法中，也存在不少问题。另一方面，即便以后多指标综合评价方法作为一个系统成熟了，得到公认了，也需要不断地充实和更新。

本部分的分析不过只是构建了多指标综合评价方法系统的基本框架，尽管这个框架比 1987 年笔者的初步构想前进了一步，然而也还有不少问题有待于深入地研究。比如，我们分别分析了三大类多指标综合评价方法的特点、优点和不足，能不能将这几类方法的主要优点综合起来，产生更好的方法呢？再如，在应用的各种多指标综合评价方法中，哪一种效果更理想、更科学，能否有一个效度对比的检验方法呢？又如，多指标综合评价方法是应用于社会经济管理之中的，我国目前的管理水平还不算特别高，如何将科学方法推广应用到管理之中，也是有待于研究的课题。能不能采用量表化的办法来推动这些方法的普及呢？再如，指标权数的生成方法比较多，各种方法各具特色，能否对这些方法作一系统分析，探究各种方法的优点、缺点及适用范围，以便于多指标综合评价中选用呢？

5.4.2 多指标综合评价中的检验问题

5.4.2.1 多指标综合评价中检验的必要性

多指标综合评价方法构成了一个系统，多指标综合评价工作进程本身也构成了一个系统。该系统的直接目的是，尽可能按照社会经济状况的实际水平来描述、刻画被评价对象的相对地位。为了达到这个目的，应使系统本身符合封闭原理。封闭原理是指系统内的管理手段必须构成一个连续封闭的回路，才能形成有效的管理运动，自动地吸收、加工和作功。由此可见，多指标综合评价的检验问题，对评价工作这个系统的效度也是相当重要的。

通过多指标综合评价工作的检验，一方面可以进一步明了工作的质量，明了评价结果的可靠性。另一方面，可以深入地分析被评价事物的情况。我们对被评价事物进行多指标综合评价，可以得到一个用以排序的整体评价值，但对被评价事物的分析，还要利用除此以外的其他信息。检验过程中就可以获得新的信息，从而更深入地描述被评价事物的情况。另外，检验工作还可以对以后的多指标综合评价工作产生积极影响，对无量纲化方法、合成方法的选择，对阈值、参数和权数（实际上也是一种参数）的确定提供依据。

值得指出的是，由于多指标综合评价结果的高度抽象性，有时即使评价方法使用不当，从评价结果本身也看不出什么问题，这就使得多指标综合评价中的检验工作更加重要了。

5.4.2.2 多指标综合评价中检验的主要内容

多指标综合评价的检验，主要包括以下几个方面。

（1）综合评价值的代表性检验。多指标综合评价的评价值实际上是各指标评价值的加权平均，它抽象了各指标评价值的差异，反映着它们的一般水平。这个综合评价值的代表性如何，需要给予说明。两个相近的综合评价值，其各指标评价值的分布可能是不同的。有的各指标评价值间差异小些，有的则较大些。所以，综合评价值的代表性是不同的。这里代表性的检验可以采用标志变异指标，诸如平均差、标准差及其相对指标。

（2）综合评价值的灵敏度分析。综合评价值是在一定的阈值、参数、权数条件下得到的，它对这些事先给定条件的变动反应如何，就是灵敏度分析的内容，这种分析一方面是由于阈值、参数、权数确定本身需要调整和摸索。另一方面，对不同阈值、参数、权数条件下得到的综合评价值进行比较，还可以使我们得到被评价对象更丰富的信息。这里的检验实际上是多次综合评价过程间的比较分析。

（3）综合评价值的方法效度分析。多指标综合评价中，无量纲化方法较多，合成方法也不少。在某个被评价事物中，选用哪种方法效度好，不仅评价前应深思熟虑，评价后也要回过头来作检验，这样不仅可以对这一次综合评价起到积极作用，而且可以从大量的多指标综合评价案例中总结出规律性的东西——选取方法的经验，从而指导以后的多指标综合评价工作。

（4）综合评价结果的可靠性检验。多指标综合评价结果的可靠性如何？检验包括两个方面：①用多指标综合评价过程中组织的科学性作说明；②用专门的检验方法来作证明。目前关于后一方面的探索还很少有人注意到。我们认为，用空间距离对比的方法，是解决评价结果可靠性检验问题的一条思路。

5.4.3 多指标综合评价方法与社会经济统计学的学科建设

在 5.2 节中，我们从统计指标评价方法纵向发展的角度分析了多指标综合评价方法的历史地位。由于多指标综合评价方法还在形成和发展之中，目前的社会经济统计学教材对之还涉及不多。然而我们认为，这种方法的系统研究，对于社会经济统计学的学科建设是很有裨益的。

在我国，社会经济统计学经过几十年的发展，内容体系基本形成，然而也存在一些问题，较突出的一点就是以阐述统计指标及其经济意义为主，分析讲得不够，应用方法也较简单。这样一来，社会经济统计学往往成了统计指标解释大全，也正是因为这一点，社会经济统计学的科学性才受到怀疑，要改变这种状况，一个很重要的方面就是要将现代化方法与指标分析相结合，多指标综合评价方法正是这种结合的产物，因而，多指标综合评价方法的系统研究，将大大丰富和充实社会经济统计学的内容体系。马克思说过，一门科学只有在成功地应用数学之后，才会成为一门真正的科学。多指标综合评价方法也正是将数学方法应用于社会经济问题分析的产物。这种应用的成功将使社会经济统计学更具有科学性。

另外，在将现代分析方法引进社会经济统计学时，还将是对原有思想认识的检验，因为新领域的开拓，往往使人们认识问题的视野随之开拓，这时回过头反思原参考系下得到的结论，有的可能仍然正确，有的就不一定那么准确或全面，这就需要对原有认识加以扩展，比如，5.3.3 节中谈到权数概念的扩展问题就是如此。仅从平均数和指数来看，实质性权数就够用了，但从预测和多指标综合评价等应用来考虑，就要有估价权数、信息量权数等。再如《多元统计分析方法用于多指标综合评价的系统分析》的 4.1 节中谈到，对指标的正、逆和适度性质的认识，也是如此。单从指标本身看，正、逆或适度性质比较容易明确，但从系统角度看指标间联系，指标性质就难作绝对不变的划分了。这种问题如果总是局限在原来的框框里，认识就难以深化，而把原有认识放到新的参考系中去碰撞、去交叉，就可能产生新的认识。在学科内容的发展中，也存在着“注入效应”，一个系统注入新鲜事物后，系统的活力就增强了。我们应利用这种注入效应，应用多种现代分析方法来处理社会经济统计问题，以促进社会经济统计学的深入发展。

参 考 文 献

（1）佟哲晖. 1989. 关于经济效益统计的若干问题. 北京：中国统计出版社.
（2）伊•彼•苏斯洛夫. 1983. 统计指标理论. 陆戈，译. 哈尔滨：黑龙江人民出版社.
（3）苗东升. 1987. 模糊学导引. 北京：中国人民大学出版社.
（4）汪培庄. 1985. 模糊集与随机集落影. 北京：北京师范大学出版社.
（5）贺仲雄. 1983. 模糊数学及其应用. 天津：天津科学技术出版社.
（6）许仁忠. 1987. 模糊数学及其在经济管理中的应用. 成都：西南财经大学出版社.
（7）何平. 1986. 模糊数学及其在经济管理中的应用. 大连：辽宁科学技术出版社.
（8）黄孟藩. 1989. 决策概论. 杭州：浙江教育出版社.
（9）姜青舫. 1988. 实用决策分析. 贵阳：贵州人民出版社.
（10）马三木 B H. 1989. 计划工作中的多准则决策技术. 袁嘉新，秋同，译. 北京：经济管理出版社.
（11）叶佩华，陈一百，万梅亭，等. 1982. 教育统计学. 北京：人民教育出版社.
（12）张明立. 1986. 常用体育统计方法. 北京：北京体育学院出版社.
（13）袁方. 1988. 社会统计学. 北京：中国统计出版社.
（14）肯德尔 M. 1983. 多元分析. 中国科学院计算中心概率统计组，译. 北京：科学出版社.
（15）罗积玉，邢瑛. 1987. 经济统计分析方法及预测. 北京：清华大学出版社.
（16）杨维权，刘兰亭，林鸿洲. 1989. 多元统计分析. 北京：高等教育出版社.
（17）唐守正. 1986. 多元统计分析方法. 北京：中国林业出版社.
（18）邓集贤，杨维权，许刘俊. 1986. 经济预测与决策的数学方法. 广州：中山大学出版社.
（19）庞皓，谢胜智. 1983. 再论评价综合经济效益的多目标规划方法. 财经科学，（4）：55-64.
（20）厉无畏. 1985. 经济效果指标的主成分分析. 数理统计与管理，（5）：1-6.
（21）杨周南，林寅，蒋一清，等. 1985. 工业系统经济效果的综合评价. 数量经济技术经济研究，（2）：23-28.
（22）何益平. 1985. 工业企业经济效益综合评价方法述评. 数量经济技术经济研究，（2）：29-36.
（23）刘晓，于清文. 1984. 关于提高国民经济系统宏观经济效益途径的探讨. 系统工程理论与实践，（3）：1-8.
（24）张立民. 1984. 用聚类分析求解经济效益总指数. 数量经济技术经济研究，（4）：41-46.
（25）高元源，毕凤英. 1986. 用二级判别法评价企业综合经济效益的探讨. 数理统计与管理，（3）：13-17.
（26）孙书安，郑国清. 1987. 结合聚类与判别划分企业类型：与高、毕二同志商榷. 数理统计与管理，（4）：30-34.
（27）邵小健，胡帆. 1987. 关于改进投资效果指标体系的探讨. 统计研究，（3）：46-50.
（28）胡帆. 1987. 因子分析与经济效果的综合评价. 统计研究，（4）：47-53.
（29）黄林芳. 1986. 主成份分析法在多指标统计分析中的应用. 财经研究，（5）：42-48.
（30）何晓群. 1989. 多元统计分析在综合评判企业经济效益中的应用. 数理统计与管理，（2）：

7，14-19.
（31）汪培庄，陈永义. 1983. 综合评判的数学模型. 模糊数学，（1）：61-70.
（32）王光远. 1984. 论综合评判几种数学模型的实质及应用. 模糊数学，（4）：81-87.
（33）常艺. 1986. 企业信誉综合评价. 数量经济技术经济研究，（3）：44-48.
（34）许兆铭，陈家强. 1985. 模糊数学在经济效益综合评价中的应用：兼论综合评价经济效益的数学模型. 财经研究，（4）：32-37.
（35）徐衡. 1989. 经济统计中应用数学方法的几个问题. 福建统计学刊，（2）：4.
（36）金锡万. 1988. 用主分量法进行多指标综合评价. 数量经济技术经济研究，（10）：26-30.
（37）席酉民，汪应洛，陶谦坎. 1986. 决策指标的估价方法及权的探讨. 系统工程理论与实践，（3）：12-16.
（38）徐寿波. 1985. 技术经济学普及讲座. 数量经济技术经济研究，（1）：69-75.
（39）严鸿和，陈玉祥，许昭明，等. 1989. 专家评分机理与最优综合评价模型. 系统工程理论与实践，（2）：19-23.
（40）陶为群. 1987. 体育、文艺比赛评分中的各裁判员作用分析. 数理统计与管理，（6）：26-30.
（41）赵明强，林坚. 1989. 西方经济学和统计学关于衡量经济发展的若干指标评介. 统计研究，（1）：69-73.
（42）史家其. 1985. 论权数. 江西财经学院学报，（4）：32-38，17.
（43）冯俊林. 1988. 权数方法研究. 统计与预测，（2）：13-17.
（44）邱东. 1989. 能这样用主成份分析进行指标排序吗？——《脑梗塞危险因素的多元分析》一点质疑. 数理统计与管理，（2）：48.
（45）Thomson G H. 1939. The Factorial Analysis of Human Ability. London: University of London Press.

本部分后记（1990 年）

我对本课题的探索，始于几年前课堂教学对几种经济效益综合评价方法的讲解。

博士导师佟哲晖教授为我们开设的课程——多元统计分析和模糊数学应用，为我对这个课题的探索打下了基础。

本部分是我在社会经济统计学博士论文的基础上改写而成的，从选题确定，观点提炼，论文答辩，到修改定稿，始终得到导师佟哲晖教授的悉心指导，还得到大连水产学院查健禄教授，中国社会科学院杨坚白教授，天津财经学院杨曾武教授，厦门大学钱伯海教授、黄良文教授，上海财经大学张福宝教授，国家统计局统计科学研究所研究员莫曰达先生，东北财经大学刘长新教授、薛俊杰教授、姚志学教授、高钦容教授、邱洪良副教授、孙慧钧老师、朱东明老师的热心指导，在此表示我衷心的谢意！同时，我还要感谢中国统计出版社严建辉和成义平两位老师，没有他们艰苦的、细致的编改工作，《多指标综合评价方法的系统分析》一书是难以付印的。

本部分在写作中参阅了多元统计、模糊数学、多目标决策和社会经济统计方面的大量论著。没有这些成果的引导，完成《多指标综合评价方法的系统分析》一书是无从谈起的，在此谨向这些论著的作者表示我衷心的感谢！

由于我个人能力所限，也由于课题本身的性质以及时间方面的原因，本部分还有不少本人已经意识到和没有意识到的疏漏、不足之处，谨请各位不吝指教——报刊上公开点名批评或者直接指教，都是我殷切希望和欢迎的。

邱　东

1990 年 11 月于大连

《谁是政府统计的最后东家》后记（2003 年）节选

这部文集收集了 20 年（1984—2003 年）来我就社会经济统计问题思考的心得。就内容而言，全书可分为四个部分：统计指标方法、国民经济核算、国民经济统计学学科体系、统计改革与发展。就编排而言，全书则分为六个部分：①多指标综合评价方法的系统分析；②新 SNA 结构研究；③国民经济核算沿革与发展研究；④经济统计学科体系研究；⑤经济统计指标方法研究；⑥中国统计改革。

《多指标综合评价方法的系统分析》1991 年曾由中国统计出版社出版，当时只印了 6000 册，时间不长就买不到了，近年来还有人跟我联系希望能购买此书。此书内容被引用的频率较高，十多年前所确定的研究框架至今看来也还没有大的变化，这正是我所追求的一种研究境界：搞一个问题就尽可能把它搞透，让以后再搞这个题目的人避不开你的作品，不能不提到你的观点。应该说我对《多指标综合评价方法的系统分析》一书还是比较满意的，所以这次将它收入这本文集。

我对多指标综合评价方法的探索，始于 1985 年国民经济统计教学中对几种经济效益综合评价方法的讲解，而博士生导师佟哲晖教授为我们开设的课程——多元统计分析和模糊数学应用，为我对这个课题的探索打下了方法基础。《多指标综合评价方法的系统分析》一书是我在社会经济统计学博士论文（1990 年）的基础上改写而成的，从选题确定，观点提炼，论文答辩，到修改定稿，始终得到导师佟哲晖教授的悉心指导，还得到大连水产学院查健禄教授（模糊数学任课教师），中国社会科学院杨坚白教授（博士论文答辩委员会主席），天津财经学院杨曾武教授（博士论文答辩老师），厦门大学钱伯海教授（博士论文评阅人）、黄良文教授（博士论文评阅人），上海财经大学张福宝教授（多元统计任课教师），国家统计局统计科学研究所研究员莫日达先生，东北财经大学刘长新教授、薛俊杰教授、姚志学教授、高钦容教授、邱洪良教授、孙慧钧教授、朱东明老师的热心指导，在此表示我衷心的谢意！同时，我还要感谢中国统计出版社严建辉（副总编）和成义平（责任编辑），没有他们艰苦的、细致的编改工作，《多指标综合评价方法的系统分析》一书是难以付印的。

《多指标综合评价方法的系统分析》一书在写作中参阅了多元统计、模糊数学、多目标决策和社会经济统计方面的大量论著。没有这些成果的引导，完成本书是无从谈起的，在此谨向这些论著的作者表示我衷心的感谢！

……

此次文集能够顺利出版，得到了中国统计出版社谢鸿光社长、严建辉副总编、刘国宁主任和杨映霜编辑的大力支持，谨向他们表示衷心的感谢！

……

邱　东

2003 年 6 月于大连

后　记

国外有个英文字母缩写 STEM，意思是“科学、技术、工程、数学”（science，technology，engineering，and mathematics），这些都是现代学科中的“硬通货”，英文单词原意是“茎”“干”“主干”等，也与“理工科”的功能相配。人们自然是顶礼膜拜，理应如此。然而，人类知识恐怕不止这些，还需要拓展。于是笔者不揣冒昧提出另一个英文字母缩写 HELP 与之相对，意思是“历史学、经济学、文学、法学、哲学”（history，economics，literature，law，and philosophy），英文单词的原意大家都知道，“帮助”为人们不时之需，“改善状况”乃人们之所欲。说起来，二者相对，大致就是“数理”与“事理”的相对。对人类知识结构而言，强调“事理”与“数理”的厘清，确有其必要性。有人会说，现在都进入人工智能时代了，人们还需要笔者所说的 HELP 吗？需要，更需要了。别忘了，只要 AI 还需要“对齐”（alignment），就需要笔者所概括的 HELP，想想 AI 究竟跟什么“对齐”？难道不是这个 HELP 吗？当然，这个话题将在《大数据和 AI 革命中的数理与事理》展开。

本文集主要针对“合成指标”的方法论。比较“当代经济统计学批判系列”前后的书目单子，就可以知道，这个内容原打算收入《事理与数理的纠缠与厘清》，后因该文集的字数太多，于是就将《多指标综合评价方法的机理探索》和《大数据和 AI 革命中的数理与事理》单独成集出版。

《多指标综合评价方法的机理探索》收文时间跨度比较大，包括较近的三篇论文（2025 年、2024 年、2012 年）和三篇短文（2012 年、2011 年、1989 年），还有笔者 1990 年的博士学位论文。

将 34 年前的旧稿也收入文集，并不是刻意“炒冷饭”、凑字数，主要有三个原因。其一是笔者当年的研究并不是通常人们愿意搞的特定专题之“实证分析”，而是聚焦于经济统计的特殊方法论。这便是不赶时髦的长期效益，方法论研究是不会过时的，至少会具备“学说史价值”。其二，笔者近期将自己的博士论文与 OECD/JRC 2008 年发布的合成指标手册进行了比较，所得的两点认知在于：当初自己所主张的方法论“机理研究”这个进路应该加以强调；研究的“系统观”也应该得到进一步的落实。这或将为 OECD/JRC 合成指标手册的修订提供新的思路。其三，“当代经济统计学批判系列”是笔者专业研究的余生之业，还是打算将自己提出的重要经济统计思想都按不同主题纳入文集系列，以得到一个比较全面的总结和反映，以便感兴趣的读者更系统地把握相关思路。也是由于这个原因，《事理与数理的纠缠与厘清》中包含了第四部分——对事理和数理关系的早期思考。

本文集的三篇短文中，第一篇事关合成指标处理的一个指标分类前提——“正指标”与“逆指标”，涉及数值处理的方向把握。第二篇“一俊遮百俊”是篇小随笔，纳入本文集是要强调：“事理”对处理好“数理”（该文对应的是合成指标的“补偿性”）关系有着不可或缺的基础作用。与《事理与数理的纠缠与厘清》中第三部分相同，都是“一事一理”的关联思考和阐发，以期读者举一反三，更多地连接“事理”与“数理”，以免沉醉于抽象的数学乌托邦中。既然是搞“应用”，就得脚踏实地。第三篇字数不多，数理方法之“用”究竟应该如何去“应”？这一千字左右却颇具某种警示作用。感谢《数理统计与管理》编辑部当年的胸怀，能够允许我“跨界”发表直接与人商榷的小文。

在多指标综合评价方法（合成指标）这个领域的研究和思考中，笔者与浙江工商大学苏为华教授的交流比较多。苏为华和他的团队长期坚持和追踪合成指标研究，取得了骄人的学术成绩（当然他们还有经济统计其他方面的研究成果），这使得苏为华教授对国内外本领域研究态势把握得比较好。笔者较近的三篇论文，都得到了苏为华教授真诚的交流意见，为了体现知识产权，文中都具名加以采用，以此衷心感谢苏为华教授付出的精力和时间！

本文集是“当代经济统计学批判系列”出版的第六部，前五部文集后记中提及感谢的诸位还要继续感谢，国内学界诸位的激励是笔者笃行的持续动力。江西财经大学和其统计与数据科学学院为笔者提供了相当暖心的研究环境，一个地方的经济管理类高校，能够为公共品的生产提供持续支持，恐怕需要不俗的眼界和博大的胸怀，有些号称一流大学的高校未必能做到这一点。刘耀彬书记上任伊始就特别关心笔者的研究项目，邓辉校长一直大力支持国势研究和“国势研究院”的工作，就连江西省的有关领导也倍加关怀，使得笔者得以在实现专业夙愿的进程中努力并快乐着，特此感谢！江西财经大学罗良清首席教授、平卫英院长、郭同济博士，北京师范大学王亚菲教授、吕光明教授，河南财经政法大学李冻菊教授等帮助我承担了部分程序性工作和资料性工作，使得我能用更多的精力和时间去集中思考，这对保障我这“慢手”的研究进度弥足珍贵！李冻菊老师还是一如既往地负责这个系列的外译出版工作，现在中文与英文几乎同步呈现，市场实现也激励我继续和尽力！

科学出版社副总编辑马跃为本书的出版做出了辛苦工作，在此致谢！

当然，思考过程之苦是免不掉的，恐怕这与喝茶差不多，“回甘”比起“嚼糖块”来说或许味道更佳，让人甘愿吃苦。中国文化是一种“吃文化”，其中之“吃”不单单是满足口腹之欲，更是“吃苦”，更是“吃亏”，这“两吃”与“美食之吃”相对，颇有相反相成之意味，这三者都足以让外国人惊讶。诸“吃”之间究竟何为因果？似乎难以断言，反正怀揣感恩之心，总是没错的。

邱　东

江西财经大学统计与数据科学学院、国势研究院

2025 年 1 月 10 日

附录：当代经济统计学批判系列

1. 《经济测度逻辑挖掘：困难与原则》（2018年11月出版）

2. 《基石还是累卵——经济统计学之于实证分析》（2021年6月出版）

3. 《国际比较机理挖掘：ICP何以可能》（2022年6月出版）

4. 《真实链位与当代国势学构建》（收录2022年“国家哲学社会科学成果文库”，2023年6月出版）

5. 《事理与数理的纠缠与厘清》（2024年12月出版）

6. 《大数据和AI革命中的数理与事理》

7. 《多指标综合评价方法的机理探索》（本书）

8. 《“使女”的揭露：当代经济学的基础性缺陷》

9. 《国际政治算术与全球化图景的重构》

10. 《测度的“福利转向”：如何应对现象的不可测度性》

11. 《未完成的W：经济统计学说史纲》

12. 《经济测度悖律及其意义》

13. 《敢问路在何方：21世纪的经济统计学》